成果受南京大学理论经济学博士后流动站资助

中国参与区域经贸合作问题研究：

以东亚地区为例

王原雪 ◎ 著

中国财经出版传媒集团

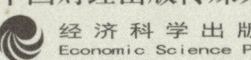
经济科学出版社
Economic Science Press

图书在版编目（CIP）数据

中国参与区域经贸合作问题研究：以东亚地区为例/王原雪著. --北京：经济科学出版社，2022.10
ISBN 978-7-5218-4132-9

Ⅰ.①中… Ⅱ.①王… Ⅲ.①经贸合作-研究-中国、东亚 Ⅳ.①F125.531

中国版本图书馆 CIP 数据核字（2022）第 195303 号

策划编辑：李　雪
责任编辑：高　波
责任校对：刘　娅
责任印制：邱　天

中国参与区域经贸合作问题研究：以东亚地区为例
ZHONGGUO CANYU QUYU JINGMAO HEZUO WENTI YANJIU：YIDONGYA DIQU WEILI
王原雪　著
经济科学出版社出版、发行　新华书店经销
社址：北京市海淀区阜成路甲 28 号　邮编：100142
总编部电话：010-88191217　发行部电话：010-88191522
网址：www.esp.com.cn
电子邮箱：esp@esp.com.cn
天猫网店：经济科学出版社旗舰店
网址：http://jjkxcbs.tmall.com
北京时捷印刷有限公司印装
710×1000　16 开　15.5 印张　208000 字
2022 年 10 月第 1 版　2022 年 10 月第 1 次印刷
ISBN 978-7-5218-4132-9　定价：76.00 元
（图书出现印装问题，本社负责调换。电话：010-88191510）
（版权所有　侵权必究　打击盗版　举报热线：010-88191661
QQ：2242791300　营销中心电话：010-88191537
电子邮箱：dbts@esp.com.cn）

前　　言

当前，全球经济还处在金融危机之后的深度调整期，大部分的发达经济体和新兴经济体仍在力图摆脱经济增长疲软之势。中国作为最大的发展中经济体，从国内经济发展的情况来看，中国经济增长已经进入新常态。在后TPP（跨太平洋伙伴协定）时代，随着区域全面经济伙伴关系、亚太自由贸易区等自由贸易区的呼声渐高，中国或在东亚经济一体化进程中迎来新的机遇，触发新的经济增长点。

随着全球价值链的兴起，产品内贸易开始扮演越来越重要的角色，国际分工也从传统的基于产品的分工开始转向沿着价值链生产环节的要素分工，跨国公司在区域范围，甚至全球范围的资源整合使得贸易和投资进一步融合，贸易投资一体化成为新形势下国际贸易发展的主要趋势。区域经济一体化理论需要适应国际贸易分工的新发展，其理论基础应建立在新的国际分工理论之上。与传统的分工模式相比，全球价值链分工生产的产品会额外地增加跨越国境的贸易成本，并且分工环节越细化、跨越国境的次数越多，贸易成本的增加幅度也就越大。即使是较低的关税，也会因为中间产品进口贸易壁垒所产生的累积效应，而使得贸易成本显著增加，并最终影响产品的生产成本、销售价格和市场竞争力。在不存在关税的情况下，边境管理效率低下、进出口监管不力以及物流服务质量偏低等问题也会对全球价值链产生不可忽视的负面影响，这些贸易便利化的瓶颈实质上迫使货物贸易的成本增加。全球价值链分工条件下，国际直接投资既是投资者在全球实现资源配置的有效方式，同时也为东道国提供了融入全球价值链、获取分工收益的途径，还能为东道国带来技术外溢、增加就业等好处。通过区域经济一体化来促进投资的自由化和便利化，消除资本要素流通障碍、提高资本要素流通效率，能有效增进国际贸易与国际直接投资的有益互动，推动全球价值链的发展。

目前，东亚地区集中了中国四成的对外贸易，六成以上的对外直接投资，八成的外商直接投资。中国对东亚的进口和出口贸易在2014年以前均整体呈现上升趋势，2015年之后略有回落；东亚地区对中国的外商直接投资在2015年以前主要呈现上升趋势，2016年有小幅下滑；中国对东亚的直接投资规模总体呈现上升趋势，近几年依然增长强劲。本书通过对中国与东亚其他经济体的贸易发展现状进行分析发现，柬埔寨的进出口与中国一直保持了较强的互补性；日本、新加坡、马来西亚、菲律宾、文莱都曾在很长一段时期与中国保持了较强的贸易互补性，但是最近几年都不同程度地表现为较弱的互补性；韩国、蒙古、印度尼西亚、泰国、老挝、缅甸，除个别年份外，基本保持了与中国较弱的互补性。

本书进一步利用随机前沿引力模型分析了中国与东亚其他经济体的贸易效率和潜力，以及自由贸易区对贸易的影响。结果显示，中国对东亚地区经济较发达的经济体表现出更高的贸易效率，对东亚地区经济欠发达的经济体表现出更大的贸易潜力。与东亚经济体签署自贸协定能够显著提高我国与缔约国的出口贸易效率，增加我国的出口额，并且还对出口贸易效率具有显著的稳定作用，但是对进口贸易仅表现为对稳定性的负面影响。另外，中国对东亚地区的进口效率普遍高于出口效率，出口表现出更大潜力。

本书还利用GTAP模型对"10＋3"合作机制、区域全面经济伙伴关系、亚太自由贸易区，以及分别签署双边自由贸易协定的经济效应进行了模拟。模拟结果显示，中国经济能够从区域经济一体化范围扩大中获益，建立统一的自由贸易区比分别签署双边自贸协定对中国经济影响更大。模拟结果显示，日本是东亚区域经济一体化最大的受益者，但是东亚发展中国家在东亚经济一体化过程中有陷入"贫困化增长"的风险。中国在"10+3"机制下出现"贫困化增长"的问题，但是随着自贸区范围的扩大，这一问题得到解决；东盟的发展中国家在多个模拟结果中都显示出"贫困化增长"倾向，并且自贸区范围的扩大也并未使这一问题得到改善。

本书建议为避免东盟发展中国家在东亚经济一体化进程中陷入"贫困化增长"的困境，我国应该充分发挥"一带一路"倡议下"互联互通"方式的经济带动作用，积极与东盟构建"命运共同体"，共享经济一体化成果。我国应该发挥关键自贸区的联动作用构建东亚自贸区网络，在巩固既有要素优势的同时培育新的要素优势，提升我国在全球价值链中的分工地位。

本书作者王原雪是南京大学理论经济学博士后流动站在站博士后、金陵科技学院在职教师。本书出版获得了王原雪主持的江苏省社会科学基金青年项目"面向'一带一路'构建江苏传统产业新格局研究"（项目批准号：21EYC010）、金陵科技学院高层次人才科研启动项目"东亚经济一体化与区域价值链：基于贸易效率与模拟分析"（项目批准号：jit-b-201828）的资助。受限于数据的可获得性，本书第四章和第五章所涉实证数据截至2016年。本书在撰写过程中已尽力做到数据充分，资料翔实，但书中难免存在疏漏之处，敬请广大读者批评指正，谨致感谢！

王原雪
2022年5月

目 录
CONTENTS

第一章　绪论　　1
　　第一节　研究背景及意义　　1
　　第二节　研究思路与方法　　7
　　第三节　主要创新点与不足　　10

第二章　文献综述　　13
　　第一节　区域经济一体化理论与研究方法的发展　　13
　　第二节　中国参与东亚经济一体化的效应分析　　20
　　第三节　简要述评　　24

第三章　中国参与东亚经济一体化的理论分析　　26
　　第一节　价值链分工背景下的区域经济一体化　　26
　　第二节　价值链分工对区域经济一体化的影响分析　　37
　　第三节　中国参与东亚经济一体化的机遇与挑战分析　　45

第四章　中国与东亚地区经贸合作的演变　　50
　　第一节　中国参与东亚经济一体化的进程　　50
　　第二节　中国与东亚地区的经贸合作趋势分析　　54
　　第三节　中国与东亚其他经济体贸易的特征分析　　68

第五章　中国与东亚地区的贸易效率和潜力分析　　110
　　第一节　随机前沿引力模型的设定及方法说明　　110
　　第二节　中国与东亚其他国家的出口潜力分析　　115

第三节　中国与东亚其他国家的进口潜力分析　　124

第六章　中国参与东亚自由贸易区的实证模拟分析　　134
第一节　GTAP模拟方案　　134
第二节　宏观经济模拟结果分析　　138
第三节　对外贸易模拟结果分析　　152

第七章　研究总结　　178
第一节　研究结论　　178
第二节　政策建议　　180

**附录　《区域全面经济伙伴关系协定》（RCEP）
　　　协定正文节选　　186**

参考文献　　219

后记　　238

第一章

绪　　论

第一节　研究背景及意义

一、研究背景

(一) 内外部经济环境

从当前世界经济形势来看,大部分的发达经济体和新兴经济体仍在力图摆脱金融危机之后的经济增长疲软之势。欧盟原本就复苏乏力,又受"英国脱欧"重击,经济增长前景不被看好;美国虽然在重振经济中领跑发达国家,但是这一复苏趋势是否可持续仍有待观察;中国作为最大的发展中经济体,经济增长已经呈现"新常态",世界整体经济形势低迷。

根据国际货币基金组织发布的《世界经济展望》预测,2022年和2023年世界产出的预期增速只有3.6%,明显低于次贷危机之前2005~2007年的年均增速5.1%。可见,次贷危机之后全球经济增速明显放缓,并且回暖乏力。其中发达经济体对经济增长的贡献明显不足,2022年和2023年的预期增速只有3.3%和2.4%,尤其是欧元区预期增速只有2.8%和2.3%。而与之相对的,新兴市场和发展中经济体在2022年和2023年的预期增速分别为3.8%和4.4%,虽然不及次贷危机之前,但明显快于发达经济体,其中我国的预期增速为4.4%和5.1%。总体来说,新兴市场和亚洲发展中国家整体表现相对突出,仍然是推动世界经济增长的主要引擎。在全球经济疲软的大背景下,世界各经济体想要实现经济的可持续增长压力重重,寻找新的经济增长点和驱动力成为共同课题。

低迷的国际经济还触发了以美国为代表的贸易保护主义的抬头。美国前总统特朗普在上任前就扬言要将中国列为汇率操纵国,主张将中国进口商品的关税提高至45%,并向选民承诺"美国优先"。2017年8月18日,美国时任贸易代表莱特希泽宣布美国正式对中国发起"301调查"。2018年3月22日,特朗普正式签署总统备忘录,美国政府依据"301调查"结果于4月3日宣布对中国价值高达500亿美元的商品征收惩罚性关税,并限制中国企业对美投资并购[①]。2018年,4月6日,特朗普针对中国的报复清单又下令对中国商品征税拟增加1000亿美元,美国对华贸易战的序幕被正式拉开[②]。

从国内经济发展的情况来看,我国经济增长已经进入"新常态",2011年之后经济增速一直呈现下滑趋势,2017年略有回升,受到外部全球经济复苏乏力和国际形势复杂多变的影响,我国经济增长面临巨大的下行压力,发展预期不容乐观。虽然我国经济总量在2014年突破十万亿美元大关,但是经济增长动力不足、增速持续下滑已成为客观事实。不仅如此,我国的对外贸易增速也同步进入新常态,突出表现就是外贸进出口增速在2011年达到22.5%之后,

---

① 清华大学国家金融研究院国际金融与经济研究中心。
② 戴翔,张二震,王原雪. 特朗普贸易战的基本逻辑、本质及其应对[J]. 南京社会科学,2018 (4):11-17,29.

2012～2014年连续三年增速持续下滑，2015～2016年更是出现负增长。我国外贸增速下滑究其原因，首先是在全球经济复苏乏力的大环境下，贸易伙伴经济增长欠佳，导致我国对外贸易缺乏有力的外部支撑；其次也是受到国内经济整体进入新常态的影响，对外贸易的内部动力不足；另外，由于东南亚国家的廉价劳动力表现出比我国更强的竞争力，跨国公司的劳动密集产业布局向东南亚转移，导致我国传统出口优势产业受到冲击。

（二）区域经济一体化进程

区域经济一体化最成功的范例无疑是欧盟，但是2016年的"英国脱欧"事件让欧盟受到巨大冲击。金投网数据显示：公投结果公布的6月24日，英镑兑美元汇率断崖式贬值8.9%，欧元兑美元汇率也大跌3.5%，可见英国与欧盟的这次分手事件使国际直接投资者对英国与欧盟的市场信心都严重受损。虽然距离英国正式脱欧的时间至少还有1年，脱欧的后果还没有完全展现出来，但从公投结果对市场造成的短期冲击来看，"英国脱欧"至少在短期给英国和欧盟带来了一个"双输"的局面。

《中国统计年鉴2016》的数据显示，截至2015年，欧盟是中国对外货物贸易的最大进口来源对象、第二大出口市场。英国"脱欧"前是中国在原欧盟28国中的第三大进口来源和出口市场，而且伦敦还是全球第二大人民币离岸金融中心和中国多数对欧投资企业的欧盟总部所在地，可以说英国是中国在欧盟最主要的贸易伙伴之一。此外，"一带一路"是连接中国与欧盟市场，促进中欧贸易的重要合作平台。但是，如果欧盟经济陷入长期衰退，"一带一路"倡议的落实或将面临巨大困难。综上，欧盟与英国的经济发展与中国息息相关，如果欧盟和英国都不能尽早摆脱"英国脱欧"事件对其经济造成的负面冲击，那么中欧、中英的贸易发展势必受到牵连，全球各地区的区域经济一体化进程也将不可避免地受到影响。

除了"英国脱欧"事件,另一个对全球区域经济一体化格局影响深刻的事件当属《跨太平洋伙伴关系协定》(Trans - Pacific Partnership Agreement,TPP)。2016 年 2 月 4 日,美国、日本、加拿大、澳大利亚、新西兰、新加坡、墨西哥、智利、秘鲁、马来西亚、文莱和越南等 12 个国家正式签署了 TPP,该协定为以全球价值链为基础的国际贸易新规则确定了一个高基准的模板,并且由于美国在其中扮演了重要的领导者角色,TPP 多了几分中美大国角力的色彩,在国内外学术界引起广泛关注。然而,2016 年 11 月 9 日,美国共和党候选人唐纳德·特朗普成为"黑马"赢得美国总统大选,随后在上任第一天发布总统令退出 TPP。纵使 TPP 高标准的协议规格仍然对国际贸易新规则的制定具有重要的借鉴意义,但失去美国的 TPP,影响力将会大打折扣。TPP 对包括东亚在内的亚太经济一体化的影响可以说是一波三折,在后 TPP 时代,随着区域全面经济伙伴关系(Regional Comprehensive Economic Partnership,RCEP)、亚太自由贸易区(Free Trade Area of the Asia - Pacific,FTAAP)等自由贸易区的呼声渐高,中国或在东亚经济一体化进程中迎来新的机遇。

(三)自由贸易区战略

2007 年 10 月,中国共产党第十七次全国代表大会首次提出将自由贸易区建设提升到国家战略层次,强调建设和缔结自由贸易区对中国开放发展的重要意义。2015 年 12 月 17 日,国务院发布的《关于加快实施自由贸易区战略的若干意见》首次明确了我国实施自由贸易区战略的指导思想、基本原则和主要任务,并指出"加快实施自由贸易区战略是我国适应经济全球化新趋势的客观要求,是全面深化改革、构建开放型经济新体制的必然选择"。根据我国商务部的统计数据显示,截至 2022 年 6 月,我国已签署自由贸易协定 21 个,另有 10 个自由贸易协定正在谈判中。由于中国参与区域经济一体化的时间较晚,我国与发达国家在自由贸易区的数量上还存在差距,而且合作对象以亚太地区发展中国家为主,经济体量也相对较小。另外,从贸易协议内容上来看,我国所签订的自由贸易协定还存在着范围窄、标准低的问题。

(四)"一带一路"倡议

2013年9月,习近平主席首次提出建设"丝绸之路经济带"的畅想,并在同年10月,提出建设"21世纪海上丝绸之路"(合称"一带一路")。2015年3月28日,国家发改委、外交部和商务部联合发布了《推动共建丝绸之路经济带和21世纪海上丝绸之路的愿景与行动》(简称《愿景与行动》),明确了共建"一带一路"的原则和思路,并提出与沿线各国的合作重点是"政策沟通、设施联通、贸易畅通、资金融通、民心相通",指出应该"积极利用现有双多边合作机制,推动'一带一路'建设,促进区域合作蓬勃发展"。

中国作为东亚最大的经济体,同时也是"一带一路"倡议的发起者、积极推进者和所有规划线路的出发点,加之,促进区域合作机制发展是"一带一路"倡议的重要内容,这决定了东亚的区域合作将会与"一带一路"产生紧密的联系。以东南亚国家为例,其位处"21世纪海上丝绸之路"的规划沿线,"一带一路"倡议的推行将会首先惠及该地区,《愿景与行动》还明确提出要强化中国-东盟"10+1"合作机制。

"一带一路"能够为东亚发展中国家的基础设施建设提供投资,为中国的优质剩余产能向东南亚转移提供动力,为中国企业向东南亚"走出去"创造机遇。换言之,"一带一路"是中国与东亚国家之间加强经贸联系、实现互联互通的重要契机,这些都与东亚经济一体化的目标不谋而合。可以说"一带一路"与东亚经济一体化之间是相辅相成的关系,"一带一路"能够助力东亚经济一体化进程,东亚经济一体化也能够扩大"一带一路"的经济成果。

二、研究意义

首先，本书能够为我国在经济新常态下寻找新的经济增长点提供思路。当前，中国经济增长面临着出口增长动力萎缩、投资机会逐渐减少、资源和能源供应不足等问题。而中国参与推动东亚经济一体化建设，能够扩大中国对东亚的货物出口，带动中国企业"走出去"将优质剩余产能向东亚转移，促进东亚区域的资源与能源合作，切实缓解新常态背景下中国经济增长的压力。选择合适的东亚经济一体化路径，有助于我国在自贸区战略实施过程中实现自贸区红利最大化，更有效地推动经济增长、改善国民福利，本书有望在该方面为我国在新常态下寻找新的经济增长点提供思路。另外，面对美国对华挑起的贸易战，中国需要对对外贸易策略进行重新审视，立足于东亚主动推进自由贸易区网络建设就显得尤为重要。本书对中国参与东亚经济一体化的分析能够为中国在贸易战中主动出击，实现贸易策略转向提供建议。

其次，本书能够为我国把握东亚经济一体化发展机遇提供政策建议。推动东亚经济一体化即是适应全球经济一体化潮流、参与国际竞争的必然要求，也是适应东亚分工格局变化、加强区域内经济关联、稳定经济增长的重要选择。相较于欧洲和北美，东亚地区的经济一体化起步较晚、制度化水平偏低，这是由东亚不同于欧美的经济、政治、文化现实决定的，但是这并不能掩盖东亚经济一体化的巨大潜力，尤其是随着区域价值链的发展，东亚各国经济联系日益紧密，东亚经济一体化有深入发展的诉求。由于特朗普上任后宣布美国退出TPP，亚太地区的经济一体化告吹，这反而为东亚率先推进一体化进程创造了机遇。目前，东盟在东亚经济一体化进程中发挥着主导作用，呈现"小马拉大车"的局面。随着中国经济的崛起，中国正在东亚区域发展中扮演着越来越重要的角色，应该在东亚经济一体化发展中发挥更大的作用，本书可以基于研究结果提供政策建议。

另外，本书能够为我国借助东亚经济一体化构建区域价值链提供理论依据。在区域价值链视角下，东亚经济一体化发展面临着新的要求，一体化的广度和深度都需要进一步拓展，如何有效加快一体化进程、选择合适的一体化路径，都是当前面临的重要问题，问题的解决则需要有相应的理论支撑。欧盟和北美的经济一体化范式虽然对东亚经济一体化具有重要的借鉴意义，但是一方面东亚地区有自身的发展特点，欧盟和北美的一体化理论并不能够直接拿来生搬硬套；另一方面，欧盟现在内部面临溃散风险，北美自由贸易区也恐将面临发展拐点，既往的理论研究成果对现实的适应性需要进一步考量。本书拟在研究中立足于东亚区域价值链发展的现实和需要，来讨论东亚区域经济一体化的经济效应，可以因地制宜地为我国借助东亚经济一体化构建区域价值链提供一定的理论依据。

第二节 研究思路与方法

一、研究思路

第一章为绪论。分析选题背景、研究意义、研究思路，并对本书主要创新点和不足之处进行阐述。

第二章为文献综述。对区域经济一体化理论的发展进行梳理，对研究方法进行归纳，分析区域经济一体化经济效应的相关研究成果，总结关于中国参与东亚区域经济一体化的相关研究，为选题奠定理论基础。

第三章为中国参与东亚经济一体化的理论分析。从"传统分工理论"到"要素分工理论"再到"区域经济一体化理论的拓展",结合国际贸易现实的趋势变化和理论的演进,用发展的眼光对区域经济一体化理论和作用机制进行分析,重点讨论区域价值链视角下,经济一体化相关理论的适应性变化。

第四章为中国与东亚地区经贸合作的演变。对东亚经济一体化的发展进程和我国的参与情况进行梳理,把握东亚经济一体化发展的新形势;对中国与东亚其他经济体的货物贸易和直接投资活动进行统计描述,并考察贸易活动的主要特征,为接下来的实证分析提供现实背景。

第五章为中国与东亚地区的贸易效率和潜力分析。该部分内容是对我国参与东亚经济一体化的"事后"分析。首先对我国已签署的自由贸易协定进行归纳汇总,并结合相关数据对我国在东亚地区建立的自由贸易区进行描述性统计分析。分析不同经济变量对贸易的影响方式,并建立随机前沿引力模型,分别对中国与东亚地区的进口贸易、出口贸易进行计量分析,依据估计的结果计算进口贸易和出口贸易的效率和潜力,并且判断签署自由贸易协定对进口和出口的影响方式,以此作为中国推进与东亚经济一体化的依据。

第六章为中国参与东亚自由贸易区的实证模拟分析。该部分内容是对我国参与东亚经济一体化的"事前"分析。首先对我国拟签署的东亚地区的自由贸易协定进行总结,归纳出我国参与的东亚经济一体化的不同模式。然后利用 GTAP(Global Trade Analysis Project)模型对不同的模式分情景进行动态模拟,并对模拟的结果进行整理和分析。

第七章为研究总结。本章基于前文的研究结果提出政策建议。

二、研究方法

（一）文献研究法

利用图书馆丰富的图书资源，借阅大量的相关书籍进行广泛阅读，梳理本次研究的理论基础，借助 Web of Science、JSTOR、Science Direct、谷歌学术、中国知网等数据库平台，下载相关文献，对最新的研究动态进行跟踪。通过对既往研究和最新文献的深入分析、总结，为本书建立了合适的理论分析背景。

（二）统计和计量分析法

利用《中国统计年鉴》、联合国商品数据库（UN Comtrade）、联合国贸发会议组织（UNCTAD）、法国的国际经济研究中心（CEPII）、世界银行发布的全球治理指标（Worldwide Governance Indicators）、世界贸易组织区域贸易协定数据库（WTO RTA Database）和中国自由贸易区服务网等数据资源，搜集中国参与的自由贸易区的历年相关数据资料，对数据进行描述性统计分析，并测算中国与东亚各经济体的贸易互补性。区分核心变量、自然因素和人为因素对贸易效率的不同影响机制，进而建立随机前沿引力模型，估计中国与东亚不同国家和地区的贸易效率，以及自贸协定对中国进出口效率的影响，为总结东亚经济一体化进程对中国产生的经济效应提供实证基础。

（三）比较分析法

对我国参与实现东亚区域经济一体化的不同模式进行 GTAP 模拟，比较中国与"10+3"机制、RCEP、FTAAP 成员在"共同签署零关税自贸协定""分别签署双边自贸协定"两种方式下合作产生的经济效应差别，为中国推进东亚经济一体化的路径选择提供依据。

第三节　主要创新点与不足

一、本书可能的创新点

首先，从研究视角来看，本书立足于区域价值链对中国参与东亚经济一体化的经济效应进行研究。目前国内从区域价值链视角对区域经济一体化展开研究的文献尚少，还没有出现以区域价值链视角针对东亚经济一体化的研究。面对全球价值链大背景下，东亚区域价值链发展的新特点以及对东亚区域经济一体化产生的需求和影响变化，有必要将区域价值链纳入对东亚经济一体化经济效应分析的理论体系中。

其次，从研究方法来看，本书在研究中结合基于随机前沿引力模型的"事后"实证分析和GTAP模型的"事前"模拟分析。一方面用"事后"分析，估计与东亚国家和地区签订自由贸易协定对我国进出口贸易的影响，并测算我国与东亚贸易的效率和潜力，从历史的角度论述东亚经济一体化对我国宏观经济和对外贸易产生的影响以及可能激发的经济潜力；另一方面用"事前"分析，对我国拟在东亚地区建立的自由贸易区进行分情境的模拟研究，预测选择不同的东亚经济一体化发展模式对我国经济可能产生的影响。也就是说，研究结果将在纵向时间上囊括既往的东亚经济一体化发展成果和未来可能的路径选择，并横向考虑东亚不同国家和地区在东亚经济一体化进程中与我国互动的空间，能够更全面地反映东亚经济一体化对我国经济产生的影响。

具体地，在使用随机前沿引力模型进行贸易潜力测算时，为了得到更加稳健、准确的估算值，本书选用了真实的固定效应模型，并且尽可能扩大样本覆盖面，选择东亚17个国家和地区（由于数据可获得性限制，未包括朝鲜）作为研究对象；在变量的选择上，选择综合贸易互补性指标作为要素禀赋条件的互补性指标，能够更加全面准确地反映中国与贸易伙伴的要素差异，并将金融危机虚拟变量引入模型；在计算贸易效率时，本书充分考虑了不同贸易伙伴经济规模和贸易量的区别，以贸易额为权重测算贸易效率均值。

另外，本书在使用GTAP模型对中国参与东亚区域经济一体化的经济效应进行模拟时，采用的是GTAP 9.0数据库，该数据的基期为2011年。为了得到更准确的模拟结果，本书首先总结了2011年之后生效的重要自贸协定，并基于此对GTAP数据库关税数据进行了调整。本书采用了两种不同的关税设置方法，一种是假设"共同签署零关税自贸协定"，自贸区关税为0；另一种是"分别签署双边自贸协定"，关税采用中国目前与发达国家和发展中国家签署双边自贸协定时不同的关税水平，并将两种方法得到的模拟结果进行比较，得到更加全面的分析结论。

二、本书的不足之处

第一，随机前沿引力模型没有考虑投资自由化和服务贸易自由化的影响。中国与东亚地区之间的投资活动发展迅速，不但直接作用于双方本地区经济的发展，带动了双边货物贸易，而且在东亚价值链的构建中起着非常重要的作用。目前中国与其他国家和地区签署的自由贸易协定已经开始涉及投资领域，以中国－东盟自贸区为例，2009年8月15日中国与东盟就签署了《投资协议》，拓展了中国－东盟自由贸易区的领域，推进了投资自由化。但是，2003年以前的中国对外直接投资数据和外商直接投资数据无法获取，所以本书在使用随机前沿引力模型对贸易效率和自贸区影响进行估计时并未引入投资变量,在一定程度上影响了估计的效果。另外,随着服务业的快速发展,服务贸易在国际贸易活动中正在扮演越来越重要的角色,服务贸易自由化也成为自由贸易区建设的重要内容。但是受到数据获取的限制,本书在对贸易效率和自贸区影响进行估计时,并未考虑服务贸易在东亚一体化进程中的作用和变化。

第二,自由贸易协定新议题的影响未能在本书的实证分析中体现。自由贸易协定涉及的领域正在由边境上向边境后延伸,环境影响、知识产权等议题被广泛讨论。这些新议题不但影响自由贸易区的建设和贸易自由化的深度、广度,在"质"上影响协定缔结方的经济发展和双边贸易,还会在"量"上影响经济和贸易的增长。但是由于这些新议题的影响难以量化,无法代入模型进行测算,所以最终的估计和模拟结果的准确性会受到影响。

第二章

文 献 综 述

第一节　区域经济一体化理论与研究方法的发展

一、区域经济一体化理论机制的相关研究

20世纪50年代初,从事区域经济一体化研究的维内(Viner, 1950)开创了关税同盟理论。此前的古典经济学家和新古典经济学家普遍认为自由贸易可以通过使贸易双方获利来增加世界财富,从而实现正和博弈,维内对这一观点提出了质疑,他运用贸易创造效应和贸易转移效应对区域经济一体化产生的静态效应进行了系统的理论分析,认为贸易创造的正向影响与贸易转移的负向影响的比较最终决定了关税同盟内的博弈结果。此后,世界各国的学者通过大量的理论和实证研究不断丰富了区域经济一体化的理论体系。

维内的关税同盟理论主要研究贸易创造的生产效应,梅达(Meade,1955)提出要考虑关税同盟贸易创造的消费效应,完成了

对关税同盟理论的重要拓展，维内-梅达框架成为区域经济一体化传统理论的核心。随后，约翰逊（Johnson，1962）对贸易创造和贸易转移进行了细化，进一步完善了分析关税同盟对贸易利益影响的标准。

维内的理论模型是基于单一市场的局部均衡，要保证分析的正确性、不破坏一般均衡，被分析的市场就必须足够小，对其他产品的价格不产生影响，当这一条件不被满足时，局部均衡的分析方法显然是不合适的。瓦内克（Vanek，1965）和肯普（Kemp，1969）在各自的研究中分别提出了三国两商品的一般均衡模型，成为这一领域的重要突破，也成为后来诸多学者研究时沿用的标准模型。瓦内克还将研究深入到了同盟成员国获利不平衡的问题，提出通过一次性转移支付满足同盟内帕累托最优的设想。肯普和旺（Kemp & Wan，1976）在此后的研究中发现成员国可以将对外关税调整到一个恰当水平，以实现与世界其他国家的贸易流量和贸易条件不变，也就是说，贸易创造和一次性转移支付保证了同盟内的福利增进，同时关税调整又保证了同盟对世界其他国家不产生影响，这样就实现了关税同盟与外部世界的帕累托改进。

自由贸易区是当前各国广泛采用的区域经济一体化形式，它与关税同盟的一个重要区别在于成员国不用保持对外统一关税。梅达（1955）在维内关税同盟的基础上提出了自由贸易区理论，指出低关税成员国可能会进口区外国家产品并转手出口给高关税成员国，导致"间接贸易偏移"。所以，自由贸易区内往往实行"原产地规则"。罗伯森（Robson，1998）分别从单一国家和两个国家的角度对自由贸易区的福利进行分析，并与关税同盟进行比较，认为关税同盟与自由贸易区相比是次优的，但是考虑到中间投入品关税差异产生的生产扭曲效应，自由贸易区的比较优势可能会被削弱。

关税同盟理论和自由贸易区理论均假设生产要素无法在区域经济一体化组织内自由流通。当区域一体化在实现了产品的自由流通的同时也实现了生产要素的自由流通，就形成了共同市场，共同市场理论就是在这一假设基础上产生的。梅达（1953）和伍顿（Wooton，1988）在传统框架下分析了要素流动的福利影响，认为劳动力的自由流动能够提高成员国的国民收入，资本的自由流动会伴随技术转移，能够显著提高劳动生产率。西托夫斯基（Scitovsky，1958）认为，共同市场在区域内打破了贸易和投资的限制，加剧了成员国之间的竞争，迫使小规模生产向大规模转变，并伴随生产成本、商品价格的降低和收入水平、消费水平的提升，生产要素配置更加合理。

传统的关税同盟理论是建立在规模报酬不变和完全竞争的基础上的，随着新贸易理论的发展，规模经济和不完全竞争逐渐被引入区域经济一体化的理论体系。科登（Corden，1972）是最早正式将规模经济引入关税同盟理论的学者，他认为生产成本不存在差异的两国也可以通过一体化达到专业化，进而获得效率收益、改善福利水平。但是科登的分析框架并未将规模经济与市场结构正式地结合起来，此后艾特和宏（Either & Horn，1984）、史密斯和维纳布斯（Smith & Venables，1988）构建了更为复杂的厂商行为模型，并同时考察了不完全竞争、规模收益递增和分割市场对成员国贸易及福利的影响。

在投资方面，虽然巴拉萨（Balassa，1961）曾指出贸易和投资是推动经济一体化的核心要素，但是由于国际直接投资规模小，理论起步和发展也晚于国际贸易理论，所以区域经济一体化投资效应的研究在前期并没有得到足够的重视。最早提出投资创造和投资转移理论的是金德尔伯格（Kindleberger，1966），他认为区域经济一体化的贸易效应会对国际直接投资产生影响：一方面，贸易转移促使外部国家为弥补失去市场的损失而向区内进行直接投资，从而产生投资创造效应；另一方面，贸易创造会伴随区域内投资布局调整和区域外投资增加，产生投资转移效应。20世纪80年代之后，跨国公司在世界范围整合资源的经营活动逐渐盛行，区域经济一体化的实践也取得了非常多的成果,学术界开始越来越关注区域经济一体化的投资效应。鲍尔温(Baldwin,1995)建立了一个三个国家的模型对投资创造效应和投资转移效应进行了阐述,并且利用可计算的一般均衡模型研究发现,欧盟单一市场计划可能在欧盟内产生投资创造效应,并导致欧洲自由贸易联盟产生投资转移效应。

二、区域经济一体化实践的主要研究方法

随着区域经济一体化实践在世界范围内的兴盛,学术界的研究也呈现出百花齐放的景象,涌现出诸多具有较强解释力和指导性的学术成果。迄今为止,各国学者从不同的角度对区域经济一体化的实践进行研究、解释和预测,其中有两种研究方法被广泛使用:一种是"事后"分析,即基于引力模型,利用计量经济学的方法对区域经济一体化的实践进行检验和解释;另一种是"事前"模拟,即运用可计算的一般均衡模型(computable general equilibrium model,CGE)对区域经济一体化的经济效应进行"事前"的模拟和预测。

(一)"事后"分析——引力模型

最早将引力模型从牛顿物理学引入贸易领域的是丁伯根(Tinbergen,1962),用以说明多国世界里贸易流量的不对称现象,此后,利纳曼(Linneman,1966)选取国家间距离作为国家间贸易交易成本的替代变量,在引力模型的框架内建立起了国家间贸易与国内生产总值、国家间距离的联系,安德森(Anderson,1979)、贝格施特兰德(Bergstrand,1985)、赫尔普曼和克鲁格曼(Helpman & Krugman,1985)等学者在为引力模型提供贸易理论基础的工作中都做出了巨大的贡献。目前引力模型在贸易领域的运用越来越广泛,也是对区域经济一体化实践进行"事后"分析的重要方法。

运用引力模型拟合区域经济一体化对经济的影响需要引入虚拟变量，在虚拟变量的选择上，不同学者采用了不同的研究方法。例如，弗兰克尔（Frankel，1998）在运用引力模型时，引入了一个虚拟变量拟合优惠贸易安排成员国内部贸易，以考察优惠贸易安排对成员国贸易流量的影响，如果其系数为正且在统计上显著，则说明该优惠贸易安排是贸易创造型的。汉密尔顿和温特斯（Hamilton & Winters，1992）在对区域经济一体化的研究中引入了两个虚拟变量，一个用以拟合成员国内部贸易，如果系数显著为正，说明出现了贸易创造效应；另一个用以拟合成员国对区外贸易，如果系数显著为负，说明出现了贸易转移效应；二者之和则是对贸易流量的净冲击效应。斯洛格和温特斯波（Soloaga & Wintersb，1999）则是在其研究中引入了三个虚拟变量，分别拟合一体化组织总的内部贸易、成员国的外部出口和成员国的外部进口。

为了更准确地反映区域经济一体化实践对经济和贸易的影响，世界各国的学者对引力模型进行大量的调整和扩展。例如，克鲁格曼（Krugman，1991）对一体化过程中相邻地理位置所扮演的角色进行了规范，弗兰克尔（Frankel，1995）证明了文化相似、语言相通的国家之间更可能发生贸易，布鲁斯（Breuss，1999）、艾格（Egger，2000）、陈和沃尔（Chen & Wall，1999）等诸多学者在引力模型计量经济规范性上做出了卓越的贡献，而贝格施特兰德（Bergstrand，1985）、赫尔普曼（Helpman，1987）、韦（Wei，1996）等学者对提炼和增加引力模型的解释变量贡献巨大。

传统引力模型形式简单，并且对数据的要求不高，借助面板数据回归即可估算贸易潜力。但是一些不易测量的贸易影响因素未能在传统引力模型中得到反映，例如现实中常见的关税壁垒、非关税壁垒和政策环境等，这些因素在实证中被归入扰动项，这就导致传统引力模型在进行贸易潜力测算时存在较大的偏误。阿姆斯特朗（Armstrong，2007）指出，由传统引力模型估算出的贸易潜力是平均值概念，因为该模型假设不可观测的隐性因素均值为零，拟合值只反映了可观测、可测量的显性因素的平均效应。贸易潜力应该是既定政策环境和贸易条件下的无摩擦自由贸易所能达到的最高水平。很多学者受此启发，将生产函数中的"前沿"概念引入引力模型，利用随机前沿引力模型得到的拟合值来进行贸易潜力的测算，目前最常见的方法是巴特斯和科埃利（Battese & Coelli，1992，1995）的"一步法"或"两步法"，国内学者的相关研究主要集中在"一带一路"领域，专门针对东亚地区的随机前沿分析还较少。

（二）"事前"模拟——CGE模型

CGE模型是从瓦尔拉斯一般均衡理论发展而来的，阿罗和德布勒（Arrow & Debreu，1954）在后来的研究中证明了一般均衡模型解的存在性和唯一性，CGE模型的诞生则是始于约翰森（Johansen，1960）。一般均衡理论的核心是在要素市场根据利润最大化或成本最小化原则，在资源约束条件下确定最优供给量，在产品市场根据消费者效用最大化原则，在预算约束条件下确定最优需求量，并通过均衡价格使最优供给量和最优需求量相等实现市场出清，达到均衡状态。CGE模型正是由满足一般均衡以上所有约束、最优化和出清条件的可以进行计算的闭合方程组所构成的，而对方程组求解的过程即是使用CGE模型模拟的过程。由普渡大学赫特尔（Hertel，1997）研发的全球贸易分析模型（global trade analysis project，GTAP）在推进CGE模型的研究方面功不可没，使CGE模型在国际贸易领域获得了更加广泛的应用。GTAP模型基于各国投入产出表和WTO的各国对外贸易统计数据，通过分析冲击变量对产业部门、生产要素以及各个国家和地区宏观经济的影响，对某一事件产生的经济效应进行模拟预测。目前，GTAP模型已成为研究国际贸易政策，特别是自由贸易协定经济效应的最主流分析工具之一。

三、区域经济一体化经济效应理论

对经济效应的研究是区域经济一体化理论的重要组成部分。国内外学术界近年来研究成果颇丰。贝尔等（Baier et al.，2014）认为贸易成本变化的一个重要政策来源是签署经济一体化协议（economic integration agreement，EIA），它将可能影响进口国家的福利水平，他们利用集约边际和扩展边际的引力模型对1962~2000年间的面板数据进行了实证研究，发现集约边际的影响比扩展边际的影响产生的更快，这与最新的理论研究预期是一致的。卡利恩多和帕罗（Caliendo & Parro，2015）在李嘉图模型中引入了部门间联系、中间品贸易和行业生产异质性，来量化关税变化对贸易和福利的影响，并提出一个适用于任何模型的部门贸易弹性的估计方法，用以测算北美自由贸易区关税减免产生的影响。研究表明，在福利方面墨西哥增加1.31%，美国增加0.08%，加拿大则减少0.06%；而在区内贸易方面，墨西哥增加118%，加拿大增加11%，美国增加41%。研究结果还显示，如果在生产结构中不考虑中间品或者投入产出联系，关税减免对福利的影响将会降低。刁莉、史欣欣和罗培（2016）利用SMART模型探讨了中国、俄罗斯和蒙古三个国家建立自由贸易区的可能性，模拟了在不同的双边关税减让方案下，中俄蒙自贸区产生的福利效应，研究结果表明关税削减给三个国家带来的福利增长不足以补偿关税收入的损失。

贸易创造效应和贸易转移效应在区域经济一体化理论中占据着重要的地位和篇幅，近年来，这一领域的研究也是成果颇丰。米修等（Missios et al.，2016）研究了三个国家的内生贸易协定博弈，发现关税同盟会产生防共谋纳什均衡从而阻碍全球自由贸易，但是自由贸易协定并不会产生这样的结果，这说明由于自由贸易协定的成员国可以独立制定对非成员国的自由贸易政策，所以相对于必须保持统一对外关税的关税同盟,自由贸易协定更加灵活。另外,他们还发现关税同盟和自由贸易协定都会导致成员国将出口从非成员国转移至成员国,所以非成员国都会自动降低进口关税。李春顶和石晓军(2016)构建了一个包含29个国家的全球一般均衡模型,并使用2013年全球数据校准模型模拟不同情景下TPP产生的经济效应,模拟分析的结果发现,当前12国TPP会对中国出口产生负面的冲击但效应较小,未来当有更多国家加入TPP时,对中国出口的冲击反而会下降,在远期对中国的影响更小,整体上,TPP对中国的经济影响有限。丁剑平和刘敏(2016)运用在贸易成本中加入规模效应的引力模型对中欧双边贸易进行研究发现,从总量上来看,金融危机后中国对欧出口的规模经济效应消失,而进口的规模经济效应保持不变。

随着全球价值链的发展,直接投资和服务贸易在国际贸易中开始扮演越来越重要的角色,学术界也涌现出大量的研究。莫塔和诺曼(Motta & Norman,1996)利用寡头垄断厂商的局部均衡博弈模型研究了自由贸易区的投资区位效应,发现消除区内贸易壁垒能够促进区外跨国公司对自由贸易区成员国的直接投资。黄建忠和占芬(2014)从区域协定收敛的角度进行分析发现,各区域服务贸易协定规则之间的借鉴有助于缩小不同类型协定之间的差距,从而减少"意大利面碗效应",更可能是多边自由化的"垫脚石"。

第二节 中国参与东亚经济一体化的效应分析

近年来,随着中国参与区域经济一体化的深入,越来越多的学者开始针对中国参与东亚经济一体化所产生的经济效应展开研究,其中既有对已经建成的自由贸易区的经济效果的评估,也有对拟建设的自由贸易区可能产生哪些经济影响的探讨。本书基于中国参与东亚经济一体化的几种主要模式，对现有文献的研究成果进行了归纳总结。

一、中国-东盟自由贸易区

中国-东盟自由贸易协定是中国签署的最早的自由贸易协定，经过十多年的实践，该协定对中国、东盟，甚至是整个东亚地区的经济影响已经开始显现。大量学者立足于发展中国家经济发展的特点，对中国-东盟自由贸易区这一"南南型"区域经济一体化的成功典范进行了深入研究。杨（Yang，2014）利用引力模型对中国-东盟自由贸易区的贸易数据进行测算发现，中国-东盟自由贸易区能够带来巨大的贸易创造效应。梁琦等（2016）基于"一带一路"沿线国家的面部数据，利用拓展的贸易引力模型进行实证分析，同样得到了中国-东盟自由贸易区能够产生贸易创造效应、促进贸易自由化的结论。洪静等（2017）利用中国海关数据库、工业企业数据库的微观数据对中国企业的出口国内附加值率进行了测算，并在中国-东盟自由贸易区的框架下对中国参与全球价值链演变的趋势进行了具体描述，结果显示中国-东盟自由贸易协定对中国企业的出口国内附加值率存在较显著的影响，与东盟有贸易往来的企业出口国内附加值率的上升趋势比无贸易往来的企业更为明显。中国-东盟自由贸易区对经济产生的积极影响在学术界受到广泛肯定，这一成功实践验证并发展了区域经济一体化的理论。

二、中日韩自由贸易区

随着东亚经济一体化的不断发展，构建中日韩自由贸易区已经成为必然的发展趋势，并且可能成为东亚建成更大范围自由贸易区的关键节点。刘朋春等（2015）基于GTAP模拟的结果，在动态博弈论的理论框架下考察了中日韩自由贸易区的实现路径，并分析了TPP对中日韩自由贸易区建设的可能影响，研究结果表明，TPP可能对中日韩自由贸易区建设路径产生一定阻力，但不会彻底阻碍中日韩自由贸易区的成立。王皓和许佳（2016）认为中日韩自由贸易区是东北亚区域经济一体化的核心，对亚太多个自贸区的建设都起到穿针引线的作用，虽然中日韩自由贸易能够在经济层面创造巨大的利好，但是地缘政治压力等非经济因素给中日韩贸易区建设造成了主要障碍。王庭东和钱进（2017）利用GTAP模型模拟分析了中日韩自由贸易区可能产生的"轮轴－辐条"效应，研究结果显示，以中国为"轮轴"的自由贸易区能够显著提高中日韩自由贸易区的整体经济水平，其中福利水平的提升最为明显，并且中国、日本、韩国各产业的产出变化充分体现了三国的要素及产业优势。从现有文献的研究成果来看，中日韩自由贸易区能够带来的经济利好得到普遍认可，但是由于区域经济一体化过程实质上也是各国自由贸易区战略整合的过程，经济结构差异和政治利益诉求都会对中日韩自由贸易区建设产生影响。

三、"10＋3"机制

中国、日本、韩国与东盟的"10＋3"合作机制是在东亚经济体应对亚洲金融危机、试图摆脱对美国和国际金融机构过度依赖的背景下产生的，但是至今该合作机制也未能成功推动建成涵盖整个东亚范围的自由贸易区。李巍（2011）对"10＋3"机制的发展过程进行了梳理，认为该机制的发展停滞不前的主要原因是与东亚地区利益攸关的主要行为体对东亚经济合作机制的主导权争夺，形成了"竞争性的地区主义"格局，从而导致东亚地区的"制度过剩"，制度间的竞争阻碍了东亚更加深入的经济合作。刘重力等（2014）指出"10＋3"机制自1997年发起至今，在促进东亚经济、政治、安全等领域的合作方面有深厚的积淀,并且东亚地区多个次区域合作安排都是围绕着该模式进行的,"10+3"机制即涵盖了东盟10国的内部合作,东盟分别与中国、日本、韩国的合作,以及中日韩三国间的合作,以"10+3"机制为主导的发展模式仍然是实现东亚区域经济一体化的最优路径。黄大慧等(2017)认为,中国对"10+3"机制始终有更强的倾向性,因为"10+3"机制能够带来经济上的好处,而且也获得了韩国、东盟部分国家的支持,但是中国经济的快速崛起以及在东亚地区影响力的提升都使日本感到了威胁,中日两国因此在地区合作中出现分歧。当前学术界对"10+3"机制的探讨主要集中在政治因素的影响和地区合作主导权的转移等问题,针对经济影响的实证研究还相对较少。

四、更大范围的自由贸易区

在涵盖了东亚的更大范围建立自由贸易区也能够实现东亚区域的经济一体化,目前,RCEP、FTAAP等都是备受关注的自由贸易区模式,并且有研究发现,在东亚地区建立自由贸易区对经济的影响可能会随着成员的增多而扩大。帕克(Park,2009)利用CGE模型对在东亚建立不同自由贸易区进行了模拟,模拟结果显示"10+3"形式能够使成员国获益最大,但是如果将经济一体化范围扩大至亚太地区,东亚各国的收益会进一步增加。刘冰和陈淑梅(2014)在RCEP框架下,利用GTAP模型对降低区域内关税壁垒和技术性贸易壁垒进行了模拟,结果显示降低技术性贸易壁垒能够扩大关税壁垒削减对经济所产生的正向效应。赵亮和陈淑梅(2015)比较分析了中-韩自由贸易区、中日韩自由贸易区和RCEP对我国经济增长的影响,结果表明上述三个自由贸易区都可以促进我国GDP、货物贸易和福利水平的增长,并且随着成员数量增加,自由贸易区对我国经济的促进作用会更明显。

第三节　简要述评

通过对区域经济一体化理论与研究方法相关文献的梳理，可以发现目前国内外学术界普遍认可区域经济一体化对成员国的影响有利有弊，并且通常情况下利大于弊。"利"主要表现在区内贸易自由化程度提高能够产生贸易创造效应，增加成员国的福利水平，带动成员国的经济增长，吸引区外跨国公司对区内的直接投资；"弊"主要表现在区内贸易自由化程度提高可能产生贸易转移效应，产品的生产从更具资源禀赋优势的区外国家向区内国家转移，导致资源错配，另外成员国关税收入的降低也并不是总能被区域经济一体化带来的经济利益所弥补。但是总体来说，学术界普遍认为区域经济一体化是对多边贸易体制的有益补充，尤其在目前多边贸易体制谈判受阻的情况下，区域经济一体化是促进贸易自由化的重要途径，能够在不同程度上使成员国的经济获益。

从研究方法上来看，传统引力模型在区域经济一体化研究中的使用非常广泛，目前也有越来越多的学者开始使用随机前沿引力模型，并且得出了很多有意义的研究结论。但是这些研究也存在一些不足，通常采用的"一步法"和"两步法"模型假设过于严格，无效率项的异质性未能得到很好的处理，变量的选择上也有改进空间。在对贸易潜力进行估算时，大多数研究没有考虑不同经济体的经济体量差异，影响了估算结果的准确性。而且目前对东亚经济一体化进行 GTAP 分析的文献大多采用 GTAP 8.0 或更早以前的数据库，GTAP 8.0 数据库的基期为 2007 年，不能反映最新的经济指标和关税的变化情况，相关文献少有对数据进行修正。此外，相关文献在进行关税冲击的设置时，直接将关税的目标值设为 0，这不符合当前中国签署自由贸易协定的实际情况。

从现有文献对中国参与东亚经济一体化不同模式的研究结果来看，似乎在东亚地区形成一个统一的自由贸易区是最好的选择，这与现实中以东盟为中心的"轮轴-辐条"结构形成了鲜明的对比。学术界对当前由东盟主导的"小马拉大车"区域合作模式有颇多质疑，也有学者提出应该由中国、日本来主导东亚的经济一体化进程，但是东亚经济一体化牵扯到诸如意识形态、地缘政治、历史等非经济因素，如何协调各个利益方的关系任重而道远。

第三章

中国参与东亚经济一体化的理论分析

第一节 价值链分工背景下的区域经济一体化

一、区域经济一体化理论的演进

区域经济一体化是指两个或两个以上的国家或地区通过签订协定，甚至让渡部分主权，制定统一对内对外经济、财政与金融政策等，清除相互间经济贸易发展的障碍，从而实现区内互利互惠、协调发展以及资源的优化配置，并最终形成政治经济协调统一的有机体的过程。区域经济一体化组织按其一体化程度的不同有五种具体的表现形式，分别是自由贸易区、关税同盟、共同市场、经济联盟、完全的经济一体化，五者之间是一体化程度不断加深的关系，其中，自由贸易区是目前数量最多的区域经济一体化组织形式，其一体化特征表现为成员国之间取消关税、实现贸易自由化，同时保持各国的对外关税。关税同盟是在自由贸易区的基础之上，成员国对外设置共同的贸易壁垒。共同市场则是在关税同盟的基础之上取消成员国之间要素流动的限制。更进一步，经济联盟是在共同市场的基础之上实行统一的经济政策。最后，完全的经济一体化则是在经济联盟的基础上实行统一的政治政策。不同程度的区域经济一体化形式实质上是生产力水平发展到一定程度，生产关系进行调整的结果。

二战后区域经济一体化实践的快速发展催生了区域经济一体化相关理论的不断演进。最早对区域经济一体化理论进行系统性阐述的是维内于1950年在其著作《关税同盟问题》中对关税同盟的局部均衡分析，此后有学者使用一般均衡理论对关税同盟的福利效应分析做了进一步拓展，早期的静态分析也开始向动态分析的视角转变，近年来，政治经济学与区域经济一体化理论的融合也越来越多。

（一）生产分工理论演进

国际贸易中的生产分工理论是探讨国际贸易分工发生原因、贸易格局变动和贸易利益的理论，也是研究区域经济一体化最基础的理论。生产分工理论的发展经历了古典国际贸易理论阶段、新古典贸易理论阶段和新贸易理论阶段，反映了国际贸易发展在不同时期呈现的特点。

从1776年亚当·斯密（Adam Smith）在《国民财富的性质和原因的研究》中提出绝对成本理论到1817年大卫·李嘉图（David Ricardo）在《政治经济学及赋税原理》中提出比较成本理论，是古典国际贸易理论阶段。古典经济学家从生产技术角度研究分工问题，认为在完全竞争的市场结构中，产品同质并且不存在规模经济的情况下，两个国家生产分工基本原则是劳动生产率的高低，专业化分工可以提高两国的总产出，贸易对两国都是有利的。比较优势理论基于两国相对劳动生产率和单一劳动要素观，在解释多国多要素的国际分工时具有明显的局限性。

以赫克歇尔（Hecsher）和俄林（Ohlin）为代表的新古典经济学

家从要素禀赋结构的角度研究国际分工问题，将国际贸易中的生产分工理论推进到了新古典贸易理论阶段。生产要素禀赋理论是对比较优势理论的发展，在要素禀赋理论体系下，生产要素在各国之间不流动，国际分工依据的是劳动生产率和要素禀赋结构所决定的比较优势，各国生产和出口本国富裕要素密集型产品，长期的贸易引起商品相对价格的变动并引致生产要素在进出口部门间的流动，从而影响生产要素价格，最终会逐渐达到要素价格的国际均等化。新古典贸易理论解释了国际贸易中的产业间分工问题，但尚未涉及国际贸易的产业内分工，对全球价值链背景下的产品内分工问题也缺乏解释力。

经济全球化的发展带动了国际贸易和国际分工形势的变化，国家贸易理论也随之被不断拓展。以保罗·克鲁格曼（Paul Krugman）为代表的经济学家在不完全竞争、规模报酬递增、产品差异化假设下建立了新贸易理论。新贸易理论没有离开比较优势的分析范畴，是在二战后国际贸易分工格局发生变化的情况下对比较优势分析方法的发展和应用，对产业内贸易、发达国家间贸易等问题的解释雄辩有力。

（二）关税同盟理论

关税同盟理论和自由贸易区理论论述的是区域经济一体化的两种不同形式，只涉及区域内商品的自由贸易，其中关税同盟成员国对非成员国采用统一关税税率，自由贸易区成员国则保持各自对非成员国的关税税率，关税同盟理论是自由贸易区理论的分析基础。

关税同盟对经济的影响可以分为静态效应和动态效应。静态效应包括贸易创造效应与贸易转移效应。贸易创造是指关税同盟中的一个成员国的国内产品被来自同盟内另一个成员国较低成本的进口产品所替代的现象，它能够增加成员国的福利水平，因为生产要素在比较优势的基础上重新配置，提高了资源配置效率。贸易转移是指由于关税同盟的建立，使原本来自非成员国的较低成本的进口产品被关税同盟内其他成员国较高成本的进口产品所替代的现象，它会使成员国的福利水平下降。

关税同盟的动态效应对经济增长的意义更为重要，主要包括以下几种效应。首先是规模经济效应，建立关税同盟后，成员国之间形成统一的区域大市场，企业可以在更大的规模上进行生产，由于规模经济的存在，生产成本会降低，同盟内企业相对同盟外企业的竞争力增强。其次是竞争效应，市场一体化使国内企业受到其他成员国企业的挑战，增加了市场竞争，垄断力量会得到削弱。最后关税同盟的建立会影响投资者的投资决策，一方面会吸引非成员国的资金进入，非成员国为了绕过统一关税壁垒，会将产品出口转向资本输出；另一方面非成员国的发达国家可能会通过对成员国发展中国家进行直接投资来利用廉价的要素投入，建立出口平台。

（三）自由贸易区理论

对自由贸易区的经济效应分析与关税同盟是类似的，也会出现贸易创造效应和贸易转移效应等。但是自由贸易区与关税同盟有两个不同的特点，即自由贸易区成员国保留了对非成员国的关税选择权并享受进口商品零关税的原产地资格，这就使得自由贸易区的建立容易引发贸易偏转。贸易偏转是指利用自由贸易区成员国的关税税率差异，从低关税国进口并向其他国家出售的现象。

二、要素分工与贸易投资一体化理论

随着全球价值链的兴起，产品内贸易开始扮演越来越重要的角色，国际分工也从传统的基于产业、产品的分工开始转向沿着价值链生产环节的要素分工，跨国公司在区域范围，甚至全球范围的资源整合使得贸易和投资进一步融合，贸易投资一体化成为新形势下国际贸易发展的主要趋势。区域经济一体化理论需要适应国际贸易分工的新发展,其理论基础需要建立在新的国际分工理论之上。

(一) 要素分工

20世纪80年代以来,国际分工形式的一个突出变化是产品价值链的分解,一国的优势更多表现在价值链上某一环节的优势,国与国之间依据同一产业或产品的不同生产环节进行分工。这一新的国际分工形式即全球价值链分工,其实质是"要素分工",即各国以要素优势融入跨国公司主导的国际分工体系,实现生产的国际化。国际分工的界限不再是"产品",而是"要素",一件最终产品的全部价值不再由同一个国家的本土要素独立创造,而是由多国的优势要素共同创造。

国际分工从传统的产品分工发展至要素分工之后,国际分工的细化会反作用于要素分工的进一步发展,产生一个良性的正反馈机制。分工的细化促使更多的生产环节在技术属性上从迂回生产链中独立出来,中间产品的生产过程增多、专业化程度加深,要素投入也越来越专门化,从而中间产品的要素特征也就更加明显。不仅如此,分工的细化还会使要素职能日益专门化,强化要素的异质性,要素之间相互替代的难度会增加,从而专用性要素产生的比较优势也被不断增强。也就是说,各国参与国际分工的优势要素会在专业化生产的过程中被加强,国际分工以要素为界限的特征将会越来越明显。

(二) 贸易投资一体化

要素分工的发展主要表现为两种形式。一种是同一产品的价值链被分解为若干个独立环节由不同企业进行生产,实践中的典型表现是中间品贸易的迅猛发展;另一种是跨国公司在全球范围内整合资源,将价值链的不同的生产环节安排到最具有要素优势的国家,如果考虑商品的运输成本,则意味着在一定的区域范围内选择中间产品的生产地点,实践中的典型表现是对外直接投资的飞速增长。这两种形式并非独立存在,而是相互融合的一种国际经济现象,即贸易投资一体化。贸易投资一体化,在广义上是指当代国际贸易和国际直接投资高度融合、相互依赖、共生发展的一种国际经济现象,不仅表现为贸易和投资流向的一致、时间的同步,还表现为二者互补共存、互动发展的格局;在狭义上是指在以要素分工为特点的国际分工体系中,跨国公司发挥主导作用,通过在全球范围内配置、利用资源,实现全球化生产经营,越来越多的国际贸易和投资活动在跨国公司安排下围绕着国际生产的价值链,并表现出相互依存、联合共生的一体化现象。

在全球价值链背景下,贸易和投资是围绕跨国公司的国际生产进行的,贸易是沿着跨国公司国际生产价值链进行的,投资发生在价值链的各个生产环节上,投资的目的是通过贸易实现分工收益,贸易和投资的联合作用是跨国公司实现国际生产的基础。

三、价值链分工背景下的区域经济一体化理论拓展

价值链分工背景下的贸易投资一体化是贸易投资相互促进、互为因果的过程,这一过程伴随着大量的中间产品和最终产品的国际多次流动,贸易壁垒和要素流动壁垒对产品和要素流动成本的放大作用要比传统国际贸易模式下更显著。这就要求区域经济一体化理论要在传统理论的基础上,向促进贸易投资一体化的方向上拓展。本书基于瓦尔茨(Walz,1997)提出的三国模型构建方法,建立价值链分工背景下包括了中间产品国际贸易的区域经济一体化一般均衡模型,并梳理自由贸易协定对经济的影响机制。

(一) 一般均衡模型的基本设定

模型假定有 A、B、C 三国,由工业部门生产工业产品 Y 和中间

产品 x，由传统部门生产传统产品 Z。其中，A 是技术先进国，该国只有工业部门，生产具有比较优势的工业产品和中间产品，进口传统产品；B 有工业部门和传统部门，生产工业产品和传统产品，但是进口中间产品；C 表示世界其他国家，只有传统部门，生产具有比较优势的传统产品，进口工业产品。A、B 两国将建立自由贸易区。

各国的居民数量为 $L_i(i=A, B, C)$，每个居民供应一单位劳动力，并且在 t 时点受跨期预算约束的最大效用为：

$$U_t = \int_t^\infty e^{-\rho(\tau-t)} [\theta \ln C_Y(\tau) + (1-\theta) \ln C_z(\tau)] d\tau \tag{3.1}$$

其中，C_Y 和 C_Z 分别表示对工业产品和传统产品的消费数量，ρ 表示时间偏好。由此可以得到工业产品和传统产品的需求分别为：

$$p_{i,Y} C_{i,Y} = \theta E_i \tag{3.2}$$

$$p_{i,Z} C_{i,Z} = (1-\theta) E_i \tag{3.3}$$

其中，$p_{i,\zeta}(\zeta=Y, Z)$ 和 $C_{i,\zeta}$ 分别表示 ζ 产品在 i 国的消费价格和消费量的水平，E_i 表示 i 国的支出水平。假设资本可以在 A、B 两国自由流动，市场利率为 $r_i(t)$，则 $r_A(t) = r_B(t)$①，利用最优消费路径的动态规划可以得到欧拉方程：

$$\frac{\dot{E}_i}{E_i} = r_i(t) - \rho ② \tag{3.4}$$

将价格标准化为单位"1"，则 $E = E_A + E_B + E_C = 1$。

假设最终产品的厂商规模报酬不变和市场完全竞争。传统部门仅生产传统产品，要素投入只有劳动力，生产函数为：

$$Z_i = \frac{L_{i,z}}{a_z} \tag{3.5}$$

式 (3.5) 中，Z_i 表示 i 国的传统产品产出，$L_{i,z}$ 表示 i 国生产传统产品的劳动力投入数量，a_z 表示传统产品的劳动力投入系数。工业部

---

① 在不引起歧义的情况下将省略时间指标 t，后面不再赘述。
② 文中"·"表示时间比率。

门生产中间产品和工业产品，工业产品的要素投入包括劳动力和中间产品，生产函数为：

$$Y_i = \Gamma_i(L_{i,Y})^\alpha \left(\int_0^n s_i(h)^\gamma dh\right)^{(1-\alpha)/\gamma} \quad 0 < \alpha, \gamma < 1 \quad (3.6)$$

其中，Y_i 表示 i 国的工业产品产出，$L_{i,Y}$ 和 $s_i(h)$（$h \in [0, \infty]$）分别表示 i 国生产工业产品的劳动力和第 h 种中间品的投入数量，Γ_i 表示 i 国工业产品的生产系数，世界范围的中间品数量为 n。

用 w_i 表示 i 国的工资率，则两种最终产品的价格可以用其边际成本来表示，即：

$$q_{i,Z} = a_Z w_i \quad (3.7)$$

$$q_{i,Y} = (\Gamma_i)^{-1} C w_i^\alpha \left(\int_0^n p_{i,X}(h)^{1-\varepsilon} dh\right)^{(1-\alpha)/(1-\varepsilon)} \quad (3.8)$$

式（3.7）、式（3.8）中，$q_{i,Z}$ 和 $q_{i,Y}$ 分别表示 i 国生产的传统产品和工业产品的边际成本，$p_{i,x}(h)$ 是 i 国为获得第 h 种中间产品需要支付的价格，$C = [\alpha/(1-\alpha)]^{1-\alpha} + [(1-\alpha)/\alpha]^\alpha$ 为正的常数，$\varepsilon = 1/(1-\gamma) > 1$ 为中间产品的需求弹性。

用冰山成本来计算中间产品国际贸易的运输成本，ϕ_{x_1}（$0 < \phi_{x_1} < 1$）表示一单位中间产品到达目的国的数量。另外，用 ϕ_{x_2}（$0 < \phi_{x_2} < 1$）来表示中间产品的贸易壁垒，则中间产品的总贸易成本为 $\phi_x = \phi_{x_1} \phi_{x_2}$，建立自贸区的情况下 $\phi_x = \phi_{x_1}$。i 国向 j 国出口一单位最终产品的贸易成本为贸易壁垒 $k_{i,j}$（当 $i = j$ 时，$k_{i,j} = 0$）。设中间品 h 的生产函数为：

$$x_i(h) = \frac{L_{i,x}(h)}{a_{i,x}} \quad (3.9)$$

则当中间品 h 的生产国和消费国不同时，其生产数量和消费数量会因为贸易成本的存在而不同，即 $x_j = s_i/\phi_x$（当 $i = j$ 时，$x_j = s_i$）；同理，$p_{i,\zeta} = q_{j,\zeta}/k_{i,j}$（当 $i = j$ 时，$p_{i,\zeta} = q_{j,\zeta}$），$\zeta_j = C_{i,\zeta}/k_{i,j}$（当 $i = j$ 时，$\zeta_j = C_{i,\zeta}$）。

假设中间产品由垄断厂商进行生产，利润函数为：

$$G_{i,x}(h) = [q_{i,x}(h) - a_{i,x}w_i]x^i(h) \quad (3.10)$$

并且,中间产品的产量由所有工业产品生产国的需求共同决定,为:

$$x_i(h) = \frac{q_{i,x}(h)^{-\varepsilon}}{\int_0^n p_{i,x}(h')^{1-\varepsilon}dh'}(1-\alpha)q_{i,x}Y_i$$

$$+ \sum_{j \neq i} \frac{\phi_x^{\varepsilon-1}q_{i,x}(h)^{-\varepsilon}}{\int_0^n p_{j,x}(h')^{1-\varepsilon}dh'}(1-\alpha)q_{j,Y}Y_j \quad (3.11)$$

由式(3.10)和式(3.11)可以得到中间产品的生产价格为:

$$q_{i,x}(h) = \frac{a_{i,x}w_i}{\gamma} \quad (3.12)$$

中间产品的消费价格 $p_{i,x}(h) = q_{j,x}(h)/\phi_x$;当 $i = j$ 时,$p_{i,x}(h) = q_{j,x}(h)$。

另外,假设存在国际的知识溢出效应,设研发函数为:

$$\dot{n}_i = L_{i,n}K \quad (3.13)$$

其中,$L_{i,n}$ 为研发的劳动力投入,K 为研发的知识投入。令创新率 $g = \dot{n}/n$,研发成本 $c_{i,n} = w_i/n$,可以得到标准的资产定价条件为:

$$\frac{G_{i,x}}{c_{i,n}} + \hat{w}_i - g = r_i \text{①} \quad (3.14)$$

即,在均衡状态下,每单位研发投入的利润与预期的资产损益的和,应该与无风险市场利率相等。

最后,在市场出清的条件下,产品市场上的最终产品供给等于最终产品需求,要素市场上的劳动力供给等于劳动力需求。即:

$$\sum_j q_{j,Y}Y_j = \sum_i p_{i,Y}C_{i,Y} = \theta \sum_i E_i = \theta \quad (3.15)$$

$$\sum_j q_{j,z}Z_j = \sum_i p_{i,z}C_{i,z} = (1-\theta)\sum_i E_i = 1-\theta \quad (3.16)$$

$$L_i = n_iL_{i,x} + L_{i,n} + L_{i,Y} + L_{i,Z} \quad (3.17)$$

---

① "^" 表示变化率。

（二）稳态均衡

由以上建立的一般均衡模型可以计算出 A、B、C 三国的劳动力数量分别为：

$$L_A = \frac{\theta(1-\alpha)}{w_A} - \rho + \frac{\alpha\theta s_{A,Y}}{w_A} \qquad (3.18)$$

$$L_B = \frac{(1-\theta)s_{B,Z}}{w_B} + \frac{\alpha\theta s_{B,Y}}{w_B} \qquad (3.19)$$

$$L_C = \frac{(1-\theta)s_{C,Z}}{w_C} \qquad (3.20)$$

其中，$s_{i,Y}$ 和 $s_{i,Z}$ 分别表示 i 国工业产品和传统产品的市场份额。另外，根据三个国家的生产分工和贸易关系，可以得到最终产品生产价格之间的关系为：

$$\frac{q_{B,Z}}{k_{A,B}} = \frac{q_{C,Z}}{k_{A,C}} \qquad (3.21)$$

$$q_{B,Y} = q_{A,Y} \qquad (3.22)$$

还可以得到 A、B 两国的工资比为：

$$\omega = \frac{w_A}{w_B} = \phi_x^{(\alpha-1)/\alpha} > 1 \qquad (3.23)$$

再结合式（3.19）和式（3.20）可以计算出 B 国传统产品的市场份额为：

$$s_{B,Z} = \frac{f(1-\theta) - \alpha\theta s_{B,Y}\tilde{\omega}}{(1-\theta)\tilde{\omega} + f(1-\theta)} \qquad (3.24)$$

其中，$\tilde{\omega} = w_C/w_B$，$f = L_B/L_C$。将式（3.24）代入式（3.18）和式（3.19），并结合式（3.7）、式（3.8）、式（3.21）和式（3.22）。可以得到 A 国工业产品的市场份额为：

$$s_{A,Y} = \frac{\bar{f}(1-\theta+\theta\alpha) - \theta(1-\alpha)\phi_x^{(1-\alpha)/\alpha}(\kappa+f)}{\theta\alpha\bar{f} + \phi_x^{(1-\alpha)/\alpha}(\kappa+f)\theta\alpha} \qquad (3.25)$$

其中，$\bar{f} = (L_A + \rho)/L_C$，$\kappa = k_{A,C}/k_{A,B}$。

为确保 A 国的劳动力供给不足以满足全世界研发、中间产品和工业产品的生产需求，作如下假设：

$$\frac{L_A + \rho}{L_B + L_C} < \frac{\theta}{1-\theta} \phi_x^{(1-\alpha)/\alpha} \tag{3.26}$$

在该假设条件下，工业产品的生产活动同时在 A 国和 B 国进行，A 国的要素禀赋足以生产所有的中间产品，但只能生产部分工业产品。

在稳态均衡条件下，可以计算出 $G_{A,x} = (1-\gamma)\theta(1-\alpha)/n$，代入式（3.14）可以得到：

$$\frac{(1-\gamma)\theta(1-\alpha)}{w_A} - g = \rho \tag{3.27}$$

（三）区域经济一体化的经济效应

假设 A 国和 B 国建立自由贸易区，只削减区内最终产品的贸易壁垒，中间产品的贸易壁垒保持不变，基于上述一般均衡模型分析该自由贸易区对 A、B、C 三国产生的经济效应。自由贸易区内最终产品贸易壁垒的削减使得 A、B 两国传统产品和工业产品的贸易自由化程度提高，$k_{A,B}$ 和 $k_{B,A}$ 的值将会增大，从而 κ 的值将会减小，从式（3.25）可以看出 $s_{A,Y}$ 将会增大。也就是说，A、B 两国建立自由贸易区将会增加 A 国工业产品的市场份额，由于只有 A、B 两国生产工业产品，说明 B 国工业产品的市场份额和生产规模缩小了，B 国的资源更多地被配置到了传统产品的生产之中。由于 B 国的传统产品产量增加，更具有传统产品生产优势的 C 国的传统产品产量相应减少，自由贸易区产生了贸易转移效应，导致三个国家的福利水平都有所下降。

再结合式（3.18）可以得到，当劳动力数量和时间偏好不变时，$s_{A,Y}$ 增大会使 w_A 增大。进一步根据式（3.23），如果中间产品的贸易壁垒保持不变，那么 w_A 增大必然伴随着 w_B 的增大。另外，根据式（3.27）可以看出，w_A 增大还会伴随着 g 的下降。也就是说，A、B 两国建立自由贸易区，会导致自由贸易区内的工资水平上升，导致产品创新的成本增加,进而抑制了创新能力,将会对经济的长期发展产生负面影响。

进一步,如果假设 A 国和 B 国建立自由贸易区,同时削减区内最终产品和中间产品的贸易壁垒,分析结果将会发生明显变化。自由贸易区内中间产品贸易壁垒的削减使得 A、B 两国中间产品的贸易自由化程度提高,ϕ_x 的值将会增加,从式(3.25)可以看出,$s_{A,Y}$ 的值将会变小。也就是说,A、B 两国一体化程度加深,降低中间产品的贸易壁垒,将会减少 A 国工业产品的市场份额和产量,A 国的生产资源将会更多地投入到中间产品的生产和创新活动中去。另外,由于只有 A、B 两国生产工业产品,说明 B 国工业产品的市场份额和生产规模扩大了,B 国的资源更多地被配置到了工业产品的生产之中,对中间产品的需求将会增加,从而促进了自由贸易区内中间产品的贸易,也就是说,深度经济一体化的自由贸易区产生了贸易创造效应,增加了社会福利。

再结合式(3.18)可以得到,当劳动力数量和时间偏好不变时,$s_{A,Y}$ 减小会使 w_A 下降。根据式(3.23),由于中间产品的贸易壁垒削减,那么 w_A 增大对 w_B 的影响是不确定的。另外,根据式(3.27)可以看出,w_A 下降会伴随着 g 的上升。也就是说,A、B 两国经济一体化程度加深,会使得自由贸易区内 A 国的工资水平下降,降低了产品创新的成本,可以促进创新活动,将会对经济的长期发展产生正面影响。

第二节 价值链分工对区域经济一体化的影响分析

一、价值链分工对区域经济一体化的新要求

(一)货物贸易层面

在全球价值链分工体系下,产品生产的不同环节由不同国家承

担,这就意味着,产品在生产过程中需要多次跨越国境。与传统的分工模式相比,全球价值链分工生产的产品会额外地增加跨越国境的贸易成本,并且分工环节越细化、跨越国境的次数越多,贸易成本的增加幅度也就越大。在全球价值链分工条件下,即使是较低的关税,也会因为中间产品进口贸易壁垒所产生的累积效应,而使得贸易成本显著增加,并最终影响产成品的生产成本、销售价格和市场竞争力。同样的道理,通过削减中间产品的关税以及降低非关税贸易壁垒,能够有效降低中间产品在跨境流通环节的贸易成本,进而降低产成品的成本和价格,并提升产成品的市场竞争力。

另外从贸易便利化的角度来说,即便是在不存在关税的情况下,边境管理效率低下、进出口监管不力以及物流服务质量偏低等问题也会对全球价值链产生不可忽视的负面影响,这些贸易便利化的瓶颈实质上迫使货物贸易的成本增加。在全球价值链分工条件下,贸易便利化措施对全球经济和国际贸易的促进作用越来越明显。改善通关环境、提高流通效率,不但可以减少进出口贸易的时间成本和物流、通关费用,减轻进出口企业的库存压力,缩减国际市场供给对需求的反应时间,更重要的是,能够有效保障全球价值链各环节的衔接,为全球价值链的高效运转提供条件。

当前全球价值链主要体现在区域性的供应链,区域贸易协定对所覆盖区域内的供应链的形成和发展发挥着举足轻重的作用,也是当前全球价值链发展的重要驱动力。通过签订区域贸易协定,消除区域内贸易壁垒、提高贸易便利化水平,有利于保持供应链畅通、构筑区域价值链,这也是全球价值链分工对区域经济一体化提出的重要求。

(二)投资层面

伴随着国际分工的不断深化,生产要素在国际流动性的增强,传统国际贸易方式与国际合作方式正日益融为一体,呈现贸易投资一体化。在全球价值链分工背景下,跨国公司通过在世界范围内对资源优化配置,进行全球化生产与经营,这使得国际贸易与国际直接投资越来越多地表现出围绕全球价值链相互依存、联合作用、共生增长的关系。在这里,投资的目的就是通过贸易实现分工收益,是为贸易而投资的,而贸易则是实现投资行为最终目标的手段。

全球价值链分工条件下,国际直接投资既是投资者在全球实现资源配置的有效方式,同时也为东道国提供了融入全球价值链、获取分工收益的途径,还能为东道国带来技术外溢、增加就业等好处。促进投资的自由化和便利化,消除资本要素流通障碍、提高资本要素流通效率,能有效增进国际贸易与国际直接投资的有益互动,推动全球价值链的发展。在投资层面,降低投资壁垒、改善投资环境、建立有效的争端解决机制等,都是区域经济一体化需要解决的问题。

(三) 服务贸易层面

随着全球通信信息技术革命的兴起和全球产业结构的调整转型,服务业开始突破国界的限制,以高端要素密集为主要特征的生产性服务贸易在全球范围内快速发展。全球贸易结构正逐渐向服务贸易倾斜,服务贸易的发展水平也正日益成为评价一国合作能力以及参与全球竞争的重要指标[1]。与传统贸易条件下不同,服务贸易在全球价值链分工体系中正发挥着前所未有的重要作用,它不但是连接全球价值链不同生产环节的重要纽带,而且是控制整条价值链的中枢。作为制造业的中间投入,生产性服务业能够有效提高生产过程的协调性,大幅度地提升制造业的附加值,增强制造业的国际竞争力。

服务贸易自由化通过消除服务贸易壁垒、降低服务贸易成本,可以促进技术、知识、人力资本等高端要素的自由流通,对生产性服

---

[1] 戴翔,张雨. 我国服务出口复杂度的国际比较及变化机制 [J]. 南京社会科学,2015 (5): 25-32, 47.

务业的发展具有积极的推进作用,进而提高制造业的生产效率,并最终实现对整个价值链的优化。由此可见,服务贸易自由化对全球价值链的发展和价值提升具有重要意义,而以促进服务贸易自由化为目的的贸易规则的制定,也就成为当前区域经济一体化的一项重要任务。

(四) 边境后政策层面

在传统分工模式下,产品的生产过程不跨越国境,国际贸易只需要确立边境上的规则。但是在全球价值链分工模式下,产品不同的生产环节被分配到不同的国家,产品需要多次跨越国境。边境上的贸易规则已经不能满足国际贸易的需要,贸易规则向边境后延伸成为必然趋势,国内规制的融合与标准的统一也就成为区域经济一体化发展的重要目标。

全球价值链的发展对构筑国际贸易和投资的新规则有诸多启迪,其中就包括强调参与价值链分工的国家如果想要获取经济收益,就应该采取开放透明的贸易投资政策,进而吸引更多的外国投资者、生产者和供应商[①]。也就是说,国内规制的融合能够积极促进全球价值链的发展,是一国融入全球价值链的有效推动力。完善知识产权保护政策、构建公正透明的营商环境、保证竞争的公平与充分、建立有效的环境和劳工标准等都是区域经济一体化所需要关注的问题。

另外,由于产品生产的不同环节要在不同国家实现,那么如何使产品在跨越国界前后的生产环节有效地衔接起来就成为一个关键问题,这就要求价值链上所涉及的国家在生产过程中能够采用统一的标准。当前纷杂的产品标准和认证体系阻碍了全球价值链在国家间的伸展,增加了价值链上企业关于产品标准的协调成本,是全球价

---

① 石静霞. 国际贸易投资规则的再构建及中国的因应 [J]. 中国社会科学, 2015 (9): 128 – 145, 206.

值链发展最主要的壁垒之一。通过签订区域贸易协定对标准进行约定正是解决这一难题的重要手段,它不但可以保障全球价值链各个环节的连续性,而且能够带动区域内更多的企业融入全球价值链分工之中。

二、价值链分工对自由贸易协定议题的影响

在全球价值链分工的大背景下,与其说区域经济一体化是国际贸易体系"碎片化"[1]的表现,还不如说是对全球生产网络节点的强化。现有多边贸易体制不能满足全球价值链的所有需求,并且谈判进程进展缓慢,而区域经济一体化对贸易协定议题的拓展,则在一定程度上填补了国际贸易规则的供给缺口,发挥了润滑区域内供应链运转、强化区域内价值链连接的作用。2016年2月4日,美国、日本、加拿大、澳大利亚、新西兰、新加坡、墨西哥、智利、秘鲁、马来西亚、文莱和越南等12个国家正式签署的TPP,为以全球价值链为基础的国际贸易新规则确定了基准、提供了模板,并且必将影响全球贸易治理在未来的发展[2]。虽然美国于2017年宣布退出TPP,导致TPP进程搁浅,但是TPP所涉及的议题仍然代表了当前国际贸易规则的发展趋势,我们有必要以TPP为例,从全球价值链的视角,对当前区域经济一体化所涉及的议题进行进一步探讨。

(一)传统议题的深化

传统国际贸易规则所涉及的议题主要包括货物贸易、服务贸易以及投资三个方面,它们不但是现有多边贸易体制的主要构成,也是

---

[1] 徐奇渊,杨盼盼. 从全球化到碎片化:中国准备好了吗? [J]. 清华金融评论, 2017 (9): 45 - 47.

[2] 盛斌,高疆. 透视TPP:理念、特征、影响与中国应对 [J]. 国际经济评论, 2016 (1): 20 - 36.

当前区域贸易协定的基础内容。TPP对传统议题的内容进行了深化，设定了更高的标准，一方面适应了全球价值链发展的需要，另一方面在巩固区域内价值链的同时也对区域外国家产生了排他效应。

实现货物贸易的自由化、便利化，消除贸易壁垒，保障货物尤其是中间品在亚太价值链上低成本自由流通是TPP的重要目标之一。TPP大幅度削减了成员国之间的关税，按照约定，在协议生效后的第一年大多数产品将降为零关税，其中除了越南和墨西哥，其他十国的零关税产品比重都将超过八成，这无疑能够显著降低成员国之间货物贸易的成本。为促进货物贸易便利化，TPP对便利化措施进行了更详细的约定，并要求提高海关管理的透明度，这不但能够有效提升货物的通关速率，而且将会明显有助于中小企业参与价值链分工。同时，协定还对成员国的进出口限制行为进行了约束，提升了出口许可证程序的透明度，以防止在降低关税的同时设置非关税贸易壁垒。另外，TPP制定了一套统一的原产地规则，协定还明确表示了原产地规则的目的在于"促进区域供应链，确保缔约方而不是非缔约方成为协定的主要受益者"。可以预见，这一规则在促进成员国价值链整合的同时，将会在一定程度上割裂与非成员国之间的经贸联系，阻碍非成员国参与亚太地区的价值链分工体系①。

在服务贸易方面，与亚太地区以往的自由贸易协定相比，TPP提升了电子商务的标准，增加了金融服务、商务人员临时入境、电信等内容，并彻底采用"负面清单"方式对跨境服务进行规范，有效地推进了成员国之间服务贸易自由化的进程，有利于企业在"互联网＋"的背景下更好地参与全球价值链分工。在投资方面，TPP的规定比以往的区域贸易协定更加详细，标准也更高，包括投资者和东道国争端解决机制（ISDS）在内的一系列规则，能够显著加强对外

---

① 中国社会科学院世界经济与政治研究所国际贸易研究室.《跨太平洋伙伴关系协定》文本解读［M］.北京：中国社会科学出版社，2016.

国投资者的保护，促进资本在成员国之间的自由流动，带动区域内更多的企业融入亚太价值链。但是值得关注的是，TPP中对ISDS的设置使得外国投资者获得了比国内投资者更多的权利，他们可以绕过东道国的国内司法程序直接进入国际仲裁，这可能会导致ISDS的滥用，引发投资自由化与国家经济主权的平衡问题。

（二）非传统议题的扩展

TPP对非传统议题的扩展将国际贸易规则进一步向边境后的国内政策延伸，主要表现在细化、提高此前区域贸易协定中已有涉及的非传统议题，以及率先涉及的新的非传统议题。这些非传统议题虽然不直接涉及贸易和投资行为，但是会影响各国的营商环境，从而间接地影响贸易和投资活动，是全球价值链发展的客观需要。然而，这些非传统议题所涉及的很多内容在发达国家与发展中国家之间长期存在认识差异，加之涉及国内政策有可能会影响一国的国家治理，所以在落实过程中会有一定的难度，还可能会暴露出一定的风险。

TPP在知识产权保护、政府采购、环境和劳工规则上都设立了更高的标准。乌拉圭回合谈判之后，知识产权保护和政府采购分别通过《与贸易有关的知识产权协定》（TRIPS）和《政府采购协定》（GPA）纳入WTO框架之下。但是美国等发达国家一直认为TRIPS对知识产权保护的力度不足，GPA由于不具有强制约束力也不能满足它们"高标准"的期望[①]。环境政策和劳工政策由于不直接涉及贸易和投资行为，暂未被纳入WTO贸易规则体系，但是在既往区域贸易协定中多有涉及。TPP对知识产权保护、政府采购、环境和劳动规则所设立的高标准虽然对经济、社会的协调发展以及全球价值链的优化具有积极意义，但是主要体现了发达国家的利益诉求。

---

① 李大伟. TPP非传统议题对我国的影响及对策［J］. 国际贸易，2016（2）：42－47.

TPP在竞争政策、国有企业等多个非传统议题中均体现了发达国家所主导的"竞争中立"原则。"竞争中立"的内涵是指:"政府的商业活动不得因其公共部门所有权地位而享受私营部门竞争者所不能享受的竞争优势,目的是强调国有企业和私有企业之间的平等市场竞争地位。[①]"协定对竞争政策的规范侧重从立法的角度维护市场的正常运转,就反垄断法律及措施等问题做了相关约定;对国有企业的规范则主要从企业所有制的角度出发,督促国有企业以纯商业的方式运营,确保国有企业与私有企业之间的竞争公平。在全球价值链分工条件下,"竞争中立"原则有利于资源在世界范围内的优化配置。但是,发达国家和发展中国家处于不同的发展阶段,对"竞争中立"的接纳能力也不尽相同,对发展中国家会形成较大压力。

中小企业虽然是世界经济关注的热点,亚太经合组织更是设有中小企业部长级会议定期讨论中小企业的发展问题,但TPP将该议题以条款的形式规范在自由贸易协定中,在世界范围内尚属首例。TPP强调对中小企业的信息分享,要求成员国建立中小企业专用的信息网站,保障法律法规的公开透明,为中小企业参与国际贸易提供更多便利,有助于其融入全球价值链。此外,TPP还设立了中小企业委员会,协助成员国的中小企业更好地从协定中获益。相对于跨国公司,中小企业参与全球价值链分工的程度要低得多,但是这也意味着中小企业具有巨大的潜力。TPP对中小企业议题的重视,对于挖掘中小企业参与全球价值链分工的能力具有重要的意义。

监管一致性和反腐败议题也首次出现在了自由贸易协定的条款之中,是贸易规则向国内政策延伸的重要表现,适应了全球价值链发展对国内营商和监管环境的要求。TPP将国内监管一致性向区域范围扩张,对监管的内部机制和程序进行了规范,其目的在于促使成员

---

① 张琳,东艳. 主要发达经济体推进"竞争中立"原则的实践与比较[J]. 上海对外经贸大学学报,2015,22(4):26-36.

国建立起有效的跨部门磋商和协作机制,进而形成开放透明的监管环境。① 全球价值链分工条件下,各国间的联系越来越紧密,腐败行为亦从对一国国内的腐蚀向国际贸易和投资领域扩散,反腐败成为全球经济治理的重要组成部分。协定中反腐败条款的实施能够有效促进市场的公平竞争,改善国际贸易和投资环境,降低全球价值链的运营成本。

TPP 还将发展、合作和能力建设等与国际合作相关的非传统议题纳入了国际贸易规则体系。虽然以往的自由贸易协定也经常会对缔约方之间的合作进行相应的说明,但一般只是在贸易便利化议题中体现,不会单设章节,即便在 WTO 框架下也不例外。② TPP 分别设立了"发展"和"合作与能力建设"两个章节对缔约方的合作问题进行阐述和规范,反映出在全球价值链分工体系下,国家间的联系越来越紧密,各国的协调发展也越来越重要。TPP 成员国的经济和社会发展水平参差不齐,协定对国际合作的约定可以帮助发展水平相对落后的成员国提升参与全球价值链的能力,进而更好地履行协定项下的承诺,最终有助于所有成员国获得更多的实际利益。

第三节 中国参与东亚经济一体化的机遇与挑战分析

发达国家在国际贸易新规则制定中居于主导地位,其核心目标在于通过制定高标准、高质量的国际贸易规则进一步统筹全球价值链,进而实现供应链的无缝对接,降低生产成本并继续保持其在世界经

---

① 东艳,苏庆义. 揭开 TPP 的面纱:基于文本的分析 [J]. 国际经济评论,2016 (1):37-57,5.

② 中国社会科学院世界经济与政治研究所国际贸易研究室.《跨太平洋伙伴关系协定》文本解读 [M]. 北京:中国社会科学出版社,2016.

济中的领先地位。① 所以，发达国家希望通过将国际贸易规则由边境上向边境后延伸，促进发展中国家的国内改革，提升发展中国家市场化的开放程度和法治化水平，为贸易和投资创造更好的商业环境。这与发展中国家的目标并行不悖，但与发达国家相比，发展中国家寻求国际贸易新规则的动机是相对被动的。发达国家和发展中国家对全球价值链所寄托的发展愿景都会影响国际贸易新规则体系的构建。随着多哈回合谈判陷入困境，多边贸易体制前途未卜，经济一体化更多地在区域范围向前推进，国际贸易规则的构建也更多地反映在区域经济一体化进程中。中国地处东亚，推进东亚经济一体化进程是中国参与经济全球化、融入国际价值链分工体系的必经之路，要选择最优的东亚经济一体化模式，首先要对东亚经济一体化进程中可能面临的机遇和挑战有清楚的认识。

一、中国参与东亚经济一体化面临的机遇

伴随着要素分工模式的出现和深化发展，全球价值链已经成为主导国际贸易投资一体化发展的基础平台，并为东亚区域经济合作创造了机遇。东亚区域生产网络是全球最发达的分工合作架构，在全球价值链的纵深发展中不断被调整重塑，东亚各经济体之间的贸易、投资和经济联系日益紧密，为区域经济合作创造了良好的基础和氛围。在全球价值链分工主导下，北美、欧洲、东亚三大世界主要贸易网络飞速发展，贸易规模不断扩张，其中北美和欧洲的贸易网络分别建立在北美自由贸易区和欧盟的制度框架基础之上，而东亚生产网络的形成机制则是依赖于生产分工网络下的中间产品和最终产品贸易的市场需求，东亚地区各经济体之间的贸易联系更为紧密②。

---

① 盛斌. 迎接国际贸易与投资新规则的机遇与挑战 [J]. 国际贸易，2014（2）：4-9.
② 刘重力. 东亚区域经济一体化进程研究 [M]. 天津：南开大学出版社，2017.

由跨国公司主导的全球价值链对各产业的渗透,不但为东亚各经济体之间的国际合作创造了机会,而且使对外贸易起步相对较晚的中国能够通过价值链分工顺利融入区域经济一体化的进程中去,在很大程度上,中国和东盟正在成为东亚区域生产网络的结构中心。

"一带一路"倡议为东亚经济一体化创造了重要的发展机遇。中国在2013年发出建设"丝绸之路经济带"和"海上丝绸之路"的倡议,在国际上受到广泛关注,国内政策也不断向"一带一路"倾斜。东亚分工格局在"雁行"分工体系的瓦解中发生了深刻的变化,"一带一路"可以通过构建以中国为"雁首"、沿线国家为"雁身"的新型分工体系,加强互联互通,带动东亚经济实现再次起飞[①]。从东亚区域经济一体化角度来看,"一带一路"建设将巩固中国与东亚各经济体之间的合作基础,其辐射作用可以扩大中国在东亚地区的影响力,为实现区域经济一体化合作创造条件。

二、中国参与东亚经济一体化面临的挑战

东亚地区已经形成了一条高效的区域性价值链,中国在其中发挥着重要的作用。区域价值链能够对区域内自贸协定的贸易创造效应和贸易转移效应产生放大作用,自贸协定对价值链一个环节的影响会向整条价值链进行传导。在这种情况下,东亚内小范围的自由贸易区所产生的贸易创造效应会通过提升整条价值链运行效率的方式向自由贸易区之外溢出,而东亚经济体与东亚以外地区签署自贸协定产生的贸易转移效应,也会通过价值链进行传导,扩大贸易向外转移的规模。也就是说,随着区域价值链的运行越来越成熟,区域经济一体化能够对经济和贸易产生的影响也越来

---

① 安虎森,栾秋琳."一带一路"战略下东亚分工新格局的演变及实施方略[J].南京社会科学,2017(2):22-29.

越大，这就需要中国在东亚经济一体化过程中积极参与，抢占先机，否则有可能被动地承受被价值链放大的贸易转移压力。尤其是目前区域经济一体化的新议题正在逐渐向边境后衍生，我国要从对内经济政策到对外贸易政策全面提升自身对区域经济一体化新发展的适应能力。

在现阶段，我国的贸易规则体系与发达国家还存在一定的差距，尤其是与国内政策相关的规则议题，标准明显高于我国现行政策，而且其中的部分议题我国所签署的区域贸易协定还尚未涉及。通过向高标准的贸易规则靠拢，提升我国区域经济一体化水平，一方面符合我国"以开放促改革"的发展思路，有利于加快全面深化改革的进程，但是另一方面，也对我国国内政策构成了压力。仅对TPP的条款内容进行比较可以看出知识产权保护、环境政策、竞争政策等议题，我国签署的自由贸易协定虽然已有涉及，但标准明显低于TPP的要求。劳动政策、政府采购等议题虽非TPP首创，但标准均被TPP提高、细化，而且我国还尚未在自由贸易协定中对这些议题进行体现，国内政策的要求也还达不到TPP的标准。TPP率先涉及的中小企业、反腐败等议题，与我国改革方向是一致的，但是标准也超出了我国当前能够达到的水平。

另外，值得关注的是，发达国家所推崇的竞争中立原则也为我国国有企业改革带来了挑战。竞争中立原则有利于促进市场的公平竞争，优化资源配置，与我国国有企业改革的目标并不冲突。但是目前我国国有企业正处于治理结构调整的转型阶段，与以TPP为代表的高标准自由贸易协定中竞争中立原则的相关要求还存在一定差距。而且我国国有企业还承担了部分执行国家宏观经济规划的职能，如果竞争中立原则将政府的优惠待遇列为禁项，将会对国有企业履行这部分职能构成压力。

获取国际贸易规则制定的主动权和全球经济治理的主导权，无疑能够助力一国参与和引导全球价值链分工。虽然我国正在致力于全面深化改革，但是短期在知识产权、劳工、环境、国有企业、政府采购等领域还很难达到发达国家所主张的高标准，这给我国在相关议题的谈判上争取主动权造成了障碍。我国在贸易规则上的弱势会影响我国对国际贸易规则制定的话语权，不利于我国参与全球经济治理。

第四章

中国与东亚地区经贸合作的演变

第一节 中国参与东亚经济一体化的进程

一、东亚经济一体化的发展进程

"东亚"的概念在不同场合、不同领域具有不同的含义,有时指包括东南亚和东北亚在内的地区,有时仅指东北亚地区。还有学者用"东亚"来表示"亚太地区"的狭义概念,即太平洋西岸的亚洲地区[①]。"东北亚"的概念不同学者也有不同看法,并且从不同的研究角度出发所指的范围也有所区别。从地理概念来划分,"东北亚"指的是朝鲜半岛、俄罗斯远东地区、中国东北三省、蒙古和日本。而通常人们所理解的"东北亚"主要包括以下国家:中国、俄罗斯、日本、韩国、朝鲜和蒙古[②]。本书认为,俄罗斯的远东地区虽然在地

[①] 戴念龄. 亚太地区经济合作问题研究 [M]. 北京:人民出版社,2002.
[②] 上海财经大学区域经济研究中心. 中国区域经济发展报告——国内及国际区域合作 [M]. 上海:上海财经大学出版社,2003.

理上属于东北亚区域,但是从经济和政治的角度考量,俄罗斯应属于欧洲国家,所以本书在对东亚经济一体化进行分析时仍把俄罗斯整体作为"东亚"区域以外的国家。

基于以上分析,本书将"东亚"的范围定义为东北亚和东南亚,包括中国、日本、韩国、朝鲜、蒙古和东盟10国(马来西亚、印度尼西亚、泰国、菲律宾、新加坡、文莱、越南、老挝、缅甸、柬埔寨)。

自第二次世界大战以来,随着经济全球化进程的向前推进,在国际分工不断深化、世界市场竞争日益加剧的同时,多边贸易谈判举步维艰、贸易保护主义盛行,这些都促使区域经济一体化获得了快速的发展。纵观区域经济一体化的发展过程,通常认为经历了以下三个阶段:

第一阶段从战后初期至20世纪60年代初。战后世界分裂为以市场经济为主的西方经济体系和以计划经济为主的东方经济体系,而这一时期的区域经济一体化也因此表现出明显的东、西方两大阵营的政治对抗性和意识形态的碰撞。

第二阶段从20世纪60年代初到20世纪90年代初。在这一阶段,以欧共体为代表的区域经济一体化组织得到较快发展。并且,随着第三世界的崛起,亚、非、拉国家陆续建立了大批区域经济一体化组织,但是受到经济发展水平和产业结构趋同等因素的限制,这些组织在后续发展中障碍重重。

第三阶段从20世纪90年代初至今。伴随着世界政治经济环境的变化和全球化进程的加速推进,区域经济一体化的发展也焕发出新的活力,并表现出与以往不同的新趋势,以自由贸易区为主要形式的一大批区域经济一体化组织纷纷建立起来。尤其在进入21世纪之后,与多边贸易谈判进展缓慢形成鲜明对比的是,区域贸易协定的谈判呈现井喷式的增长,已经建立的区域经济一体化组织则是向着更深更广的领域发展。

东亚经济，尤其是中国经济的迅速崛起是世界经济发展中浓墨重彩的一笔。但是，东亚的经济一体化进程却相对滞后，目前主要是以东盟、中国、日本、韩国为主体的区域贸易合作，现有的区域经济一体化组织主要有东盟、中国－东盟自由贸易区、RCEP、中日韩自由贸易协定（FTA）等，以及其他多个双边自由贸易区。

东南亚国家联盟（Association of Southeast Asian Nations, ASEAN），简称东盟，现有10个成员国，是东南亚地区以经济合作为基础的区域经济一体化组织，它的成立开启了东亚一体化的道路。20世纪90年代开始，随着全球范围内掀起的区域经济一体化浪潮，东盟也加速推进了与东亚地区其他贸易伙伴的合作，目前已经与我国建立了中国－东盟自由贸易区，并在2015年11月成功实现升级。

2011年11月，东盟发起建立RCEP，邀请中国、日本、韩国、澳大利亚、新西兰、印度共同参与。RCEP谈判初期涵盖了大部分的东亚地区以及与东亚经济联系非常紧密的澳大利亚、新西兰、印度，是东亚区域经济一体化向周边扩张的重要路径，一经发起就在东亚地区得到热烈回应。2020年7月，印度在RCEP正式签署前夕退出谈判。2020年11月15日，中国、日本、韩国、澳大利亚、新西兰和东盟十国共15个国家正式签署RCEP，至此世界最大自贸区诞生。2022年1月1日，RCEP对正式提交核准书的文莱、柬埔寨等6个东盟成员国和中国、日本、新西兰、澳大利亚生效。

FTAAP是东亚在更大范围内实现经济一体化的重要形式，其构想最早于2010年在横滨亚太经合组织（Asia－Pacific Economic Cooperation, APEC）部长级会议上提出，涉及的21个APEC成员包含了大部分的东亚地区。中国多次在国际重要会议中强调FTAAP的重要性，2018年4月11日，中国国家主席习近平在出席博鳌亚洲论坛时再次强调，要共同推进FTAAP建设。

二、中国参与东亚经济一体化的主要进展

为了进一步扩大对外开放的成果，积极投身于区域经济一体化在全球范围掀起的新一轮发展浪潮，我国正在不断拓展区域经济合作的广度和深度，获得了众多令世人瞩目的成绩，为我国企业"走出去"提供了强有力的支撑，并成为"一带一路"建设的重要推动力。与此同时，全球区域经济一体化发展的新趋势、新特点，也为我国经济发展创造了新的机遇、提出了新的挑战。

东亚地区是与我国经济合作最紧密的地区之一，目前我国参与建设的 16 个双边自由贸易区有 6 个位于东亚。此外，RCEP 于 2022 年 1 月正式对我国生效，中日韩自由贸易区的谈判进程也正在向前推进。

我国早期签署的自由贸易协定内容主要集中于关税减让、技术壁垒、服务贸易和投资等传统领域，随着我国对外开放程度的不断加深，以及签订和开展谈判的自由贸易协定的数量增加，自由贸易协定所覆盖的议题和范围都得到了拓展。以中国-东盟自由贸易区为例，中国与东盟 10 国领导人于 2002 年共同签署《中国-东盟全面经济合作框架协议》，随后在 2004 年至 2009 年间分别了签署《争端解决机制协议》《货物贸易协议》《服务贸易协议》《投资协议》，2010 年全面建成中国-东盟自由贸易区，并且于 2015 年 11 月 22 日结束了自贸区升级谈判并签署了升级《议定书》，合作不断深化。目前我国签署的自由贸易协定已经扩展到了知识产权、环境、竞争政策等非传统领域，尤其在货物贸易方面取得了一定的经济成效，但是总体来说，在服务贸易和投资领域的合作程度尚浅，实施内容的涵盖面仍然较窄。

第二节 中国与东亚地区的经贸合作趋势分析

一、货物贸易

目前，东亚地区集中了中国4成的对外贸易，从图4-1可以看出，1996~2014年间，中国在东亚地区的进出口贸易总体呈现上升趋势，尤其是2001年中国加入WTO之后，对东亚地区的贸易增长明显提速。1998年和2009年分别受1997年亚洲金融危机和2008年全球金融危机的影响，中国对东亚地区的进出口贸易额均有所下滑，但是随后都重新恢复上涨。随着中国经济进入新常态，2015年开始，中国对东亚地区的进出口贸易额出现不同程度的下滑，2016年中国对东亚地区的出口额和进口额分别为8134.27亿美元和6628.01亿美元，分别比2015年下降了9.48%和1.72%。

从进出口贸易差额来看，2001年之前，中国与东亚地区的进出口贸易主要表现为贸易顺差，2002~2006年表现为贸易逆差，2007年开始，除2010年以外，其他年份均表现为贸易顺差，并且贸易差额在2012年之后扩大明显。中国对东亚的出口额占中国出口总额的比值在2008年之前整体呈现下滑趋势，尤其是1998年受上一年亚洲金融危机的影响，出口额占比下降明显，2008~2013年出现小幅上扬，随后开始小幅下滑。1997年之前，中国对外出口的一半以上集中在东亚，2016年下降到了38.78%。中国对东亚的进口额占中国进口总额的比值也总体呈现下滑趋势，但是分别在2001年和2013年出现小幅回升，2016年的东亚进口占比为41.74%，比1996年的55.34%少了13.6个百分点。

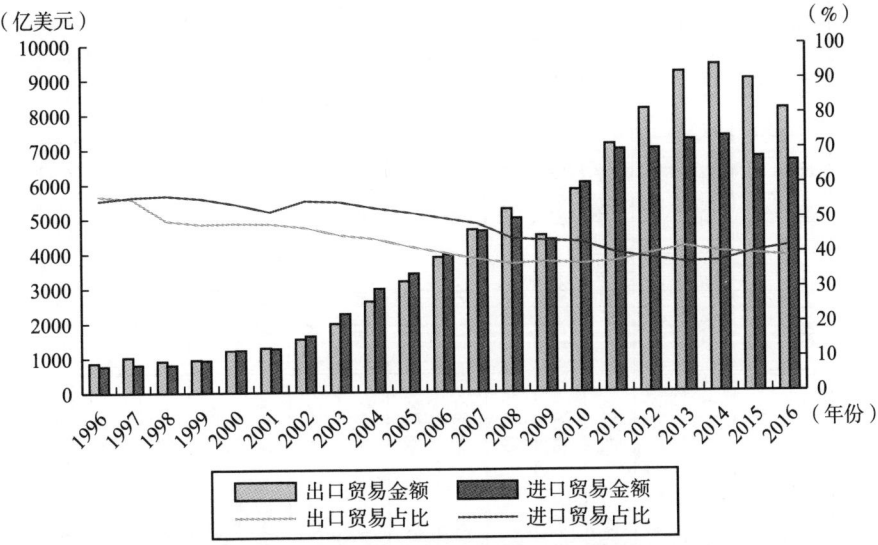

图 4-1 中国在东亚地区的进出口贸易趋势

资料来源：联合国商品数据库（UN Comtrade）。

（一）出口贸易

从表 4-1 可以看出，2016 年，中国对东盟国家进行出口贸易最多的国家为越南，占中国对东亚出口贸易的 7.51%，而中国对东盟全体成员国的出口贸易则占中国对东亚出口贸易的 31.47%。中国对东亚的出口贸易在 1996~2016 年间的年均增速为 6.39%，略高于中国对外出口总额 6.21% 的年均增速。2014 年以前，中国对东亚出口贸易增长迅速，之后随着中国经济进入新常态，中国对东亚各经济体的出口贸易均开始出现不同程度的下滑，对东亚的出口总额由 2014 年的 9404.53 亿美元降至 2016 年的 8134.27 亿美元，下降幅度达 13.51%，略大于中国对外出口总额 10.45% 的下降幅度。可见，由于中国是东亚区域价值链最主要的参与者，与东亚其他经济体贸易关系紧密，中国对东亚地区的出口贸易对宏观经济变化的反应比总出口的反应更加灵敏，变化的幅度更大。

表 4-1 中国对东亚地区的出口贸易

单位：亿美元

地区	1996年	1997年	1998年	1999年	2000年	2001年	2002年	2003年	2004年	2005年	2006年
日本	308.86	318.39	296.60	324.11	416.54	449.41	484.34	594.09	735.09	839.86	916.23
韩国	75.00	91.27	62.51	78.08	112.92	125.19	155.35	200.95	278.12	351.08	445.22
蒙古	0.72	0.64	0.62	0.69	1.11	1.23	1.40	1.56	2.33	3.19	4.33
朝鲜	4.97	5.35	3.56	3.29	4.51	5.73	4.68	6.28	7.99	10.81	12.32
新加坡	37.49	43.23	39.44	45.02	57.61	57.91	69.84	88.64	126.88	166.32	231.85
马来西亚	13.70	19.22	15.96	16.74	25.65	32.21	49.74	61.41	80.86	106.06	135.37
印度尼西亚	14.28	18.41	11.70	17.79	30.62	28.36	34.26	44.82	62.56	83.50	94.50
泰国	12.55	15.01	12.58	14.35	22.43	23.37	29.57	38.28	58.02	78.19	97.64
菲律宾	10.15	13.40	15.12	13.79	14.64	16.19	20.42	30.93	42.69	46.88	57.38
文莱	0.39	0.33	0.09	0.08	0.13	0.17	0.21	0.34	0.48	0.53	1.00
越南	8.42	10.80	10.28	9.64	15.37	17.98	21.48	31.83	42.60	56.44	74.63
老挝	0.27	0.23	0.18	0.22	0.34	0.54	0.54	0.98	1.01	1.03	1.69
柬埔寨	0.63	0.76	1.14	1.04	1.64	2.06	2.52	2.95	4.52	5.36	6.98
缅甸	5.21	5.70	5.14	4.06	4.96	4.97	7.25	9.10	9.38	9.35	12.07
（东盟）	103.08	127.08	111.64	122.74	173.41	183.76	235.84	309.27	428.99	553.67	713.11

续表

地区	2007年	2008年	2009年	2010年	2011年	2012年	2013年	2014年	2015年	2016年	年增长（%）
日本	1020.62	1161.32	979.11	1210.44	1482.69	1516.27	1501.33	1493.91	1356.16	1292.68	7.42
韩国	564.32	739.32	536.80	687.66	829.20	876.74	911.65	1003.33	1012.86	937.07	13.46
蒙古	6.84	9.08	10.58	14.50	27.32	26.54	24.50	22.16	15.71	9.89	13.97
朝鲜	13.92	20.32	18.88	22.77	31.65	35.32	36.30	35.20	29.43	28.41	9.11
新加坡	299.46	323.06	300.66	323.47	355.70	407.50	458.32	489.11	519.42	444.96	13.17
马来西亚	177.44	214.55	196.32	238.02	278.86	365.23	459.31	463.53	439.80	376.60	18.02
印度尼西亚	126.96	171.93	147.21	219.54	292.21	342.85	369.30	390.60	343.42	321.17	16.84
泰国	120.33	156.36	133.07	197.41	256.95	311.97	327.18	342.89	382.91	371.83	18.46
菲律宾	75.28	91.32	85.85	115.40	142.55	167.32	198.68	234.74	266.71	298.37	18.42
文莱	1.13	1.31	1.40	3.68	7.44	12.52	17.04	17.47	14.07	5.11	13.75
越南	118.95	151.22	163.01	231.02	290.92	342.13	485.86	637.30	660.17	610.94	23.89
老挝	1.78	2.68	3.77	4.84	4.76	9.37	17.23	18.39	12.26	9.87	19.79
柬埔寨	8.84	10.96	9.07	13.47	23.15	27.08	34.10	32.75	37.63	39.29	22.92
缅甸	17.00	19.78	22.61	34.76	48.21	56.74	73.39	93.68	96.51	81.88	14.77
（东盟）	947.17	1143.17	1062.97	1381.60	1700.76	2042.74	2440.40	2720.46	2772.91	2560.01	17.42

资料来源：联合国商品数据库（UN Comtrade）。

从表 4-1 还可以看出，1996~2016 年，中国对东亚各经济体的出口贸易中，年均增长速度最快的是越南，为 23.89%，其次是柬埔寨，为 22.92%，中国对东盟整体的出口贸易年均增长率也高达 17.42%。东盟的崛起快速、高效地推动了东南亚国家经济一体化进程，使东南亚国家的要素禀赋优势获得了更有效的发挥，近年来更是成长为东亚地区，甚至是亚太地区非常重要的经济力量，并且在区域价值链中扮演了越来越重要的角色。中国对东盟国家出口贸易的增长动力一方面来自于中国经济的迅速发展，另一方面也来自于东盟一体化进程对东亚价值链构造的推动作用。从表 4-1 中还可以看出，年均增长速度最慢的是日本，为 7.42%，这一方面是由于中国对日本出口贸易的基数大，增长空间相对其他东亚国家要小；另一方面是由于原本中国承载的基于劳动力资源优势的生产环节正在向东盟转移，贸易也随之转移，影响了中国对日本出口贸易的增长。

（二）进口贸易

从表 4-2 可以看出，2016 年，中国在东亚地区的进口贸易额排名前三位的经济体为东盟、韩国和日本，中国从东盟所有成员国进口总额为 1963.07 亿美元，其中，进口额最多的是马来西亚。中国对东亚的进口贸易在 1996~2016 年的年均增速为 11.38%，略低于中国进口总额 12.93% 的年均增长率，也略低于中国对东亚出口的年均增长率。2014 年中国在东亚地区的进口额达到历史最大值，之后开始下滑，截至 2016 年，下滑幅度达 9.71%，但是要远低于中国总进口 18.95% 的下滑幅度，同时也低于对东亚出口的下滑幅度。可以看出，中国在东亚地区的进口贸易的变化要小于出口贸易，也小于总进口贸易，对宏观经济的反应不及后两者敏感。

表4-2 中国对东亚地区的进口贸易

单位：亿美元

地区	1996年	1997年	1998年	1999年	2000年	2001年	2002年	2003年	2004年	2005年	2006年
日本	291.81	289.95	282.75	337.63	415.10	427.87	534.66	741.48	943.27	1004.08	1156.73
韩国	124.82	149.30	150.14	172.26	232.07	233.77	285.68	431.28	622.34	768.20	897.24
蒙古	1.26	1.88	1.81	1.94	2.12	2.39	2.23	2.84	4.61	5.41	11.47
朝鲜	0.69	1.22	0.57	0.42	0.37	1.67	2.71	3.95	5.86	4.99	4.68
新加坡	36.01	44.65	42.35	40.61	50.60	51.28	70.47	104.85	139.94	165.15	176.73
马来西亚	22.44	24.95	26.74	36.06	54.80	62.04	92.96	139.86	181.75	200.93	235.72
印度尼西亚	22.80	26.74	24.61	30.51	44.02	38.88	45.08	57.47	72.16	84.37	96.06
泰国	18.90	20.14	24.14	27.80	43.81	47.14	56.00	88.27	115.41	139.92	179.62
菲律宾	3.73	3.27	5.14	9.08	16.77	19.45	32.17	63.07	90.59	128.70	176.75
文莱	0.00	0.00	0.00	—	0.61	1.48	2.42	3.12	2.51	2.08	2.15
越南	3.09	3.57	2.17	3.54	9.29	10.11	11.16	14.57	24.82	25.53	24.86
老挝	0.08	0.06	0.08	0.10	0.06	0.07	0.10	0.11	0.13	0.26	0.50
柬埔寨	0.07	0.45	0.48	0.56	0.59	0.35	0.25	0.26	0.30	0.27	0.35
缅甸	1.37	0.73	0.62	1.02	1.25	1.34	1.37	1.70	2.07	2.74	2.53
（东盟）	108.50	124.55	126.34	149.27	221.81	232.15	311.97	473.28	629.67	749.94	895.27

续表

地区	2007年	2008年	2009年	2010年	2011年	2012年	2013年	2014年	2015年	2016年	年增长（%）
日本	1339.51	1506.00	1309.38	1767.36	1945.68	1778.32	1622.46	1629.21	1429.03	1456.71	8.37
韩国	1037.52	1121.38	1025.52	1383.39	1627.17	1687.28	1830.73	1901.09	1745.06	1589.75	13.57
蒙古	13.52	15.26	13.39	25.50	37.01	39.44	35.10	51.02	37.95	36.23	18.27
朝鲜	5.84	7.60	7.93	11.95	24.75	25.03	29.27	28.68	25.68	25.37	19.78
新加坡	175.50	201.71	177.97	247.29	281.40	285.30	300.65	308.29	275.81	260.14	10.39
马来西亚	287.23	321.01	323.31	504.30	621.37	583.05	601.53	556.52	532.77	492.70	16.70
印度尼西亚	124.64	143.23	136.64	207.95	313.37	319.36	314.24	244.85	198.86	214.14	11.85
泰国	226.66	256.57	248.97	331.93	390.40	385.51	385.23	383.32	371.69	385.32	16.27
菲律宾	231.18	195.05	119.47	162.20	179.92	196.43	181.82	209.84	189.66	173.96	21.18
文莱	2.46	0.89	2.82	6.64	5.67	3.73	0.90	1.90	1.01	2.22	61.02
越南	32.26	43.36	47.47	69.84	111.17	162.29	168.92	199.06	298.32	371.72	27.05
老挝	0.86	1.34	3.67	6.01	8.28	7.88	10.10	17.78	15.47	13.60	29.15
柬埔寨	0.51	0.39	0.37	0.94	1.84	2.15	3.64	4.83	6.67	8.31	27.09
缅甸	3.78	6.48	6.46	9.66	16.80	12.98	28.57	156.01	54.49	40.98	18.50
（东盟）	1085.09	1170.03	1067.14	1546.78	1930.21	1958.68	1995.59	2082.40	1944.75	1963.07	18.50

注："—"表示数据缺失。

资料来源：联合国商品数据库（UN Comtrade）。

从表4-2还可以看出，1996~2016年，中国对东亚各经济体的进口贸易中，年均增长速度最快的是文莱，高达61.02%，但是中国对文莱的进口贸易基数非常小，另外还有4个增速超过20%的国家，分别是老挝、柬埔寨、越南和菲律宾，其中，老挝和柬埔寨的基数也非常小。年均增长速度最慢的国家是日本，为8.37%。

2008年金融危机对中国在东亚的进口贸易影响非常明显，除个别地区外，贸易量在次年都出现了不同程度的下滑，其中，菲律宾直到2016年都没有恢复到2008年的贸易水平，对日本的进口虽然很快恢复，但是2011年之后持续下滑，目前2016年的进口额也略低于2008年。另外，中国对东亚大部分的国家和地区的进口贸易在2014年之后呈现出不同程度的下滑，从数量上看，下滑最多的是韩国，达311.34亿美元；从幅度上看，下滑幅度最大的是缅甸，高达73.73%。值得一提的是，中国对越南的进口始终保持了高速的增长，2014~2016年的年均增速更是高达86.73%，中国与越南的贸易联系正在越来越紧密。

（三）进出口贸易的比较

2016年中国对外贸易顺差5097.16亿美元，其中29.55%，即1954.07亿美元来自东亚地区。1996~2016年间，中国对外贸易始终表现为贸易顺差。但是从表4-3可以看出，2011年以前，中国对东亚的贸易差额在贸易平衡上下波动频繁，2012年突然出现高速增长，此后贸易顺差一直维持在1000万亿美元之上，1996~2016年的年均增长率为15.32%。从2016年的数据来看，中国对韩国和日本均表现为贸易逆差，分别达到986.20亿美元、652.67亿美元和164.02亿美元；对东盟国家总体表现为贸易顺差，合计596.94亿美元，其中，越南是主要的贸易顺差来源国，达239.22亿美元，而马来西亚是最大的贸易逆差来源，达116.09亿美元（见表4-3）。

表 4-3　中国对东亚地区的货物贸易差额

单位：亿美元

地区	1996年	1997年	1998年	1999年	2000年	2001年	2002年	2003年	2004年	2005年	2006年
日本	17.05	28.44	13.85	-13.53	1.45	21.53	-50.32	-147.39	-208.18	-164.21	-240.50
韩国	-49.82	-58.03	-87.63	-94.19	-119.15	-108.58	-130.33	-230.33	-344.23	-417.13	-452.02
蒙古	-0.54	-1.25	-1.18	-1.25	-1.02	-1.17	-0.83	-1.28	-2.28	-2.22	-7.14
朝鲜	4.28	4.13	2.98	2.87	4.14	4.06	1.97	2.32	2.14	5.82	7.65
新加坡	1.48	-1.41	-2.91	4.41	7.01	6.62	-0.62	-16.21	-13.07	1.18	55.13
马来西亚	-8.73	-5.73	-10.77	-19.32	-29.15	-29.83	-43.22	-78.46	-100.89	-94.87	-100.35
印度尼西亚	-8.53	-8.33	-12.91	-12.72	-13.40	-10.52	-10.82	-12.65	-9.59	-0.87	-1.56
泰国	-6.36	-5.13	-11.56	-13.45	-21.38	-23.77	-26.42	-49.99	-57.39	-61.73	-81.98
菲律宾	6.42	10.13	9.98	4.72	-2.13	-3.26	-11.75	-32.14	-47.91	-81.82	-119.36
文莱	0.39	0.33	0.09	—	-0.48	-1.31	-2.21	-2.78	-2.03	-1.55	-1.16
越南	5.33	7.23	8.11	6.10	6.08	7.87	10.32	17.26	17.78	30.91	49.77
老挝	0.18	0.17	0.10	0.13	0.28	0.47	0.45	0.87	0.88	0.78	1.19
柬埔寨	0.56	0.31	0.65	0.48	1.05	1.71	2.27	2.69	4.22	5.09	6.63
缅甸	3.84	4.97	4.52	3.05	3.72	3.63	5.88	7.41	7.31	6.60	9.55
（东盟）	-5.41	2.53	-14.70	-26.60	-48.40	-48.39	-76.12	-164.01	-200.68	-196.27	-182.15

续表

地区	2007年	2008年	2009年	2010年	2011年	2012年	2013年	2014年	2015年	2016年	年增长(%)
日本	-318.88	-344.68	-330.27	-556.92	-462.99	-262.06	-121.13	-135.29	-72.86	-164.02	—
韩国	-473.20	-382.06	-488.72	-695.73	-797.97	-810.55	-919.08	-897.75	-732.20	-652.67	13.73
蒙古	-6.68	-6.18	-2.81	-11.00	-9.69	-12.91	-10.60	-28.86	-22.25	-26.34	21.45
朝鲜	8.09	12.72	10.95	10.83	6.89	10.30	7.03	6.52	3.75	3.04	-1.70
新加坡	123.96	121.35	122.70	76.18	74.30	122.21	157.67	180.82	243.62	184.82	27.30
马来西亚	-109.79	-106.46	-126.99	-266.28	-342.51	-217.79	-142.23	-92.99	-92.97	-116.09	13.81
印度尼西亚	2.31	28.70	10.57	11.58	-21.16	23.49	55.06	145.74	144.56	107.03	—
泰国	-106.33	-100.20	-115.90	-134.52	-133.45	-73.54	-58.05	-40.43	11.22	-13.50	3.84
菲律宾	-155.89	-103.73	-33.62	-46.80	-37.37	-29.11	16.86	24.89	77.05	124.41	15.98
文莱	-1.33	0.42	-1.42	-2.97	1.78	8.79	16.14	15.57	13.06	2.89	10.56
越南	86.69	107.86	115.54	161.17	179.75	179.83	316.94	438.24	361.85	239.22	20.95
老挝	0.92	1.34	0.09	-1.18	-3.51	1.49	7.12	0.62	-3.22	-3.73	—
柬埔寨	8.33	10.57	8.70	12.54	21.31	24.93	30.46	27.92	30.97	30.98	22.17
缅甸	13.22	13.30	16.15	25.09	31.42	43.76	44.82	-62.34	42.02	40.90	12.56
(东盟)	-137.92	-26.86	-4.17	-165.18	-229.45	84.06	444.81	638.05	828.16	596.94	—

注:"—"表示数据缺失,贸易差额方向在期初和期末不一致时不提供年均增长率。

资料来源:联合国商品数据库(UN Comtrade)。

二、直接投资

中国对东亚的直接投资规模主要表现为增长趋势，2016年的投资规模为127.12亿美元，虽然相较于2015年明显下滑，但是仍然比2014年增长了26.02%，另外，在2006年也出现过一次明显的下滑，其他年份均表现为增长；全球占比在2011年出现了一次明显的上升，之后一直稳定在8%以上，2015年投资规模的突然增长将全球占比拉升至12.04%，但是很快在2016年回落至6.48%。总体来说，东亚是中国企业"走出去"，进行对外直接投资的重要目的地，并且由于东亚发展中经济体承接了部分中国劳动密集产业的转移，与中国在区域价值链中的联系越来越紧密，中国对东亚的直接投资规模稳中有升。

从图4-2中还可以看出，东亚对中国的外商直接投资流量整体呈现M形波动，并且受宏观经济的影响较为明显，2008年之前，投资规模连续多年下滑，2010年之后进入"后金融危机时代"的缓慢修复期，在中国经济进入新常态之后，投资规模明显缩减。另外，

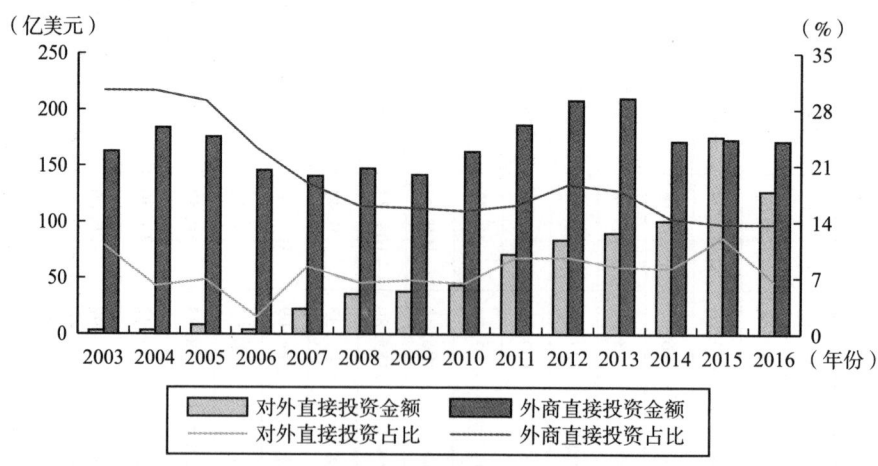

图4-2 中国与东亚地区间的直接投资流量趋势

资料来源：历年《中国统计年鉴》、历年《中国对外直接投资统计公报》。

除2015年中国对东亚(不含香港地区)的直接投资突然增长并超过了东亚对中国的直接投资规模,其他年份东亚对中国的直接投资规模都要明显大于中国对东亚的直接投资规模,不过随着中国对外投资能力的增长,中国对东亚的投资大有赶超之势。从全球占比来看,东亚对中国的直接投资占中国外商直接投资总规模比重呈现下滑趋势,只在2012年出现过一次小幅上升。

(一) 外商直接投资

从表4-4可以看出,新加坡是东亚地区对中国外商直接投资增速最快的国家,2003~2016年的年均增长速度达到8.64%,2016年对中国的直接投资流量为60.47亿美元,位列东亚各国之首。随后是韩国和日本,2016年对中国外商直接投资流量分别达到47.51亿美元和30.96亿美元。但是从2013年开始,日本对中国的投资流量逐年缩减,导致2003~2016年的年均增速表现为负值,即-3.70%。韩国对中国的直接投资在2011年之前总体呈现下滑趋势,从2012年开始保持了逐年上升的趋势,2016年的投资规模达到47.51亿美元,是2011年的1.86倍,2003~2016年的年均增速为0.44%。不难发现,东亚的发达经济体是东亚对中国直接投资的主力军,这符合要素分工背景下资本要素国际流动的基本规则。

表4-4　　　　东亚地区对中国的外商直接投资流量　　　　单位:亿美元

地区	2003年	2004年	2005年	2006年	2007年	2008年	2009年	2010年
日本	50.54	54.52	65.30	45.98	35.89	36.52	41.05	40.84
韩国	44.89	62.48	51.68	38.95	36.78	31.35	27.00	26.92
蒙古	0.00	0.00	0.01	0.03	0.01	0.01	0.02	0.03
朝鲜	0.02	0.03	0.01	0.01	0.01	0.02	0.02	0.11
新加坡	20.58	20.08	22.04	22.60	31.85	44.35	36.05	54.28
马来西亚	2.51	3.85	3.61	3.93	3.97	2.47	4.29	2.94

续表

地区	2003年	2004年	2005年	2006年	2007年	2008年	2009年	2010年
印度尼西亚	1.50	1.05	0.87	1.01	1.34	1.67	1.12	0.77
泰国	1.74	1.79	0.96	1.45	0.89	1.29	0.49	0.51
菲律宾	2.20	2.33	1.89	1.34	1.95	1.27	1.11	1.38
文莱	0.53	0.96	1.60	2.94	3.77	3.40	3.48	3.10
越南	0.03	0.01	0.01	0.14	0.01	0.02	0.06	0.02
老挝	0.00	0.04	0.00	0.00	0.03	0.07	0.02	0.09
柬埔寨	0.13	0.21	0.03	0.02	0.06	0.03	0.13	0.10
缅甸	0.04	0.09	0.04	0.07	0.03	0.03	0.03	0.04
(东盟)	29.25	30.41	31.05	33.51	43.91	54.61	46.78	63.24

地区	2011年	2012年	2013年	2014年	2015年	2016年	年增长（%）
日本	63.30	73.52	70.58	43.25	31.95	30.96	-3.70
韩国	25.51	30.38	30.54	39.66	40.34	47.51	0.44
蒙古	0.00	0.00	0.02	0.00	0.00	0.00	—
朝鲜	0.01	0.02	0.03	0.00	0.00	0.00	—
新加坡	60.97	63.05	72.29	58.27	69.04	60.47	8.64
马来西亚	3.58	3.18	2.81	1.57	4.80	2.21	-0.97
印度尼西亚	0.46	0.64	1.26	0.78	1.08	0.64	-6.35
泰国	1.01	0.78	4.83	0.61	0.44	0.56	-8.31
菲律宾	0.12	1.32	0.67	0.97	0.39	0.78	-7.70
文莱	2.56	1.51	1.33	0.71	0.73	0.66	1.72
越南	0.01	0.03	0.00	0.00	0.00	0.00	—
老挝	0.06	0.02	0.00	0.00	0.00	0.00	—
柬埔寨	0.17	0.17	0.23	0.03	0.10	0.00	—
缅甸	0.10	0.04	0.06	0.06	0.00	0.00	-32.80
(东盟)	69.05	70.73	83.47	63.00	76.58	65.31	6.37

注：直接投资流量在期初或期末为0时不提供年均增长率。

资料来源：历年《中国统计年鉴》。

(二) 对外直接投资

从表 4-5 可以看出，2016 年，中国对东亚直接投资流量最多的国家为新加坡，达 31.72 美元，马来西亚、印度尼西亚和越南分别位列第三至第五位。这与外商直接投资表现出的特点有所不同，中国对东亚地区的直接投资更偏好东盟国家。由于中国经济增长带动了中国整体资本输出能力的增强，中国在东亚各个地区的直接投资规模都有大幅度的提升。2003~2016 年，中国对东亚的直接投资流量年均增速高达 40.93%，不考虑 2003 年投资流量为 0 或负数的地区，年均增速最快的为马来西亚（69.16%），其次为老挝（58.83%），越南的年均增速也在 40% 以上。值得一提的是，2003 年中国对新加坡的直接投资流量为 -0.03 亿美元，2004~2016 年的年均增速为 41.80%。

表 4-5　　中国对东亚地区的对外直接投资流量　　单位：亿美元

地区	2003 年	2004 年	2005 年	2006 年	2007 年	2008 年	2009 年	2010 年
日本	0.07	0.15	0.17	0.39	0.39	0.59	0.84	3.38
韩国	1.54	0.40	5.89	0.27	0.57	0.97	2.65	-7.22
蒙古	0.04	0.40	0.52	0.82	1.96	2.39	2.77	1.94
朝鲜	0.01	0.14	0.07	0.11	0.18	0.41	0.06	0.12
新加坡	-0.03	0.48	0.20	1.32	3.98	15.51	14.14	11.19
马来西亚	0.02	0.08	0.57	0.08	-0.33	0.34	0.54	1.64
印度尼西亚	0.27	0.62	0.12	0.57	0.99	1.74	2.26	2.01
泰国	0.57	0.23	0.05	0.16	0.76	0.45	0.50	7.00
菲律宾	0.01	0.00	0.05	-0.62	9.11	0.34	0.40	2.44
文莱	0.00	0.00	0.01	0.00	0.01	0.02	0.06	0.17
越南	0.13	0.17	0.21	0.44	1.11	1.20	1.12	3.05
老挝	0.01	0.04	0.21	0.48	1.54	0.87	2.03	3.14

续表

地区	2003年	2004年	2005年	2006年	2007年	2008年	2009年	2010年
柬埔寨	0.22	0.30	0.05	0.10	0.64	2.05	2.16	4.67
缅甸	0.00	0.04	0.12	0.13	0.92	2.33	3.77	8.76
（东盟）	1.19	1.96	1.58	2.64	18.74	24.84	26.98	44.05

地区	2011年	2012年	2013年	2014年	2015年	2016年	年增长（%）
日本	1.49	2.11	4.34	3.94	2.40	3.44	34.40
韩国	3.42	9.42	2.69	5.49	13.25	11.48	16.72
蒙古	4.51	9.04	3.89	5.03	-0.23	0.79	24.82
朝鲜	0.56	1.09	0.86	0.52	0.41	0.28	28.25
新加坡	32.69	15.19	20.33	28.14	104.52	31.72	—
马来西亚	0.95	1.99	6.16	5.21	4.89	18.30	69.16
印度尼西亚	5.92	13.61	15.63	12.72	14.51	14.61	36.01
泰国	2.30	4.79	7.55	8.39	4.07	11.22	25.71
菲律宾	2.67	0.75	0.54	2.25	-0.28	0.32	31.13
文莱	0.20	0.01	0.09	-0.03	0.04	1.42	—
越南	1.89	3.49	4.81	3.33	5.60	12.79	42.54
老挝	4.59	8.09	7.81	10.27	5.17	3.28	58.83
柬埔寨	5.66	5.60	4.99	4.38	4.20	6.26	29.39
缅甸	2.18	7.49	4.75	3.43	3.32	2.88	—
（东盟）	59.05	61.00	72.67	78.09	146.04	102.79	40.88

注：直接投资流量在期初或期末为0时，以及期初和期末符号不一致时不提供年均增长率。

资料来源：历年《中国对外直接投资统计公报》。

第三节　中国与东亚其他经济体贸易的特征分析

要素禀赋差异是不同经济体进行贸易的基础，相应地，贸易双方的贸易互补性程度也能够反映双方要素禀赋的差异。本书将详细分析中国与东亚其他经济体的贸易互补性特征，并将在随后的计量分析中，将综合贸易互补性指数作为衡量贸易双方要素禀赋条件互补性的指标引入随机前沿引力模型。

本书采用于津平（2003）提出的产业贸易互补性指数和综合贸易互补性指数。i经济体和j经济体在a产业的贸易互补性指数C_{ij}^a的计算公式为：

$$C_{ij}^a = RCA_{xi}^a \cdot RCA_{mj}^a \tag{4.1}$$

$$RCA_{xi}^a = \frac{\frac{X_i^a}{X_i}}{\frac{M_w^a}{M_w}} \tag{4.2}$$

$$RCA_{mj}^a = \frac{\frac{M_j^a}{M_j}}{\frac{X_w^a}{X_w}} \tag{4.3}$$

其中，RCA_{xi}^a表示i经济体在a产业以出口衡量的比较优势，RCA_{mj}^a表示j经济体在a产业以进口衡量的比较劣势，X_i^a、X_w^a分别表示i经济体和全球a产业的出口额；M_j^a、M_w^a分别表示j经济体和全球a产业的进口额；M_j、M_w分别表示j经济体和世界的总进口额。

i经济体和j经济体的综合贸易互补性指数C_{ij}的计算公式为：

$$C_{ij} = \sum_a C_{ij}^a \times \frac{X_w^a}{X_w} \tag{4.4}$$

其中，X_i、X_w分别表示i经济体和全球的总出口额。当$C_{ij} > 1$时，说明i经济体和j经济体贸易互补性强，C_{ij}越大，说明i经济体出口与j经济体进口的互补性越强，双方贸易合作的潜力越大；当$C_{ij} < 1$时，说明i经济体和j经济体贸易互补性弱，C_{ij}越小，说明i经济体出口与j经济体进口的互补性越弱，双方贸易合作的潜力越小。

一、综合贸易互补性指数

本书根据联合国商品数据库（UN Comtrade）数据，收集并整理了 1996～2016 年中国与东亚国家及地区在 HS 编码二级目录下的进出口贸易额。为保证分析的连续性,本书计算贸易互补性指数时的产业分类与随后进行的 GTAP 模拟分析的产业分类保持一致,采用资源密集度分类法,并参考 GTAP 原产品部门与 HS 编码的对应关系①,将可贸易产品部门划分为农业、食品加工业、资源密集产业、技术密集产业、劳动密集产业和资本密集产业,共六大类。

表 4-6 显示了 1996～2016 年,以中国出口衡量的中国与东亚其他国家和地区的综合贸易互补性指数的变化情况。从最新的 2016 年数据来看,目前与中国综合贸易互补性指数大于 1 的国家有越南、柬埔寨,其中与柬埔寨的综合贸易互补性指数最大,为 1.52。这说明中国的出口与越南、柬埔寨的进口互补性较强,尤其柬埔寨是中国出口在东亚互补性最强的地区。目前与中国综合贸易互补性指数小于 1 的国家有日本、韩国、蒙古、新加坡、马来西亚、印度尼西亚、泰国、菲律宾、文莱、老挝、缅甸,其中,与蒙古和文莱综合贸易互补性指数分别只有 0.83 和 0.89,其他几个国家均在 0.90 以上。这说明中国的出口与日本、韩国、蒙古、新加坡、马来西亚、印度尼西亚、泰国、菲律宾、文莱、老挝、缅甸的进口互补性较弱,尤其蒙古是中国出口在东亚互补性最弱的地区。

表 4-6　　　以中国出口衡量的综合贸易互补性指数

地区	1996年	1997年	1998年	1999年	2000年	2001年	2002年	2003年	2004年	2005年	2006年
日本	1.12	1.09	1.05	1.04	1.02	1.01	0.98	0.96	0.94	0.90	0.88
韩国	0.94	0.92	0.88	0.88	0.87	0.88	0.90	0.89	0.88	0.86	0.84
蒙古	0.86	0.92	0.93	0.99	1.11	0.99	0.98	0.99	0.95	0.88	0.82
新加坡	0.84	0.84	0.85	0.87	0.90	0.91	0.94	0.98	1.00	0.99	0.99

① Hutcheson, Thomas. HS2002 - CPC 1.1 - ISIC, Rev3 - GTAP Concordance, GTAP, 2006.

续表

地区	1996年	1997年	1998年	1999年	2000年	2001年	2002年	2003年	2004年	2005年	2006年
马来西亚	0.82	0.82	0.85	0.87	0.91	0.92	0.94	0.99	1.01	1.03	1.04
印度尼西亚	0.95	0.93	0.99	0.95	0.95	0.95	0.86	0.81	0.79	0.76	0.75
泰国	0.87	0.87	0.90	0.90	0.93	0.92	0.92	0.93	0.93	0.91	0.91
菲律宾	0.91	0.90	0.92	0.93	0.94	0.95	0.99	1.01	1.02	1.03	1.03
文莱	—	0.96	0.99	—	—	1.23	1.12	1.12	1.12	—	1.08
越南	—	—	—	—	1.18	1.16	1.16	1.14	1.11	1.09	1.09
老挝	—	—	—	—	—	—	—	—	—	—	—
柬埔寨	—	—	—	—	1.68	1.67	1.71	1.71	1.71	1.68	1.74
缅甸	—	—	—	—	—	—	—	—	—	—	—

地区	2007年	2008年	2009年	2010年	2011年	2012年	2013年	2014年	2015年	2016年
日本	0.87	0.81	0.88	0.85	0.84	0.83	0.85	0.84	0.92	0.94
韩国	0.85	0.81	0.83	0.83	0.80	0.78	0.80	0.81	0.89	0.91
蒙古	0.80	—	—	—	—	—	0.89	0.84	0.81	0.83
新加坡	0.98	0.94	0.95	0.93	0.89	0.88	0.89	0.87	0.93	0.95
马来西亚	1.04	1.07	1.06	1.05	1.05	1.03	0.99	0.97	0.97	0.98
印度尼西亚	0.76	0.93	0.94	0.94	0.93	0.94	0.91	0.89	0.92	0.94
泰国	0.92	0.93	0.93	0.95	0.95	0.98	0.94	0.94	0.94	0.95
菲律宾	1.02	0.96	0.96	0.97	0.75	0.95	0.96	0.93	0.98	0.99
文莱	1.10	1.16	1.03	1.00	1.05	1.00	1.05	0.99	0.96	0.89
越南	1.09	1.10	1.10	1.13	1.16	1.21	1.24	1.23	1.18	—
老挝	—	—	—	0.78	0.93	0.90	1.05	1.03	0.92	0.90
柬埔寨	1.68	1.67	1.59	1.71	1.67	1.63	1.68	1.77	1.63	1.52
缅甸	—	—	—	0.92	0.88	0.94	1.06	0.88	0.93	0.91

注："—"表示数据缺失。
资料来源：根据联合国商品数据库（UN Comtrade）数据计算所得。

日本在2001年之前与中国的综合贸易互补性指数均大于1，其进口与中国的出口表现出较强的互补性，但是在2002～2008年与中国的综合贸易互补性指数持续下降，之后虽然有所回升，但是直到2016年仍只有0.94，总体来说，中国出口与日本进口经历了从互补性较强到互补性较弱的过程，但是最近几年的互补性正在增强。韩国与中国的综合贸易互补性指数在0.78~0.94间波动，始终未能超过临界值1，可以看出韩国的进口与中国出口的互补性一直较弱。蒙古与中国的综合贸易互补性指数在2000年曾经短暂地超过临界值达到1.11，但其他年份则是在0.80~0.99之间波动（见表4-6），不考虑缺失值，蒙古进口与中国出口的互补性在原本就较弱的情况下，这几年综合贸易互补性指数更是持续走低。

新加坡与中国的综合贸易互补性指数在2004年曾经短暂地达到1.00，其他年份均小于1，但是2014年后呈现明显的上升趋势，2016年已经达到0.95，比1996年高出0.11。马来西亚与中国的综合贸易互补性指数在2004~2012年间均大于1，表现出较强的互补性，2008年达到最大值1.07后呈现持续下降的趋势，2016年虽然有所回升，但是未能突破临界值。印度尼西亚与中国的综合贸易互补性指数始终小于1，并且在2004~2007年出现了小于0.8的低谷，2014年后开始回升，2016年比1996年仍低0.01，并且距离临界值仍有段距离（见表4-6）。

泰国与中国的综合贸易互补性指数在1996~2016年均小于1，但是呈现小幅波动上升的趋势，2016年比1996年上升了0.07。菲律宾在2003~2007年与中国的综合贸易互补性指数一度超过临界值，2014年后也保持了上升趋势，2016年达到0.99（见表4-6），其进口与中国的出口的互补性有望进一步加强。

不考虑缺失值，文莱在2001~2013年的10多年间，进口与中国出口表现出较强的互补性，互补性指数大于1，但是2014年开始，互补性跌破临界值并且持续下降，2016年降至0.89（见表4-6）。越南和柬埔寨与中国的综合贸易互补性指数一直大于1，其进口与中国出口表现出较强的互补性，柬埔寨的互补性更是大于越南。2010~2016年，老挝和缅甸与中国的综合贸易互补性指数曾短暂突破过临界值，但是基本上表现为较弱的互补性。

总体来说，越南、柬埔寨的进口与中国的出口一直保持了较强的互补性，但是在2014年后都表现出互补性下降的趋势。韩国、蒙古、新加坡、印度尼西亚、泰国、老挝、缅甸的进口与中国的出口，除个别年份外，基本保持了较弱的互补性。日本、马来西亚、菲律宾、文莱的进口都曾在很长一段时期与中国的出口保持了较强的互补性，但是最近几年都不同程度地表现为较弱的互补性。

表4-7显示了1996~2016年这21年间以中国进口衡量的中国与东亚其他国家和地区的综合贸易互补性指数的变化情况。从最新的2016年数据来看，目前与中国综合贸易互补性指数大于1的国家和地区有越南、柬埔寨，其中，与柬埔寨的综合贸易互补性指数最大，为1.05。这说明中国的进口与越南、柬埔寨的出口互补性较强。

表4-7　以中国进口衡量的综合贸易互补性指数

地区	1996年	1997年	1998年	1999年	2000年	2001年	2002年	2003年	2004年	2005年	2006年
日本	1.39	1.36	1.21	1.15	1.10	1.04	0.98	0.94	0.91	0.86	0.85
蒙古	1.09	1.10	0.99	0.96	0.92	0.93	0.93	0.93	0.91	0.88	0.87
朝鲜	0.90	1.03	0.99	1.04	1.16	1.00	—	0.95	0.90	0.85	0.81
新加坡	0.88	0.86	0.85	0.86	0.89	0.94	0.99	1.07	1.09	1.08	1.10
马来西亚	0.85	0.80	0.84	0.87	0.90	0.94	0.99	1.08	1.09	1.11	1.14
印度尼西亚	0.24	0.25	0.25	0.21	0.22	0.23	0.22	0.22	0.22	0.23	0.22
泰国	0.97	0.95	0.99	0.97	0.98	0.97	0.98	0.99	0.97	0.95	0.95
菲律宾	1.01	0.96	0.95	0.96	0.95	0.97	1.03	1.09	1.09	1.10	1.12
文莱	—	1.04	1.08	—	—	1.29	1.14	1.07	1.05	—	1.03
越南	—	—	—	—	1.34	1.26	1.19	1.10	1.03	0.99	0.98
老挝	—	—	—	—							

续表

地区	1996年	1997年	1998年	1999年	2000年	2001年	2002年	2003年	2004年	2005年	2006年
柬埔寨	—	—	—	—	1.97	1.83	1.71	1.47	1.39	1.34	1.35
缅甸	—	—	—	—	—	—	—	—	—	—	—

地区	2007年	2008年	2009年	2010年	2011年	2012年	2013年	2014年	2015年	2016年
日本	0.82	0.75	0.80	0.79	0.75	0.72	0.73	0.73	0.83	0.85
韩国	0.86	0.80	0.85	0.83	0.77	0.72	0.74	0.74	0.85	0.88
蒙古	0.79	—	—	—	—	—	0.85	0.77	0.79	0.80
新加坡	1.08	1.00	1.03	1.01	0.92	0.88	0.90	0.86	0.95	0.96
马来西亚	1.12	1.10	1.13	1.11	1.05	0.99	0.96	0.92	0.96	0.96
印度尼西亚	0.23	0.28	0.29	0.28	0.26	0.28	0.26	0.25	0.28	0.28
泰国	0.95	0.92	0.96	0.95	0.92	0.92	0.88	0.86	0.92	0.92
菲律宾	1.09	1.00	1.01	1.01	0.73	0.91	0.92	0.87	0.97	0.97
文莱	1.07	1.10	1.01	0.98	1.02	0.92	0.95	0.91	0.93	0.84
越南	0.98	0.96	0.97	0.98	0.99	1.01	1.03	1.01	1.04	—
老挝	—	—	—	0.78	0.93	0.85	0.95	0.94	0.90	0.86
柬埔寨	1.24	1.21	1.09	1.18	1.17	1.11	1.12	1.13	1.08	1.05
缅甸	—	—	—	0.85	0.84	0.84	0.95	0.79	0.90	0.82

注："—"表示数据缺失。
资料来源：根据联合国商品数据库（UN Comtrade）数据计算所得。

目前，与中国综合贸易互补性指数小于1的国家有日本、韩国、蒙古、新加坡、马来西亚、印度尼西亚、泰国、菲律宾、文莱、老挝、缅甸，其中，与印度尼西亚的综合贸易互补性指数分别只有0.28，其他几个国家均在0.80以上（见表4-7）。这说明中国的进口与日本、韩国、蒙古、新加坡、马来西亚、印度尼西亚、泰国、菲律宾、文莱、老挝、缅甸的出口互补性较弱，尤其印度尼西亚是中国进口在东亚互补性最弱的地区。

根据表4-7，日本与中国的综合贸易互补性指数总体表现为下降趋势，2001年以前，日本出口与中国进口的贸易互补性较强，2002年之后表现为较弱的互补性，2012年达到最低值0.72，此后虽然有所回升，但是2016年仍只有0.85，比1996年下降了0.54。韩国与中国的综合贸易互补性指数同样表现出明显的下降趋势，1998年开始跌破临界值，在2012年出现最低值0.72，虽然此后出现回弹，但是2016年的贸易互补性指数也只有0.88，相较于1996年下降了0.22。不考虑缺失值，蒙古与中国的综合贸易互补性指数在2001年之前的部分年份高于临界值，之后一直低于临界值，2014年达到最低值0.77后有所回升，其出口对中国进口总体表现为较弱的互补性（见表4-7）。

新加坡在2003~2010年间，出口与中国进口表现为较强的互补性，其他年份表现为较弱的互补性，最近几年波动比较明显，2016年相较于1996年互补性有所增强。马来西亚与新加坡的情况比较类似，2003~2011年间的出口与中国进口互补性较强，其他年份较弱，2016年比1996年上升0.11。印度尼西亚的出口与中国进口表现为非常弱的互补性，始终未超过0.3。泰国与中国的综合贸易互补性指数基本在临界值以下较小的区间内波动，2014年出现最低值0.86，2016年相较于1996年下降了0.05（见表4-7）。菲律宾与中国的综合贸易互补性指数在2002~2010年间略大于临界值，整体来说，除个别年份外，基本在临界值附近波动。

不考虑缺失值，文莱在2009年之前与中国的综合贸易互补性指数一直大于1，近几年表现出在波动中下降的趋势，2016年达到最低值0.84，相较于1997年下降0.2。越南与中国的综合贸易互补性指数基本呈现先下降后回升的趋势，在2008年达到最低值0.96，最近几年略高于临界值，其出口与中国进口表现出较强的互补性。柬埔寨在2000~2016年间，与中国的综合贸易互补性指数始终大于1，但是下降趋势明显，2016年比2000年下降了0.92（见表4-7）。老挝和缅甸在2010~2016年间，与中国的综合贸易互补性指数均小于临界值。

总体来说,柬埔寨的出口与中国的进口一直保持了较强的互补性,但是都表现出互补性下降的趋势。韩国、蒙古、印度尼西亚、泰国、老挝、缅甸的出口与中国的进口,除个别年份外,基本保持了较弱的互补性。日本、新加坡、马来西亚、菲律宾、文莱出口都曾在很长一段时期与中国的进口保持了较强的互补性,但是最近几年都不同程度地表现为较弱的互补性。越南有部分年份的进口与中国出口的互补性较弱,但是近几年已经回升至临界值以上。

二、各产业的贸易互补性指数

进一步从不同产业部门来考察中国与东亚其他经济体的贸易互补性及变化趋势。

表4-8显示,在2016年,中国出口与日本进口在劳动密集产业和资本密集产业表现出较强的互补性,中国进口与日本出口在劳动密集产业和资本密集产业表现出较强的互补性,其他项表现为较弱的互补性。劳动密集产业在期初表现出非常强的互补性,中国进口与日本出口的贸易互补性指数在1996年达到最大值8.23,中国出口与日本进口的贸易互补性指数在1996年达到最大值5.15,之后两个贸易方向的互补性指数都持续下滑,最终分别跌至2.09和3.71。

表4-8　　　　　　中国与日本的贸易互补性指数

年份	以中国出口与日本进口衡量					
	农业	食品加工业	资源密集产业	技术密集产业	劳动密集产业	资本密集产业
1996	1.98	1.10	1.28	0.53	5.15	0.52
1997	1.98	0.95	1.48	0.55	4.69	0.51
1998	1.95	1.03	1.44	0.54	4.34	0.57

续表

年份	以中国出口与日本进口衡量					
	农业	食品加工业	资源密集产业	技术密集产业	劳动密集产业	资本密集产业
1999	1.91	1.02	0.95	0.54	4.62	0.60
2000	1.92	1.12	0.72	0.54	4.52	0.67
2001	1.62	1.03	0.77	0.49	4.32	0.72
2002	1.44	0.94	0.66	0.45	3.94	0.80
2003	1.21	0.75	0.60	0.43	3.77	0.87
2004	0.95	0.74	0.50	0.47	3.64	0.92
2005	0.83	0.71	0.40	0.47	3.51	0.93
2006	0.66	0.70	0.30	0.49	3.69	0.94
2007	0.53	0.60	0.29	0.51	3.54	0.96
2008	0.43	0.49	0.29	0.52	3.45	0.94
2009	0.50	0.47	0.24	0.50	3.97	1.03
2010	0.50	0.47	0.22	0.48	3.64	1.04
2011	0.47	0.51	0.19	0.53	3.78	1.02
2012	0.41	0.51	0.17	0.49	3.77	1.03
2013	0.39	0.44	0.18	0.47	3.77	1.05
2014	0.38	0.41	0.20	0.54	3.45	1.02
2015	0.44	0.43	0.23	0.58	3.43	1.05
2016	0.50	0.45	0.28	0.56	3.71	1.05

年份	以中国进口与日本出口衡量					
	农业	食品加工业	资源密集产业	技术密集产业	劳动密集产业	资本密集产业
1996	1.48	0.52	1.07	0.60	8.23	0.49
1997	1.28	0.50	1.92	0.64	7.39	0.44
1998	1.31	0.43	1.58	0.65	6.24	0.52
1999	1.33	0.26	0.92	0.68	6.08	0.56
2000	1.52	0.34	0.76	0.68	5.63	0.63
2001	1.15	0.27	0.71	0.57	4.86	0.74

续表

年份	以中国进口与日本出口衡量					
	农业	食品加工业	资源密集产业	技术密集产业	劳动密集产业	资本密集产业
2002	0.89	0.21	0.56	0.51	3.91	0.88
2003	0.85	0.13	0.53	0.46	3.11	1.02
2004	0.74	0.13	0.54	0.46	2.80	1.07
2005	0.57	0.14	0.42	0.45	2.53	1.10
2006	0.42	0.14	0.31	0.44	2.62	1.15
2007	0.38	0.11	0.35	0.46	2.26	1.15
2008	0.37	0.10	0.38	0.43	2.06	1.09
2009	0.39	0.09	0.34	0.38	2.12	1.19
2010	0.39	0.11	0.29	0.41	2.06	1.20
2011	0.36	0.13	0.24	0.43	2.27	1.13
2012	0.35	0.14	0.23	0.37	2.29	1.12
2013	0.34	0.12	0.24	0.34	2.19	1.15
2014	0.34	0.11	0.28	0.41	1.95	1.08
2015	0.42	0.16	0.35	0.53	1.85	1.14
2016	0.49	0.16	0.48	0.49	2.09	1.12

资料来源：根据联合国商品数据库（UN Comtrade）数据计算所得。

资本密集产业的中国进口和日本出口在期初表现为非常弱的互补性，但是互补性不断增强，在2003年突破临界值，2014年之后虽然有所回落，但是仍然表现为较强的互补性。该产业的中国出口和日本进口在期初互补性也非常弱，之后也经历了持续上涨，并且在2009年之后，互补性指数均大于1。

农业、资源密集产业、技术密集产业的中国出口与日本进口，以及农业、食品加工业、资源密集产业、技术密集产业的中国进口与日本出口始终表现为较弱的贸易互补性，且总体均表现为下降趋势。

表4-9显示，在2016年，中国出口与韩国进口在劳动密集产业

和资本密集产业表现出较强的互补性,中国进口与韩国出口在劳动密集产业和资本密集产业表现出较强的互补性,其他项表现为较弱的互补性。劳动密集产业在期初表现出更强的互补性,中国进口与韩国出口的贸易互补性指数在1996年达到最大值4.50,中国出口与韩国进口的贸易互补性指数在1996年达到最大值2.82,之后两个贸易方向的互补性指数都呈现下滑趋势,2016年小幅回弹后分别为1.25和2.22。

表4-9 中国与韩国的贸易互补性指数

年份	以中国出口与韩国进口衡量					
	农业	食品加工业	资源密集产业	技术密集产业	劳动密集产业	资本密集产业
1996	0.70	0.53	1.14	0.79	2.82	0.70
1997	0.71	0.45	1.44	0.84	2.58	0.64
1998	0.73	0.43	1.72	0.82	2.10	0.65
1999	0.71	0.38	1.08	0.79	2.27	0.73
2000	0.72	0.44	0.81	0.72	2.17	0.82
2001	0.68	0.50	0.89	0.67	2.33	0.82
2002	0.64	0.44	0.70	0.64	2.29	0.93
2003	0.55	0.33	0.59	0.62	1.95	1.04
2004	0.41	0.30	0.50	0.69	1.68	1.07
2005	0.37	0.28	0.39	0.68	1.63	1.10
2006	0.33	0.29	0.29	0.70	1.75	1.09
2007	0.28	0.26	0.27	0.74	1.73	1.11
2008	0.22	0.25	0.27	0.78	1.61	1.11
2009	0.24	0.21	0.25	0.61	1.62	1.22
2010	0.25	0.22	0.22	0.65	1.72	1.23
2011	0.27	0.22	0.19	0.68	1.88	1.17
2012	0.24	0.24	0.18	0.66	1.86	1.12
2013	0.24	0.23	0.18	0.65	1.98	1.16

续表

年份	以中国出口与韩国进口衡量					
	农业	食品加工业	资源密集产业	技术密集产业	劳动密集产业	资本密集产业
2014	0.24	0.22	0.20	0.71	1.99	1.09
2015	0.27	0.23	0.25	0.67	1.95	1.18
2016	0.32	0.26	0.30	0.65	2.22	1.19

年份	以中国进口与韩国出口衡量					
	农业	食品加工业	资源密集产业	技术密集产业	劳动密集产业	资本密集产业
1996	0.52	0.25	0.95	0.90	4.50	0.67
1997	0.46	0.24	1.87	0.97	4.07	0.55
1998	0.49	0.18	1.89	1.00	3.02	0.59
1999	0.50	0.09	1.04	0.99	2.99	0.68
2000	0.57	0.13	0.85	0.89	2.70	0.77
2001	0.48	0.13	0.82	0.79	2.62	0.85
2002	0.40	0.10	0.60	0.72	2.27	1.03
2003	0.39	0.06	0.53	0.66	1.61	1.22
2004	0.32	0.05	0.54	0.68	1.29	1.25
2005	0.25	0.05	0.41	0.66	1.17	1.29
2006	0.21	0.06	0.30	0.63	1.25	1.33
2007	0.20	0.05	0.33	0.66	1.10	1.33
2008	0.19	0.05	0.35	0.65	0.96	1.28
2009	0.19	0.04	0.34	0.55	0.87	1.42
2010	0.20	0.05	0.28	0.59	0.98	1.41
2011	0.20	0.06	0.24	0.56	1.13	1.30
2012	0.20	0.06	0.24	0.50	1.13	1.22
2013	0.21	0.06	0.24	0.47	1.15	1.26
2014	0.22	0.06	0.28	0.55	1.12	1.16
2015	0.26	0.08	0.39	0.62	1.06	1.27
2016	0.31	0.09	0.52	0.57	1.25	1.27

资料来源：根据联合国商品数据库（UN Comtrade）数据计算所得。

资本密集产业在中国进口和韩国出口的期初表现为较弱的互补性，但是互补性不断增强，在2002年突破临界值，2009年达到最大值1.42之后虽然有所回落，但是仍然表现为较强的互补性；该产业的中国出口和韩国进口在期初互补性也较弱，之后也经历了持续上涨，并且在2003年开始，互补性指数均大于1。

资源密集产业的中韩贸易进出口两个方向都在期初出现过一段时期的强互补性，但一直呈现明显的互补性减弱趋势，均在2000年跌破临界值，目前表现为非常弱的互补性。农业、食品加工业、技术密集产业的中国出口与韩国进口，以及农业、食品加工业、技术密集产业的中国进口与韩国出口始终表现为较弱的贸易互补性，且总体均表现为下降趋势，各项下的互补性指数基本都在2008年前后达到谷底，之后小幅回弹。

蒙古是与中国接壤的欠发达内陆国家，与中国的贸易互补性与其他国家有明显的区别。表4-10显示，在2016年，中国出口与蒙古进口在食品加工业、劳动密集产业和资本密集产业表现出较强的互补性，中国进口与蒙古出口在资本密集产业表现出较强的互补性，其他项下表现为较弱的互补性。

表4-10　　　　　　中国与蒙古的贸易互补性指数

年份	以中国出口与蒙古进口衡量					
	农业	食品加工业	资源密集产业	技术密集产业	劳动密集产业	资本密集产业
1996	1.47	1.47	1.26	0.58	1.55	0.71
1997	1.45	1.89	1.36	0.56	2.40	0.64
1998	1.16	2.08	1.25	0.50	2.55	0.74
1999	0.82	1.61	0.84	0.39	3.51	0.88
2000	1.80	2.26	0.63	0.42	5.35	0.73
2001	1.69	2.03	0.78	0.47	3.94	0.69

续表

年份	以中国出口与蒙古进口衡量					
	农业	食品加工业	资源密集产业	技术密集产业	劳动密集产业	资本密集产业
2002	1.23	1.76	0.66	0.48	3.82	0.77
2003	0.92	1.49	0.53	0.48	3.85	0.88
2004	0.96	1.43	0.47	0.47	3.74	0.89
2005	0.73	1.32	0.38	0.51	2.67	0.97
2006	0.62	1.36	0.28	0.60	2.08	0.96
2007	0.43	1.32	0.26	0.70	1.29	1.02
2013	0.18	0.90	0.13	0.61	1.01	1.55
2014	0.11	0.98	0.16	0.79	1.26	1.22
2015	0.25	1.03	0.23	0.72	1.14	1.06
2016	0.38	1.17	0.27	0.62	1.32	1.09
年份	以中国进口与蒙古出口衡量					
	农业	食品加工业	资源密集产业	技术密集产业	劳动密集产业	资本密集产业
1996	1.11	0.69	1.06	0.66	2.47	0.67
1997	0.94	1.00	1.76	0.65	3.78	0.55
1998	0.78	0.87	1.37	0.61	3.67	0.68
1999	0.57	0.40	0.81	0.49	4.62	0.81
2000	1.42	0.68	0.66	0.52	6.66	0.68
2001	1.20	0.54	0.72	0.55	4.43	0.71
2002	—	—	—	—	—	—
2003	0.65	0.26	0.47	0.52	3.18	1.02
2004	0.75	0.26	0.51	0.46	2.88	1.03
2005	0.50	0.26	0.40	0.49	1.93	1.14
2006	0.39	0.27	0.30	0.54	1.48	1.17
2007	0.31	0.24	0.31	0.62	0.83	1.21
2013	0.16	0.24	0.17	0.44	0.58	1.68

续表

年份	以中国进口与蒙古出口衡量					
	农业	食品加工业	资源密集产业	技术密集产业	劳动密集产业	资本密集产业
2014	0.09	0.27	0.22	0.61	0.71	1.29
2015	0.24	0.38	0.36	0.66	0.61	1.15
2016	0.37	0.42	0.48	0.54	0.74	1.16

注：2008~2012年的原始数据缺失，"—"表示数据缺失。
资料来源：根据联合国商品数据库（UN Comtrade）数据计算所得。

不考虑缺失值，食品加工业的中国出口与蒙古进口的贸易互补性指数除了个别年份略低于临界值，其他年份都表现为正的互补性，且在2000年出现最大值2.26。该产业的中国进口和蒙古出口则总体表现为非常弱的互补性，互补性指数在2015年之前曾长期在0.3以下徘徊（见表4-10）。

中蒙劳动密集产业的贸易互补性指数在2000年之前表现出强劲的上升趋势，中国进口与蒙古出口的贸易互补性指数在2000年达到最大值6.66，中国出口与蒙古进口的贸易互补性指数在2000年达到最大值5.35，之后两个贸易方向的互补性指数都呈现下滑趋势，2016年小幅回弹后分别为0.74和1.32（见表4-10），中国进口与蒙古出口的贸易互补性指数下降幅度更大，已经表现为弱互补性。

资本密集产业的中国进口和蒙古出口在期初表现为较弱的互补性，但是互补性不断增强，2003年之后开始呈现较强的互补性。该产业的中国出口和蒙古进口在期初互补性也较弱，之后也表现出明显的上升趋势，并且在2007年突破临界值。

农业和资源密集产业的中蒙贸易进出口两个方向都在期初出现过一段时期的较强互补性，但2000年之后互补性明显走弱，目前表现为非常弱的互补性。技术密集产业的中蒙贸易在进出口两个方向上始终表现为较弱的贸易互补性，并且波动比较平稳。

表 4-11 显示，在 2016 年，中国与新加坡的贸易仅在资本密集产业的进出口两个方向上表现为较强的互补性，其他项下均表现为较弱的互补性。中国与新加坡的贸易除个别年份外，贸易互补性指数基本都超过了临界值，并且进出口两个方向上的贸易互补性指数的变化走势基本相同，均呈现为先上升，在 2009 年左右开始小幅回落。劳动密集产业的中国与新加坡进出口两个方向上的贸易互补性指数，都曾在初期较长一段时间表现出强互补性，但是下降趋势明显，跌破临界值后逐渐趋于平稳，目前均表现为弱互补性。

表 4-11　　　　中国与新加坡的贸易互补性指数

年份	以中国出口与新加坡进口衡量					
	农业	食品加工业	资源密集产业	技术密集产业	劳动密集产业	资本密集产业
1996	0.40	0.58	0.63	0.51	1.34	1.07
1997	0.40	0.50	0.69	0.54	1.24	1.04
1998	0.38	0.47	0.66	0.49	1.08	1.12
1999	0.37	0.44	0.48	0.48	1.19	1.17
2000	0.36	0.46	0.40	0.46	1.19	1.29
2001	0.33	0.46	0.44	0.44	1.10	1.36
2002	0.29	0.40	0.40	0.41	1.07	1.46
2003	0.27	0.32	0.35	0.38	1.03	1.61
2004	0.20	0.28	0.31	0.39	0.89	1.72
2005	0.18	0.27	0.25	0.42	0.81	1.74
2006	0.15	0.26	0.18	0.44	0.85	1.78
2007	0.14	0.26	0.18	0.44	0.82	1.79
2008	0.11	0.23	0.20	0.47	0.76	1.80
2009	0.12	0.20	0.20	0.39	0.71	1.82
2010	0.13	0.23	0.18	0.40	0.72	1.82
2011	0.14	0.25	0.17	0.46	0.76	1.76

续表

年份	以中国出口与新加坡进口衡量					
	农业	食品加工业	资源密集产业	技术密集产业	劳动密集产业	资本密集产业
2012	0.12	0.25	0.15	0.46	0.75	1.72
2013	0.12	0.25	0.15	0.46	0.82	1.74
2014	0.12	0.24	0.17	0.53	0.76	1.58
2015	0.13	0.26	0.21	0.51	0.75	1.59
2016	0.14	0.27	0.24	0.51	0.86	1.58

年份	以中国进口与新加坡出口衡量					
	农业	食品加工业	资源密集产业	技术密集产业	劳动密集产业	资本密集产业
1996	0.30	0.27	0.53	0.58	2.13	1.02
1997	0.26	0.26	0.90	0.62	1.96	0.90
1998	0.26	0.20	0.73	0.59	1.56	1.03
1999	0.26	0.11	0.46	0.61	1.57	1.08
2000	0.28	0.14	0.42	0.57	1.48	1.20
2001	0.24	0.12	0.40	0.52	1.24	1.39
2002	0.18	0.09	0.34	0.47	1.06	1.61
2003	0.19	0.06	0.31	0.41	0.85	1.88
2004	0.15	0.05	0.33	0.38	0.69	2.00
2005	0.12	0.05	0.26	0.41	0.58	2.05
2006	0.09	0.05	0.18	0.40	0.60	2.17
2007	0.10	0.05	0.22	0.39	0.52	2.14
2008	0.09	0.05	0.27	0.39	0.45	2.08
2009	0.10	0.04	0.26	0.36	0.38	2.11
2010	0.10	0.05	0.23	0.35	0.41	2.09
2011	0.11	0.06	0.21	0.37	0.45	1.96
2012	0.10	0.07	0.20	0.34	0.45	1.87
2013	0.10	0.07	0.20	0.33	0.48	1.89

续表

年份	以中国进口与新加坡出口衡量					
	农业	食品加工业	资源密集产业	技术密集产业	劳动密集产业	资本密集产业
2014	0.11	0.07	0.24	0.41	0.43	1.68
2015	0.12	0.10	0.32	0.47	0.41	1.72
2016	0.14	0.10	0.41	0.45	0.48	1.69

资料来源:根据联合国商品数据库(UN Comtrade)数据计算所得。

农业、食品加工业、资源密集产业和技术密集产业的中新进出口贸易在1996~2016年间始终表现为弱互补性,并且互补性指数都在初期表现出更明显的下滑趋势,在2001年前后开始趋于平稳。

表4-12显示,在2016年,中国出口与马来西亚进口在劳动密集产业和资本密集产业表现出较强的互补性,中国进口与马来西亚出口在资本密集产业表现出较强的互补性,其他项下表现为较弱的互补性。资本密集产业的中国与马来西亚进出口贸易在1996~2016年间始终表现为较强的互补性,并且平稳中略有上扬趋势。劳动密集产业中国出口与马来西亚进口的贸易互补性指数一直在临界值上下波动,目前表现为强互补性,并且有上扬趋势;该产业的中国进口与马来西亚出口的贸易互补性指数在2001年之后始终小于临界值。

表4-12   中国与马来西亚的贸易互补性指数

年份	以中国出口与马来西亚进口衡量					
	农业	食品加工业	资源密集产业	技术密集产业	劳动密集产业	资本密集产业
1996	0.60	0.48	0.24	0.67	1.05	1.06
1997	0.65	0.44	0.28	0.69	0.89	1.04

续表

年份	以中国出口与马来西亚进口衡量					
	农业	食品加工业	资源密集产业	技术密集产业	劳动密集产业	资本密集产业
1998	0.65	0.42	0.30	0.59	0.92	1.12
1999	0.64	0.41	0.18	0.66	1.00	1.15
2000	0.60	0.44	0.17	0.64	0.95	1.30
2001	0.58	0.49	0.20	0.60	0.86	1.35
2002	0.53	0.53	0.20	0.54	0.85	1.44
2003	0.44	0.38	0.15	0.49	0.67	1.66
2004	0.42	0.39	0.14	0.57	0.72	1.68
2005	0.38	0.39	0.12	0.58	0.70	1.76
2006	0.35	0.44	0.09	0.65	0.75	1.79
2007	0.33	0.43	0.09	0.68	0.77	1.79
2008	0.31	0.48		0.78	0.86	1.90
2009	0.35	0.41	0.07	0.61	0.79	1.95
2010	0.39	0.44	0.07	0.66	0.79	1.93
2011	0.43	0.49	0.06	0.78	1.03	1.90
2012	0.35	0.52	0.07	0.77	1.06	1.83
2013	0.30	0.46	0.08	0.79	0.93	1.74
2014	0.29	0.45	0.10	0.85	0.89	1.59
2015	0.33	0.43	0.13	0.78	1.17	1.44
2016	0.36	0.43	0.15	0.72	1.36	1.44
年份	以中国进口与马来西亚出口衡量					
	农业	食品加工业	资源密集产业	技术密集产业	劳动密集产业	资本密集产业
1996	0.45	0.22	0.20	0.77	1.68	1.01
1997	0.42	0.23	0.37	0.80	1.41	0.90
1998	0.44	0.17	0.32	0.71	1.32	1.03
1999	0.45	0.10	0.18	0.83	1.32	1.06
2000	0.47	0.13	0.18	0.80	1.19	1.21

续表

年份	以中国进口与马来西亚出口衡量					
	农业	食品加工业	资源密集产业	技术密集产业	劳动密集产业	资本密集产业
2001	0.41	0.13	0.18	0.71	0.97	1.39
2002	0.33	0.12	0.17	0.61	0.84	1.60
2003	0.31	0.07	0.13	0.53	0.55	1.93
2004	0.33	0.07	0.15	0.55	0.55	1.96
2005	0.26	0.08	0.12	0.57	0.50	2.07
2006	0.22	0.09	0.09	0.58	0.53	2.18
2007	0.23	0.08	0.10	0.61	0.49	2.14
2008	0.27	0.10	0.11	0.65	0.51	2.21
2009	0.27	0.08	0.10	0.55	0.42	2.26
2010	0.30	0.10	0.09	0.57	0.45	2.22
2011	0.33	0.13	0.08	0.64	0.62	2.11
2012	0.30	0.14	0.09	0.58	0.64	1.99
2013	0.26	0.12	0.11	0.57	0.54	1.90
2014	0.27	0.13	0.13	0.66	0.50	1.69
2015	0.32	0.16	0.20	0.71	0.63	1.56
2016	0.35	0.16	0.26	0.63	0.77	1.53

资料来源：根据联合国商品数据库（UN Comtrade）数据计算所得。

农业、食品加工业、技术密集产业、劳动密集产业的中国与马来西亚进出口贸易始终表现为弱互补性，并且均未表现出明显的走强趋势。

表4-13显示，在2016年，中国出口与印度尼西亚进口，以及中国进口与印度尼西亚出口在劳动密集产业和资本密集产业都表现出较强的互补性，其他项下则表现为较弱的互补性。劳动密集产业的中国出口与印度尼西亚进口的贸易互补性指数始终大于临界值，2001年的互补性最强，2008年之后始终稳定在2.0以上。该产业的

中国进口与印度尼西亚出口的贸易互补性指数除个别年份外，基本都在临界值以上，并且期初表现出更强的互补性，2010年后在1.5上下波动。资本密集产业的中国出口与印度尼西亚进口，以及中国进口与印度尼西亚出口，均在初期表现为较弱的互补性，1999年触底后开始上升，分别于2008年和2007年突破临界值，目前略有回落趋势但仍表现为较强的互补性。

表4-13　　　　中国与印度尼西亚的贸易互补性指数

年份	以中国出口与印度尼西亚进口衡量					
	农业	食品加工业	资源密集产业	技术密集产业	劳动密集产业	资本密集产业
1996	1.24	0.91	0.64	0.88	2.56	0.72
1997	0.98	0.80	0.77	0.92	2.26	0.72
1998	1.28	0.66	0.87	0.93	3.10	0.65
1999	1.93	1.03	0.87	1.04	3.17	0.45
2000	1.40	0.97	0.61	1.09	3.19	0.57
2001	1.02	1.03	0.65	0.94	3.28	0.64
2002	1.13	0.84	0.67	0.85	2.38	0.66
2003	0.99	0.85	0.62	0.78	1.91	0.71
2004	0.69	0.76	0.54	0.84	1.57	0.75
2005	0.53	0.71	0.43	0.79	1.29	0.80
2006	0.60	0.75	0.30	0.81	1.48	0.81
2007	0.58	0.79	0.28	0.79	1.43	0.86
2008	0.33	0.48	0.19	0.86	2.28	1.25
2009	0.39	0.45	0.17	0.64	2.18	1.37
2010	0.43	0.48	0.14	0.70	2.47	1.33
2011	0.48	0.51	0.12	0.76	2.73	1.31
2012	0.34	0.54	0.10	0.81	2.47	1.35
2013	0.34	0.55	0.12	0.81	2.51	1.23
2014	0.38	0.54	0.14	0.89	2.50	1.07

续表

年份	以中国出口与印度尼西亚进口衡量					
	农业	食品加工业	资源密集产业	技术密集产业	劳动密集产业	资本密集产业
2015	0.38	0.52	0.18	0.87	2.46	1.04
2016	0.49	0.62	0.19	0.83	2.82	1.02

年份	以中国进口与印度尼西亚出口衡量					
	农业	食品加工业	资源密集产业	技术密集产业	劳动密集产业	资本密集产业
1996	0.93	0.43	0.54	1.00	4.08	0.68
1997	0.63	0.43	0.99	1.07	3.56	0.62
1998	0.86	0.28	0.96	1.12	4.47	0.60
1999	1.35	0.26	0.83	1.30	4.18	0.42
2000	1.10	0.29	0.64	1.36	3.98	0.53
2001	0.72	0.27	0.60	1.11	3.69	0.66
2002	0.70	0.19	0.57	0.96	2.36	0.73
2003	0.70	0.14	0.55	0.83	1.58	0.83
2004	0.54	0.14	0.58	0.82	1.21	0.87
2005	0.36	0.14	0.46	0.77	0.93	0.94
2006	0.38	0.15	0.32	0.73	1.05	0.99
2007	0.42	0.14	0.33	0.71	0.91	1.03
2008	0.28	0.10	0.24	0.71	1.36	1.46
2009	0.30	0.09	0.22	0.58	1.16	1.59
2010	0.33	0.11	0.18	0.59	1.40	1.52
2011	0.36	0.13	0.16	0.62	1.64	1.45
2012	0.30	0.14	0.14	0.60	1.50	1.47
2013	0.30	0.15	0.16	0.58	1.46	1.34
2014	0.34	0.15	0.19	0.69	1.41	1.14
2015	0.37	0.19	0.27	0.80	1.33	1.12
2016	0.47	0.22	0.34	0.72	1.59	1.09

资料来源：根据联合国商品数据库（UN Comtrade）数据计算所得。

农业的中国出口与印度尼西亚进口在初期部分年份表现出较强的互补性，2003年互补性指数跌破临界值并且逐年下滑。技术密集产业的中国进口与印度尼西亚出口在2001年之前表现为较强的互补性，之后互补性减弱的趋势明显，目前互补性指数虽然有所回升，但仍表现为较弱的互补性。食品加工业、技术密集产业的中国出口与印度尼西亚进口，农业的中国进口与印度尼西亚出口，除了个别年份外，基本都表现为弱互补性。资源密集产业的中国出口与印度尼西亚进口，食品加工业、资源密集产业的中国进口与印度尼西亚出口在1996~2016年始终表现为弱互补性。

表4-14显示，在2016年，中国出口与泰国进口在劳动密集产业，以及中国进口与泰国出口在劳动密集产业和资本密集产业都表现出较强的互补性，其他项下则表现为较弱的互补性。劳动密集产业的中国出口与泰国进口的贸易互补性指数始终大于临界值，2000年的互补性最强，之后略有下降。该产业的中国进口与泰国出口的贸易互补性指数呈现明显的下降趋势，初期表现为较强的互补性，2007年之后表现为较弱的互补性。资本密集产业的中国与泰国进出口贸易在2000年之前均表现为较弱的互补性，2001年后均表现为较强的互补性。

表4-14　　　　　中国与泰国的贸易互补性指数

年份	以中国出口与泰国进口衡量					
	农业	食品加工业	资源密集产业	技术密集产业	劳动密集产业	资本密集产业
1996	0.45	0.44	0.59	0.85	1.89	0.86
1997	0.58	0.41	0.68	0.87	1.76	0.83
1998	0.68	0.38	0.68	0.92	2.03	0.80
1999	0.58	0.40	0.52	0.99	2.00	0.81
2000	0.58	0.49	0.41	0.95	2.07	0.93

续表

年份	以中国出口与泰国进口衡量					
	农业	食品加工业	资源密集产业	技术密集产业	劳动密集产业	资本密集产业
2001	0.56	0.47	0.43	0.85	1.90	1.01
2002	0.50	0.41	0.36	0.82	1.73	1.08
2003	0.45	0.35	0.31	0.77	1.60	1.19
2004	0.34	0.31	0.30	0.85	1.49	1.18
2005	0.30	0.29	0.25	0.85	1.38	1.21
2006	0.27	0.31	0.19	0.88	1.41	1.23
2007	0.24	0.29	0.17	0.95	1.37	1.25
2008	0.22	0.31	0.16	1.06	1.45	1.29
2009	0.24	0.26	0.15	0.77	1.33	1.44
2010	0.24	0.27	0.12	0.90	1.43	1.43
2011	0.24	0.27	0.10	1.04	1.45	1.44
2012	0.23	0.30	0.09	0.93	1.39	1.56
2013	0.21	0.30	0.10	0.97	1.30	1.45
2014	0.22	0.30	0.12	1.00	1.35	1.35
2015	0.26	0.28	0.14	0.95	1.21	1.29
2016	0.32	0.29	0.17	0.90	1.36	1.26
年份	以中国进口与泰国出口衡量					
	农业	食品加工业	资源密集产业	技术密集产业	劳动密集产业	资本密集产业
1996	0.33	0.21	0.49	0.97	3.02	0.81
1997	0.37	0.22	0.88	1.01	2.78	0.71
1998	0.46	0.16	0.75	1.11	2.92	0.73
1999	0.40	0.10	0.50	1.24	2.64	0.76
2000	0.46	0.15	0.42	1.18	2.58	0.87
2001	0.40	0.12	0.40	1.00	2.14	1.04
2002	0.31	0.09	0.31	0.92	1.71	1.19

续表

年份	以中国进口与泰国出口衡量					
	农业	食品加工业	资源密集产业	技术密集产业	劳动密集产业	资本密集产业
2003	0.32	0.06	0.28	0.82	1.32	1.38
2004	0.27	0.05	0.32	0.83	1.15	1.38
2005	0.21	0.06	0.26	0.82	1.00	1.42
2006	0.17	0.06	0.20	0.79	1.00	1.50
2007	0.17	0.05	0.20	0.85	0.87	1.50
2008	0.19	0.06	0.21	0.88	0.86	1.50
2009	0.18	0.05	0.21	0.69	0.71	1.68
2010	0.18	0.06	0.15	0.77	0.81	1.64
2011	0.18	0.07	0.13	0.85	0.87	1.60
2012	0.20	0.08	0.12	0.70	0.84	1.70
2013	0.19	0.08	0.13	0.70	0.75	1.58
2014	0.20	0.09	0.16	0.78	0.76	1.44
2015	0.25	0.10	0.22	0.87	0.65	1.39
2016	0.31	0.10	0.29	0.79	0.77	1.35

资料来源：根据联合国商品数据库（UN Comtrade）数据计算所得。

技术密集产业的中国进口与泰国出口的贸易互补性指数在1997～2000年间略大于临界值，但是此后的大部分年份在0.7～0.9的区间内徘徊（见表4-15），目前仍表现为较弱的互补性。该产业中国出口与泰国进口除个别年份小幅突破临界值，其他年份均在临界值以下，但是波动幅度较小。农业、食品加工业、资源密集产业的中国与泰国贸易在进出口两个方向上都始终表现为非常弱的互补性。

表 4 – 15　　　　　中国与菲律宾的贸易互补性指数

年份	以中国出口与菲律宾进口衡量					
	农业	食品加工业	资源密集产业	技术密集产业	劳动密集产业	资本密集产业
1996	0.91	0.73	0.74	0.59	2.20	0.91
1997	0.90	0.62	0.73	0.58	1.93	0.94
1998	1.01	0.62	0.68	0.50	1.92	1.02
1999	0.94	0.66	0.50	0.57	2.13	1.02
2000	0.91	0.80	0.40	0.54	1.96	1.14
2001	0.81	0.78	0.41	0.49	1.75	1.24
2002	0.65	0.65	0.29	0.40	1.43	1.48
2003	0.53	0.53	0.27	0.39	1.30	1.62
2004	0.46	0.57	0.25	0.41	1.18	1.68
2005	0.49	0.57	0.20	0.41	1.28	1.73
2006	0.48	0.53	0.15	0.42	1.39	1.77
2007	0.42	0.52	0.17	0.41	1.29	1.79
2008	0.54	0.58	0.17	0.50	1.11	1.73
2009	0.55	0.51	0.16	0.43	1.01	1.73
2010	0.59	0.60	0.13	0.46	0.99	1.77
2011	0.49	0.65	0.11	0.55	1.32	1.18
2012	0.44	0.70	0.11	0.54	1.32	1.70
2013	0.40	0.68	0.11	0.54	1.43	1.70
2014	0.49	0.70	0.11	0.66	1.37	1.49
2015	0.46	0.60	0.12	0.59	1.20	1.56
2016	0.47	0.66	0.14	0.59	1.33	1.51
年份	以中国进口与菲律宾出口衡量					
	农业	食品加工业	资源密集产业	技术密集产业	劳动密集产业	资本密集产业
1996	0.68	0.34	0.62	0.67	3.52	0.87
1997	0.58	0.33	0.95	0.67	3.04	0.81
1998	0.68	0.26	0.75	0.60	2.76	0.93

续表

年份	以中国进口与菲律宾出口衡量					
	农业	食品加工业	资源密集产业	技术密集产业	劳动密集产业	资本密集产业
1999	0.66	0.16	0.48	0.71	2.80	0.95
2000	0.72	0.24	0.42	0.67	2.45	1.07
2001	0.57	0.21	0.38	0.58	1.97	1.27
2002	0.40	0.15	0.25	0.45	1.41	1.64
2003	0.37	0.09	0.24	0.42	1.08	1.88
2004	0.36	0.10	0.27	0.40	0.91	1.96
2005	0.33	0.11	0.21	0.40	0.92	2.03
2006	0.30	0.10	0.16	0.38	0.99	2.16
2007	0.30	0.09	0.20	0.36	0.82	2.14
2008	0.46	0.12	0.22	0.41	0.66	2.00
2009	0.43	0.10	0.21	0.39	0.54	2.01
2010	0.46	0.14	0.17	0.39	0.56	2.03
2011	0.37	0.17	0.14	0.45	0.79	1.31
2012	0.38	0.19	0.14	0.41	0.80	1.85
2013	0.35	0.18	0.14	0.39	0.83	1.85
2014	0.44	0.20	0.16	0.51	0.77	1.58
2015	0.45	0.22	0.19	0.54	0.65	1.69
2016	0.46	0.24	0.24	0.51	0.75	1.61

资料来源：根据联合国商品数据库（UN Comtrade）数据计算所得。

表4-15显示，在2016年，中国出口与菲律宾进口在劳动密集产业和资本密集产业，以及中国进口与菲律宾出口在资本密集产业都表现出较强的互补性，其他项下则表现为较弱的互补性。劳动密集产业的中国出口与菲律宾进口的贸易互补性指数除2010年之外均大于临界值，波动幅度较小。该产业的中国进口与菲律宾出口在期初表现为较强的互补性，但是互补性指数持续下降，并在2004年突

破临界值，2009 年达到最低值 0.54，之后虽然有所回升，但是仍表现为较弱的互补性。

资本密集产业的中国出口与菲律宾进口的互补性指数在初期略小于临界值，但整体表现为先上升后趋于稳定的趋势，近年有所回落，但是仍表现为较强的互补性。该产业的中国进口与菲律宾出口 1999 年之前表现为较弱的互补性，但是前期上升趋势明显，互补性指数在 2005～2010 年一度达到 2.0 以上（见表 4-15），目前虽有所回落，但仍表现为较强的互补性。

农业、食品加工业、资源密集产业、技术密集产业的中国与菲律宾贸易，在进出口两个方向上，除个别年份互补性指数略高于临界值，其他年份均表现为较弱的互补性。

表 4-16 显示，在 2016 年，中国出口与文莱进口在食品加工业、劳动密集产业和资本密集产业，以及中国进口与文莱出口在资本密集产业都表现出较强的互补性，其他项下则表现为较弱的互补性。食品加工业的中国出口与文莱进口除了在 2014 年和 2015 年互补性指数略小于临界值，其他年份均在临界值之上，该产业的中国进口与文莱出口则始终表现为弱互补性。

表 4-16　　　　　中国与文莱的贸易互补性指数

年份	以中国出口与文莱进口衡量					
	农业	食品加工业	资源密集产业	技术密集产业	劳动密集产业	资本密集产业
1997	1.27	1.55	0.35	0.88	2.49	0.74
1998	1.41	1.80	0.26	0.95	2.92	0.67
2001	1.60	2.20	0.05	0.82	6.30	0.74
2002	0.99	1.56	0.06	0.64	3.91	1.14
2003	1.17	1.79	0.06	0.69	4.42	1.01
2004	0.99	1.87	0.04	0.72	4.37	1.08

续表

年份	以中国出口与文莱进口衡量					
	农业	食品加工业	资源密集产业	技术密集产业	劳动密集产业	资本密集产业
2006	0.92	1.84	0.03	0.88	3.44	1.21
2007	0.64	1.63	0.03	0.75	2.88	1.48
2008	0.51	1.36	0.03	0.80	3.05	1.73
2009	0.45	1.06	0.04	0.76	1.84	1.56
2010	0.66	1.27	0.05	0.75	1.81	1.52
2011	0.57	1.04	0.05	0.74	1.57	1.81
2012	0.50	1.05	0.05	0.83	1.74	1.55
2013	0.48	1.13	0.04	0.83	2.26	1.59
2014	0.53	0.99	0.06	0.80	1.42	1.54
2015	0.50	0.96	0.08	0.82	1.19	1.35
2016	0.66	1.13	0.14	0.78	1.34	1.11

年份	以中国进口与文莱出口衡量					
	农业	食品加工业	资源密集产业	技术密集产业	劳动密集产业	资本密集产业
1997	0.82	0.82	0.46	1.02	3.92	0.64
1998	0.94	0.76	0.28	1.15	4.21	0.61
2001	1.13	0.58	0.05	0.97	7.08	0.77
2002	0.61	0.35	0.05	0.72	3.88	1.26
2003	0.83	0.31	0.05	0.74	3.65	1.17
2004	0.78	0.33	0.04	0.71	3.36	1.25
2006	0.58	0.36	0.03	0.79	2.44	1.47
2007	0.46	0.29	0.04	0.67	1.84	1.77
2008	0.44	0.27	0.04	0.66	1.82	2.01
2009	0.35	0.21	0.05	0.69	0.98	1.81
2010	0.51	0.30	0.06	0.64	1.03	1.74
2011	0.43	0.27	0.07	0.60	0.94	2.01
2012	0.44	0.28	0.07	0.63	1.06	1.68

续表

年份	以中国进口与文莱出口衡量					
	农业	食品加工业	资源密集产业	技术密集产业	劳动密集产业	资本密集产业
2013	0.42	0.30	0.06	0.60	1.31	1.73
2014	0.48	0.28	0.09	0.62	0.80	1.64
2015	0.48	0.36	0.12	0.75	0.64	1.46
2016	0.64	0.41	0.24	0.69	0.76	1.18

注：1996年、1999年、2000年和2005年的原始数据缺失。
资料来源：根据联合国商品数据库（UN Comtrade）数据计算所得。

不考虑缺失值，劳动密集产业的中国出口与文莱进口始终表现为较强的互补性，前期表现出更强的互补性，2001年的互补性指数高达6.30，近年互补性指数回落至1.5以下。该产业的中国进口和文莱出口也在前期表现出更强的互补性，2001年的互补性指数达到最大值7.08，但是下降速度非常快，2009年之后开始在临界值上下徘徊，最近3年都在临界值以下，表现为较弱的互补性（见表4-16）。2001年之前，资本密集产业的中国和文莱贸易在进口和出口两个方向上都表现为较弱的互补性，但是2002年出现大幅度上升后突破临界值，并且此后一直稳定在临界值以上。

2004年之前，农业的中国出口和文莱进口的互补性指数在临界值附近小幅波动，之后下降明显，并开始在0.5上下波动，目前表现为较弱的互补性。农业的中国进口和文莱出口除了2001年之外均表现为较弱的互补性，并且近期的互补性指数明显低于早期。技术密集产业的中国出口与文莱进口始终表现为较弱的互补性，该产业的中国进口和文莱出口的互补性指数早期略高于临界值，2002年之后基本稳定在0.7上下，表现为较弱的互补性（见表4-16）。资源密集产业的中国和文莱贸易在进出口两个方向上都始终表现为非常弱的互补性。

表 4-17 显示，在 2015 年，中国与越南在劳动密集产业和资本密集产业的进出口贸易均表现为强互补性，尤其是劳动密集产业的中国出口与越南进口的贸易互补性指数高达 4.53，其他项下则表现为较弱的互补性。在劳动密集产业，中国和越南的贸易一直保持了非常强的互补性，前期中国进口与越南出口的互补性更强，之后进出口的互补性都有所下降，目前中国出口与越南进口之间表现出更强的互补性。在资本密集产业，中国和越南的贸易在早期主要表现为弱互补性，但是互补性指数持续上升，中国进口与越南出口的互补性指数在 2007 年突破临界值，中国出口与越南进口的互补性指数也随后在 2008 年突破临界值，2013 年分别又达到最大值 1.65 和 1.51，之后略有回落。

表 4-17　　　　　　　中国与越南的贸易互补性指数

年份	以中国出口与越南进口衡量					
	农业	食品加工业	资源密集产业	技术密集产业	劳动密集产业	资本密集产业
2000	0.70	0.59	0.45	0.93	6.73	0.62
2001	0.71	0.60	0.44	0.92	6.14	0.67
2002	0.59	0.57	0.37	0.86	6.18	0.72
2003	0.49	0.55	0.30	0.80	5.67	0.86
2004	0.40	0.51	0.27	0.92	5.79	0.79
2005	0.41	0.58	0.21	0.95	5.96	0.78
2006	0.36	0.60	0.15	1.06	6.01	0.80
2007	0.31	0.54	0.13	0.99	5.46	0.97
2008	0.26	0.57	0.12	1.07	5.48	1.08
2009	0.29	0.49	0.09	0.84	5.10	1.19
2010	0.37	0.59	0.07	0.93	5.92	1.15
2011	0.38	0.56	0.06	0.99	6.15	1.23
2012	0.35	0.54	0.05	0.93	5.96	1.41

续表

年份	以中国出口与越南进口衡量					
	农业	食品加工业	资源密集产业	技术密集产业	劳动密集产业	资本密集产业
2013	0.34	0.51	0.04	0.90	5.78	1.51
2014	0.36	0.45	0.04	0.98	5.70	1.38
2016	0.35	0.38	0.05	0.82	4.53	1.37
年份	以中国进口与越南出口衡量					
	农业	食品加工业	资源密集产业	技术密集产业	劳动密集产业	资本密集产业
2000	0.55	0.18	0.47	1.16	8.38	0.57
2001	0.50	0.16	0.41	1.09	6.90	0.69
2002	0.36	0.13	0.31	0.97	6.12	0.79
2003	0.35	0.09	0.26	0.86	4.68	1.00
2004	0.31	0.09	0.29	0.90	4.45	0.92
2005	0.28	0.11	0.22	0.92	4.29	0.92
2006	0.23	0.12	0.15	0.95	4.27	0.97
2007	0.22	0.10	0.16	0.88	3.48	1.16
2008	0.22	0.11	0.16	0.89	3.26	1.25
2009	0.23	0.10	0.12	0.76	2.73	1.39
2010	0.29	0.14	0.09	0.80	3.35	1.32
2011	0.29	0.14	0.08	0.81	3.69	1.37
2012	0.30	0.14	0.06	0.70	3.61	1.53
2013	0.29	0.14	0.05	0.65	3.35	1.65
2014	0.33	0.13	0.06	0.76	3.22	1.47
2016	0.34	0.14	0.08	0.75	2.45	1.48

注：1996~1999年和2016年的原始数据缺失。

资料来源：根据联合国商品数据库（UN Comtrade）数据计算所得。

技术密集产业的中国出口与越南进口的互补性指数一直在临界值附近徘徊，个别年份会小幅突破临界值，但是总体基本稳定表现为弱互补性。该产业的中国进口与越南出口早期曾短暂突破临界值，但是总体呈现小幅下滑趋势，2012年以来稳定在0.8以下（见表4-17）。农业、食品加工业、资源密集产业的中国与越南贸易在进出口两个方向上都始终表现为较弱的互补性。

表4-18显示，在2016年，食品加工业、劳动密集产业、资本密集产业的中国出口与老挝进口，资本密集产业的中国进口与老挝出口均表现为较强的互补性。在食品加工业，2010~2014年中国出口与老挝进口的互补性一直在减弱，但是2016年突然回升，略高于临界值，该产业的中国进口与老挝出口则一直表现为非常弱的互补性。在劳动密集产业，中国出口与老挝进口的贸易互补性指数在2012年大幅度上升并突破临界值，2013年再一次大幅上升后开始回落，目前仍表现为较强的互补性。该产业的中国进口与老挝出口也在2012年大幅上升并突破临界值，但是2015年之后又回落至临界值以下。2010~2016年期间，资本密集产业的中国与老挝贸易在进口和出口两个方向上都始终保持了比较稳定的强互补性。

表4-18　　　　　　　中国与老挝的贸易互补性指数

年份	以中国出口与老挝进口衡量					
	农业	食品加工业	资源密集产业	技术密集产业	劳动密集产业	资本密集产业
2010	0.30	1.11	0.18	0.73	0.54	1.17
2011	0.21	0.69	0.11	0.78	0.47	1.67
2012	0.25	0.42	0.14	0.63	1.87	1.45
2013	0.11	0.39	0.09	0.89	2.48	1.58
2014	0.10	0.37	0.10	0.91	1.96	1.55
2015	0.14	0.37	0.22	0.71	1.48	1.32
2016	0.36	1.01	0.23	0.61	1.41	1.25

续表

年份	以中国进口与老挝出口衡量					
	农业	食品加工业	资源密集产业	技术密集产业	劳动密集产业	资本密集产业
2010	0.24	0.26	0.23	0.62	0.31	1.34
2011	0.16	0.18	0.14	0.64	0.28	1.86
2012	0.22	0.11	0.18	0.47	1.13	1.58
2013	0.09	0.10	0.12	0.64	1.44	1.72
2014	0.09	0.10	0.14	0.71	1.11	1.65
2015	0.14	0.14	0.34	0.65	0.80	1.42
2016	0.35	0.37	0.39	0.53	0.79	1.33

注：1996~2009年的原始数据缺失。

资料来源：根据联合国商品数据库（UN Comtrade）数据计算所得。

农业、资源密集产业、技术密集产业的中国与越南贸易在进出口两个方向上都始终表现为较弱的互补性。

表4-19显示，在2016年，中国与柬埔寨在劳动密集产业的进出口两个方向上都表现为极强的贸易互补性，其他项下则都表现为较弱的互补性。2000~2016年间，劳动密集产业的中国出口与柬埔寨进口的贸易互补性指数始终保持在14.0以上，并多次超出18.0，2014年之后略有回落趋势。该产业的中国进口与柬埔寨出口在2000~2016年间始终表现出非常强的互补性，但是互补性指数整体呈现下滑趋势，2015年达到最低值8.05。

表4-19　　　　中国与柬埔寨的贸易互补性指数

年份	以中国出口与柬埔寨进口衡量					
	农业	食品加工业	资源密集产业	技术密集产业	劳动密集产业	资本密集产业
2000	0.42	2.27	0.48	0.64	14.33	0.38

续表

年份	以中国出口与柬埔寨进口衡量					
	农业	食品加工业	资源密集产业	技术密集产业	劳动密集产业	资本密集产业
2001	0.30	2.07	0.55	0.53	14.53	0.34
2002	0.28	1.64	0.42	0.43	15.45	0.38
2003	0.26	1.13	0.34	0.39	15.91	0.43
2004	0.24	1.16	0.25	0.41	16.91	0.45
2005	0.18	1.18	0.13	0.43	16.28	0.70
2006	0.13	1.22	0.10	0.46	18.42	0.66
2007	0.10	0.97	0.09	0.53	17.48	0.74
2008	0.08	1.04	0.08	0.58	17.67	0.97
2009	0.09	0.85	0.09	0.48	16.11	0.83
2010	0.09	0.87	0.06	0.52	18.85	0.84
2011	0.09	0.83	0.08	0.51	18.70	0.87
2012	0.10	0.87	0.08	0.50	18.33	0.83
2013	0.09	0.78	0.06	0.50	17.66	0.94
2014	0.10	0.86	0.03	0.72	18.48	0.80
2015	0.09	0.79	0.02	0.69	14.90	0.78
2016	0.09	0.70	0.13	0.57	14.98	0.69
年份	以中国进口与柬埔寨出口衡量					
	农业	食品加工业	资源密集产业	技术密集产业	劳动密集产业	资本密集产业
2000	0.33	0.69	0.50	0.79	17.85	0.35
2001	0.21	0.55	0.51	0.63	16.34	0.35
2002	0.17	0.37	0.36	0.49	15.31	0.42
2003	0.18	0.19	0.30	0.42	13.12	0.50
2004	0.18	0.21	0.27	0.40	13.01	0.52
2005	0.12	0.23	0.14	0.42	11.73	0.82
2006	0.08	0.24	0.10	0.41	13.08	0.80
2007	0.07	0.17	0.11	0.47	11.15	0.88

续表

年份	以中国进口与柬埔寨出口衡量					
	农业	食品加工业	资源密集产业	技术密集产业	劳动密集产业	资本密集产业
2008	0.07	0.21	0.10	0.49	10.52	1.13
2009	0.07	0.16	0.12	0.43	8.62	0.97
2010	0.07	0.20	0.07	0.45	10.67	0.97
2011	0.07	0.21	0.10	0.41	11.21	0.97
2012	0.08	0.23	0.10	0.38	11.13	0.91
2013	0.08	0.21	0.08	0.36	10.23	1.03
2014	0.09	0.24	0.04	0.55	10.44	0.85
2015	0.08	0.29	0.03	0.63	8.05	0.84
2016	0.09	0.25	0.22	0.50	8.43	0.74

注：1996~1999年的原始数据缺失。
资料来源：根据联合国商品数据库（UN Comtrade）数据计算所得。

食品加工业的中国出口与柬埔寨进口在2006年之前表现为较强的互补性，但是呈现下滑趋势，2009~2016年的互补性指数在0.8上下波动（见表4-19），表现为较弱的互补性。该产业的中国进口与柬埔寨出口的互补性指数始终小于临界值，并呈现出先下滑、后小幅波动的趋势。资本密集产业的中国进口与柬埔寨出口在初期表现为非常弱的互补性，但是互补性指数呈现上升趋势，2008年之后开始在临界值上下波动，但是2014年之后下降趋势明显，表现为较弱的互补性。农业、资源密集产业、技术密集产业的中国与越南贸易在进出口两个方向上都始终表现为较弱的互补性。

表4-20显示，在2016年，食品加工业、劳动密集产业、资本密集产业的中国出口与缅甸进口，劳动密集产业、资本密集产业的中国进口与缅甸出口都表现为较强的贸易互补性。2000~2016年，除个别年份，中国与缅甸在劳动密集产业、资本密集产业的进出口贸易均表现为较强的互补性，其中劳动密集产业的中国出口与缅甸

进口之间的互补性波动明显,中国进口与缅甸出口之间的互补性呈现下降趋势,并在2016年略有回升。资本密集产业在进口和出口两个方向上都表现出先上升后下降的趋势,在2016年已经接近临界值。食品加工业的中国出口与缅甸进口在2010年的贸易互补性指数只有0.16,但是上升迅速,2016年突破临界值达到1.52。该产业的中国进口与缅甸出口虽然也表现互补性增强的趋势,但是仍然呈现明显的弱互补性。

表4-20　　　　　　　中国与缅甸的贸易互补性指数

年份	以中国出口与缅甸进口衡量					
	农业	食品加工业	资源密集产业	技术密集产业	劳动密集产业	资本密集产业
2010	0.58	0.16	0.17	0.77	3.80	1.04
2011	0.59	0.22	0.14	0.67	2.38	1.29
2012	0.70	0.34	0.09	0.82	2.75	1.26
2013	0.41	0.36	0.08	0.77	3.25	1.54
2014	0.38	0.45	0.11	0.77	2.11	1.19
2015	0.35	0.68	0.13	0.73	1.29	1.34
2016	0.44	1.52	0.17	0.73	2.46	1.01
年份	以中国进口与缅甸出口衡量					
	农业	食品加工业	资源密集产业	技术密集产业	劳动密集产业	资本密集产业
2010	0.45	0.04	0.22	0.66	2.15	1.19
2011	0.45	0.06	0.18	0.55	1.43	1.43
2012	0.61	0.09	0.13	0.62	1.67	1.37
2013	0.36	0.09	0.11	0.56	1.88	1.68
2014	0.34	0.13	0.15	0.60	1.19	1.27
2015	0.34	0.25	0.21	0.67	0.69	1.44
2016	0.43	0.55	0.29	0.64	1.38	1.08

注：1996~2009年的原始数据缺失。
资料来源：根据联合国商品数据库（UN Comtrade）数据计算所得。

农业、资源密集产业、技术密集产业的中国与缅甸贸易在进出口两个方向上都始终表现为较弱的互补性。

从表4-21可以看出,早期东亚地区与中国进出口贸易互补性较强的产业主要是劳动密集产业,其他产业都只有个别国家和地区在进口或是出口上与中国表现出较强的互补性。这与中国以劳动力资源优势参与东亚地区的价值链分工有直接的关系,大量的中间品贸易增强了中国与东亚在劳动密集产业的联系,同时也提高了中国与东亚其他经济体在劳动密集产业贸易的互补性。

表4-21　　　　中国与东亚经济体的贸易互补性对比

地区	期初					
	农业	食品加工业	资源密集产业	技术密集产业	劳动密集产业	资本密集产业
	以中国出口衡量的贸易互补性					
日本	1.98	1.10	1.28	0.53	5.15	0.52
韩国	0.70	0.53	1.14	0.79	2.82	0.70
蒙古	1.47	1.47	1.26	0.58	1.55	0.71
新加坡	0.40	0.58	0.63	0.51	1.34	1.07
马来西亚	0.60	0.48	0.24	0.67	1.05	1.06
印度尼西亚	1.24	0.91	0.64	0.88	2.56	0.72
泰国	0.45	0.44	0.59	0.85	1.89	0.86
菲律宾	0.91	0.73	0.74	0.59	2.20	0.91
文莱	1.27	1.55	0.35	0.88	2.49	0.74
越南	0.70	0.59	0.45	0.93	6.73	0.62
老挝	0.30	1.11	0.18	0.73	0.54	1.17
柬埔寨	0.42	2.27	0.48	0.64	14.33	0.38
缅甸	0.58	0.16	0.17	0.77	3.80	1.04

续表

地区	期初					
	农业	食品加工业	资源密集产业	技术密集产业	劳动密集产业	资本密集产业
	以中国进口衡量的贸易互补性					
日本	1.48	0.52	1.07	0.60	8.23	0.49
韩国	0.52	0.25	0.95	0.90	4.50	0.67
蒙古	1.11	0.69	1.06	0.66	2.47	0.67
新加坡	0.30	0.27	0.53	0.58	2.13	1.02
马来西亚	0.45	0.22	0.20	0.77	1.68	1.01
印度尼西亚	0.93	0.43	0.54	1.00	4.08	0.68
泰国	0.33	0.21	0.49	0.97	3.02	0.81
菲律宾	0.68	0.34	0.62	0.67	3.52	0.87
文莱	0.82	0.82	0.46	1.02	3.92	0.64
越南	0.55	0.18	0.47	1.16	8.38	0.57
老挝	0.24	0.26	0.23	0.62	0.31	1.34
柬埔寨	0.33	0.69	0.50	0.79	17.85	0.35
缅甸	0.45	0.04	0.22	0.66	2.15	1.19

地区	期末					
	农业	食品加工业	资源密集产业	技术密集产业	劳动密集产业	资本密集产业
	以中国出口衡量的贸易互补性					
日本	0.50	0.45	0.28	0.56	3.71	1.05
韩国	0.32	0.26	0.30	0.65	2.22	1.19
蒙古	0.38	1.17	0.27	0.62	1.32	1.09
新加坡	0.14	0.27	0.24	0.51	0.86	1.58
马来西亚	0.36	0.43	0.15	0.72	1.36	1.44
印度尼西亚	0.49	0.62	0.19	0.83	2.82	1.02
泰国	0.32	0.29	0.17	0.90	1.36	1.26
菲律宾	0.47	0.66	0.14	0.59	1.33	1.51
文莱	0.66	1.13	0.14	0.78	1.34	1.11

续表

地区	期末					
	农业	食品加工业	资源密集产业	技术密集产业	劳动密集产业	资本密集产业
以中国出口衡量的贸易互补性						
越南	0.35	0.38	0.05	0.82	4.53	1.37
老挝	0.36	1.01	0.23	0.61	1.41	1.25
柬埔寨	0.09	0.70	0.13	0.57	14.98	0.69
缅甸	0.44	1.52	0.17	0.73	2.46	1.01

地区	期末					
	农业	食品加工业	资源密集产业	技术密集产业	劳动密集产业	资本密集产业
以中国进口衡量的贸易互补性						
日本	0.49	0.16	0.48	0.49	2.09	1.12
韩国	0.31	0.09	0.52	0.57	1.25	1.27
蒙古	0.37	0.42	0.48	0.54	0.74	1.16
新加坡	0.14	0.10	0.41	0.45	0.48	1.69
马来西亚	0.35	0.16	0.26	0.63	0.77	1.53
印度尼西亚	0.47	0.22	0.34	0.72	1.59	1.09
泰国	0.31	0.10	0.29	0.79	0.77	1.35
菲律宾	0.46	0.24	0.24	0.51	0.75	1.61
文莱	0.64	0.41	0.24	0.69	0.76	1.18
越南	0.34	0.14	0.08	0.75	2.45	1.48
老挝	0.35	0.37	0.39	0.53	0.79	1.33
柬埔寨	0.09	0.25	0.22	0.50	8.43	0.74
缅甸	0.43	0.55	0.29	0.64	1.38	1.08

注：本书收集了1996~2016年的数据，鉴于部分国家数据有缺失，此处"期初"指收集期内该国有数据的第一年，"期末"指收集期内该国有数据的最后一年。

资料来源：根据联合国商品数据库（UN Comtrade）数据计算所得。

总体来说，当前以中国出口衡量的贸易互补性较强的产业主要集中在劳动密集产业和资本密集产业，以及个别东亚国家和地区的食品加工业。以中国进口衡量的贸易互补性较强的产业主要集中在资本密集产业，以及部分东亚国家和地区的劳动密集产业。

另外，从期初、期末的对比可以看出，不管是以中国出口衡量还是以中国进口衡量，中国与东亚其他经济体的贸易互补性在资本密集产业都在增强，其他产业基本上都表现出贸易互补性减弱。这一方面说明中国在东亚地区的贸易仍然有很大一部分集中在价值链分工的劳动密集环节，但是参与度正在降低，随着中国劳动力成本的上升，部分东盟国家表现出更强的劳动力资源优势；另一方面也说明中国参与附加值更高的资本密集环节的分工正在增加。

第五章

中国与东亚地区的贸易效率和潜力分析

第一节 随机前沿引力模型的设定及方法说明

一、真实效应的随机前沿模型及异质性处理

早期的随机前沿模型形如式（5.1），主要用于研究生产过程中的技术效率，假定时间不变的不可观测项在样本个体中完全同质的。

$$y_{it} = \alpha + \beta x_{it} + v_{it} - u_{it}, \quad u_{it} \geq 0 \quad (5.1)$$

其中，y_{it} 是表示 t 时期 i 样本的产出水平，x_{it} 是投入向量；α 是截距项，即时间不变的不可观测项；v_{it} 是随机扰动项，表示生产过程面临的外界随机冲击；u_{it} 是无效率项，表示所有不可观测的非效率因素。用贸易额替代产出水平，借鉴传统引力模型，用贸易相关变量替代投入变量，就可以获得用以分析贸易效率的随机前沿引力模型。

为处理无效率项中不可观测异质性可能与技术效率没有关系的问题，格林（Greene，2005）将时间不变的不可观测异质性分离出来，

并建立了两个真实效应随机前沿模型:

$$y_{it} = \alpha_i + \beta x_{it} + v_{it} - u_{it} \tag{5.2}$$

$$y_{it} = (\alpha + \omega_i) + \beta x_{it} + v_{it} - u_{it} \tag{5.3}$$

$$v_{it} \sim N[0, \sigma_v^2], \ u_{it} \sim N^+[0, \sigma_u^2], \ \omega_i \sim N[0, \sigma_\omega^2] \tag{5.4}$$

式（5.2）是真实固定效应（True Fixed Effects，TFE）模型，其随机扰动项与解释变量相关；式（5.3）是真实随机效应（True Random Effects，TRE）模型，其随机扰动项与解释变量不相关；u_{it}、v_{it}、x_{it} 均不相关。该模型假设 u_{it} 的分布具有相同的均值和方差，也就是说忽略了无效率项的异质性。

王（Wang，2002）对传统随机前沿模型无效率项的分布假设曾作出如下修正：

$$u_{it} \sim N^+[\mu_{it}, \sigma_{it}^2], \ \mu_{it} = z_{it}\delta, \ \sigma_{it}^2 = \exp(z_{it}\gamma) \tag{5.5}$$

其中，z_{it} 为与无效率项 u_{it} 相关的外生因素，δ 和 γ 为系数向量，exp 为幂函数符号。该无效率项的分布假设充分考虑了异质性问题，允许 z_{it} 对效率的边际效应存在非单调变化。

本书将采用格林（2005）的真实效应随机前沿模型对中国与东亚经济体的贸易效率进行计量分析，并考察自由贸易区变量对贸易的影响，无效率项采用王（2002）的分布假设。稳健的 Hausman 检验结果显示，固定效应模型更加符合样本特征，基于此，本书在对真实效应随机前沿模型设定时选择 TFE 模型。

二、模型的设定及变量说明

阿姆斯特朗（2007）认为随机前沿引力模型在设定时应该使用经济规模、相对地理距离等传统引力模型的核心变量，以及资源互补性、语言等在中短期不会变化的自然因素进行贸易前沿估计；使用自由贸易协定、制度环境、关税水平等人为因素来估计效率。国内学者张会清（2017）就借鉴这一思路分析了中国与"一带一路"

沿线地区的贸易潜力,并在估计效率时引入了危机变量,考虑2008年金融危机的影响。但是该学者在模型设定时未考虑关税因素,互补性指标选择以贸易双方人均国内生产总值的自然对数之差来衡量影响了该指标的准确性,并且最终在贸易效率的计算时没有考虑到不同地区经济和贸易规模的差异。本书将借鉴以上研究成果,按照TFE模型的基本形式进行随机前沿引力模型的设定:

1. 中国对东亚国家及地区出口贸易的随机前沿引力模型

$$\ln EXP_{ijt} = \alpha_j + \beta_1 \ln GDP_{it} + \beta_2 \ln GDP_{jt} + \beta_3 \ln Dist_{ij} + \beta_4 Border_{ij} + \beta_5 Lang_{ij}$$
$$+ \beta_6 \ln ER_{ijt} + \beta_7 COMP_{ijt} + \beta_8 Crisis_t + v_{ijt} - u_{ijt} \quad (5.6)$$

$$v_{it} \sim N[0, \sigma_v^2], \quad u_{ijt} \sim N^+[\mu_{ijt}, \sigma_{ijt}^2], \quad \mu_{ijt} = \mu_0 + z_{ijt}\delta,$$
$$\sigma_{ijt}^2 = \exp(\sigma_0 + z_{ijt}\gamma) \quad (5.7)$$

$$z_{ijt} = (TAF_{jt}, FTA_{ijt}, Stability_{jt}, Government_{jt}, Regulation_{jt}, Corruption_{jt})$$
$$(5.8)$$

$$TE_{ijt} = E[\exp(-u_{ijt}) \mid \varepsilon_{ijt}], \quad \varepsilon_{ijt} = v_{ijt} - u_{ijt}, \quad TP_{ijt} = (1 - TE_{ijt}) \times 100\%$$
$$(5.9)$$

2. 中国对东亚国家及地区进口贸易的随机前沿引力模型

$$\ln IMP_{ijt} = \alpha_j + \beta_1 \ln GDP_{it} + \beta_2 \ln GDP_{jt} + \beta_3 \ln Dist_{ij} + \beta_4 Border_{ij} + \beta_5 Lang_{ij}$$
$$+ \beta_6 \ln ER_{ijt} + \beta_7 COMP_{jit} + \beta_8 Crisis_t + v_{ijt} - u_{ijt} \quad (5.10)$$

$$v_{it} \sim N[0, \sigma_v^2], \quad u_{ijt} \sim N^+[\mu_{ijt}, \sigma_{ijt}^2], \quad \mu_{ijt} = \mu_0 + z_{ijt}\delta,$$
$$\sigma_{ijt}^2 = \exp(\sigma_0 + z_{ijt}\gamma) \quad (5.11)$$

$$z_{ijt} = (TAF_{it}, FTA_{ijt}, Stability_{jt}, Government_{jt}, Regulation_{jt}, Corruption_{jt})$$
$$(5.12)$$

$$TE_{ijt} = E[\exp(-u_{ijt}) \mid \varepsilon_{ijt}], \quad \varepsilon_{ijt} = v_{ijt} - u_{ijt}, \quad TP_{ijt} = (1 - TE_{ijt}) \times 100\%$$
$$(5.13)$$

其中,式(5.6)和式(5.10)分别为出口贸易前沿方程和进口贸易前沿方程,ln是自然对数符号。式(5.7)和式(5.11)为方程扰动项和无效率项的分布特征,μ_0 和 σ_0 均为常数项。式(5.8)和式（5.12）列出了有可能影响无效率项分布的外生变量。式（5.9）为贸易效率，值域为（0，1），其中 E 为条件期望符号。式（5.13）为贸易潜力。

EXP_{ijt} 和 IMP_{ijt} 分别表示中国与东亚其他经济体的出口和进口贸易额，i 为中国，j 为贸易伙伴，t 为年份。GDP_{it} 和 GDP_{jt} 分别为以国内生产总值来衡量的中国和贸易伙伴的经济规模变量。$Dist_{ij}$ 为以贸易双方首都的地理距离来衡量的距离变量。$Border_{ij}$ 为边界变量，取值为1表示边境接壤；反之取值为0。$Lang_{ij}$ 为语言变量，取值为1表示贸易双方有共同语言；反之取值为0。ER_{ijt} 为以名义双边货币汇率衡量的汇率变量，ER_{ijt} 值增加表示人民币升值。$COMP_{ijt}$ 和 $COMP_{jit}$ 为要素禀赋条件的互补性指标，以综合贸易互补性指数来衡量，其中 $COMP_{ijt}$ 为以中国出口衡量的综合贸易互补性指数，$COMP_{jit}$ 为以中国进口衡量的综合贸易互补性指数，$COMP_{ijt}$ 和 $COMP_{jit}$ 值越大意味着互补性程度越高。$Crisis_t$ 为反映2008年国际金融危机影响的危机变量，2008年以前 $Crisis_t = 0$，2008年及以后 $Crisis_t = 1$。

基于数据可得性、经济相关性的综合考虑，本书在无效率项影响因素的选取上，着重分析关税、自由贸易协定和制度环境三类因素。TAF_{it} 和 TAF_{jt} 分别为中国和贸易伙伴的进口关税水平，以制成品、矿石和金属（manufactured goods，ores and metals）最惠国税率的加权平均值来衡量。FTA_{ijt} 为自由贸易协定变量，中国与贸易伙伴签署的自由贸易协定生效当年及以后年份 FTA_{ijt} 取值为1，其他年份取值为0。贸易伙伴的制度环境因素选取政治稳定指标 $Stability_{jt}$、政府效率指标 $Government_{jt}$、监管质量指标 $Regulation_{jt}$、控制腐败指标 $Corruption_{jt}$，取值范围均为（-2.5，2.5），指标值越高意味着该国的制度环境越好。

EXP_{ijt} 和 IMP_{ijt} 数据来源于联合国商品数据库（UN Comtrade），并转换为以2010年美元不变价计价。GDP_{it}、GDP_{jt}、ER_{ijt}、TAF_{it} 和 TAF_{jt} 数据来源于联合国贸发会议组织（UNCTAD），其中 GDP_{it}、

GDP_{jt}转换为以 2010 年美元不变价计价。$Dist_{ij}$、$Border_{ij}$、$Lang_{ij}$数据来源于法国的国际经济研究中心（CEPII）。$COMP_{ijt}$和$COMP_{jit}$由联合国商品数据库（UN Comtrade）中数据计算获得。FTA_{ijt}数据来源于世界贸易组织区域贸易协定数据库（WTO RTA Database）和中国自由贸易区服务网。$Stability_{jt}$、$Government_{jt}$、$Regulation_{jt}$和$Corruption_{jt}$数据来源于世界银行发布的全球治理指标（Worldwide Governance Indicators）。EXP_{ijt}、IMP_{ijt}、GDP_{it}、GDP_{jt}、ER_{ijt}和$Dist_{ij}$均取自然对数后再进入模型。

三、样本说明

国内文献中有关东亚区域的划分标准不一，本书以世界银行对东亚区域划分的标准为主要依据，所指"东亚"包括中国、日本、韩国、朝鲜、蒙古、东盟各国等国家。其中，朝鲜的数据缺失，被排除在样本之外。此外，为确保计量结果的可靠性，尽可能拉长样本年限，最终样本的时间跨度为 1996～2016 年。

样本数据的统计结果表明，中国在东亚地区以 2010 年美元不变价计价的出口总额 1996 年为 1588.12 亿美元，2016 年为 6868.13 亿美元，增幅 332.47%；进口总额 1996 年为 1433.48 亿美元，2016 年为 5594.44 亿美元，增幅 290.27%。其中，对日本的进出口额最大。中国以 2010 年美元不变价计价的 GDP 在 1996 年为 9.5 万亿美元，在 2016 年为 1.62 万亿美元，增幅 486.97%。其他东亚国家中，日本的 GDP 最大，其次为韩国。总体来说，新加坡和日本的制度环境要优于其他地区。另外在贸易互补性方面，越南、柬埔寨的进口与中国的出口保持了较强的互补性，柬埔寨的出口与中国进口表现为较强的互补性。

第二节 中国与东亚其他国家的出口潜力分析

一、出口贸易随机前沿引力模型的计量分析

本书首先利用面板数据的固定效应（FE）模型和随机效应（RE）模型分别对传统引力模型进行回归，作为随机前沿引力模型的比较基准，其中固定效应模型采用最小二乘虚拟变量法（LSDV），具体回归结果如表5-1的第（1）列和第（2）列所示。FE模型和RE模型中解释变量回归系数的符号除汇率（不显著）之外方向均相同，并且与理论预期相一致，多个变量的系数高度显著。具体来看，FE模型中，$\ln GDP_{it}$、$\ln GDP_{jt}$的系数在1%的水平上高度显著，$Border_{ij}$、$Lang_{ij}$、$COMP_{ijt}$、$Crisis_t$的系数在5%的水平上显著。RE模型中$\ln GDP_{it}$、$\ln GDP_{jt}$、$COMP_{ijt}$、$Crisis_t$的系数在1%的水平上高度显著。稳健的Hausman指标值在1%的显著性水平上拒绝了系数无差异的零假设，说明FE模型比RE模型更加符合样本数据的特征。基于此，本书将以FE模型作为出口贸易随机前沿引力模型的比较基准。

表5-1　出口贸易随机前沿模型的计量结果

变量	FE (1)	RE (2)	TFE 模型			
			Greene (3)	$\gamma=0$ (4)	$\delta=0$ (5)	$\gamma\neq0,\delta\neq0$ (6)
	出口贸易的引力模型					
$\ln GDP_{it}$	1.036***	1.250***	0.223	0.175	0.228	1.019***
$\ln GDP_{jt}$	1.059***	0.797***	0.245	0.212	0.252	0.831***
$\ln Dist_{ij}$	-0.218	-0.567	0.232*	0.281	0.258	-0.882***
$Border_{ij}$	0.953**	0.504	0.622	0.901	0.804***	-0.465

续表

变量	FE (1)	RE (2)	TFE 模型			
			Greene (3)	$\gamma=0$ (4)	$\delta=0$ (5)	$\gamma\neq0, \delta\neq0$ (6)
出口贸易的引力模型						
$Lang_{ij}$	1.037**	0.652	2.211***	2.172**	2.145***	-1.568*
$\ln ER_{ijt}$	0.0363	-0.0839	0.344***	0.271**	0.276**	-0.376***
$COMP_{ijt}$	1.233**	1.366***	0.850***	1.587***	0.658***	0.448**
$Crisis_t$	-0.255**	-0.277***	0.871***	0.630***	0.570***	-0.237***
cons	-14.92***	-11.91***				
无效率项均值 μ_{ijt} 的异质性模型						
TAF_{jt}				0.0262***		0.0372***
FTA_{ijt}				-0.710***		-0.228***
$Stability_{jt}$				0.0968		0.0506
$Government_{jt}$				-0.273		-0.348**
$Regulation_{jt}$				0.0241		0.168
$Corruption_{jt}$				0.0679		-0.471***
μ_0			-0.778	0.696***	3.05e-23	1.478***
无效率项方差 σ_{ijt}^2 的异质性模型						
TAF_{jt}					0.0660*	-0.00363
FTA_{ijt}					-279.1	-0.968***
$Stability_{jt}$					0.807**	1.439***
$Government_{jt}$					-1.086	-0.892**
$Regulation_{jt}$					0.938	0.606*
$Corruption_{jt}$					-0.690	-0.158
σ_0			-1.458	-9.330	-1.555***	-1.770***
Obs	336	336	336	336	336	336
Hausman		149.680***				
LR			330.64***	221.55***	221.81***	
λ			1.071***			
u 的估计均值			0.203	0.443	0.250	1.473

注：*、** 和 *** 分别表示变量系数或指标检验值在 10%、5% 和 1% 的水平上显著。

资料来源：笔者绘制。

表 5-1 的第（3）列为根据格林（2005）TFE 模型对出口贸易引力模型进行随机前沿分析的计量结果，该模型假设无效率项完全同质。λ 指标（σ_u/σ_v）高度显著说明无效率项确实对出口贸易存在影响，相对于传统引力模型，随机前沿引力模型更加适合用于分析出口贸易效率。与第（1）列的估计结果相比，TFE 模型中 $Crisis_t$ 的系数符号方向相反，其他解释变量的系数符号方向一致，显著性水平有较大差异，其中 $Lang_{ij}$、$\ln ER_{ijt}$、$COMP_{ijt}$、$Crisis_t$ 的系数在 1% 的水平上显著，$\ln Dist_{ij}$ 在 10% 的水平上显著，虽然 $\ln GDP_{it}$、$\ln GDP_{jt}$ 的系数不显著，但是随着后面对随机前沿引力模型的完善，这一问题将得到解决。

表 5-1 的第（4）、第（5）、第（6）列分别列出了在 TFE 模型中逐步引入无效率项异质性特征得到的计量结果。其中第（4）列假设无效率项方差同质，第（5）列假设无效率项均值同质，第（6）列假设无效率项的方差和均值都异质。从似然比检验指标 LR 高度显著可以看出，充分考虑了无效率项异质性的第（6）列给出的模型要明显优于第（3）、第（4）、第（5）列的 TFE 模型，更符合样本数据的特征，本书将依据该模型的计量结果测算出口贸易效率和潜力，并分析影响因素。

第（6）列的计量结果显示，充分考虑了无效率项的异质性之后，各解释变量系数的显著性明显提高，$\ln GDP_{it}$、$\ln GDP_{jt}$、$\ln Dist_{ij}$、$\ln ER_{ijt}$、$Crisis_t$ 在 1% 的水平上高度显著，$COMP_{ijt}$ 在 5% 的水平上显著。并且解释变量的系数符号基本符合理论预期，$Lang_{ij}$ 的系数符号与预期相反，但是只在 10% 的水平上显著，说明中国与东亚地区的出口贸易基本上遵循引力模型的理论预期。首先，贸易双方经济规模越大、地理距离越近，出口贸易额越大。其次，中国出口与贸易伙伴进口的互补性越强，中国对其出口额也会越大。另外，$Crisis_t$ 的系数显著为负，说明 2008 年的国际金融危机显著抑制了中国对东亚的出口贸易。第（6）列中 $\ln ER_{ijt}$ 的系数符号对比第（1）列发生了变化，并且显著性也由在第（1）列的不显著变为在1%水平上高度显著，说明汇率越稳定、变动幅度越小，中国从贸易伙伴的进口就越多。将第（6）列无约束的TFE模型与其他有约束的TFE模型进行对比可以发现，如果忽视异质性问题，将会错估距离、汇率和金融危机的影响。此外，第（6）列中无效率项u的估计均值为1.473，其他有约束的TFE模型的无效率项u的估计均值均未超过0.5，明显低估了出口贸易的无效率程度。

从第（6）列计量结果来看，异质性因素对u分布的影响在均值和方差上都有体现。首先在均值方面，TAF_{jt}、FTA_{ijt}、$Corruption_{jt}$对均值的影响在1%的水平上显著，并且关税越高、腐败治理越差、不签署自贸协定，均值越大；$Government_{jt}$对均值的影响在5%的水平上显著，并且政府效率越低，均值越大。这说明贸易伙伴降低对外关税、治理腐败、提高政府效率、与中国签署自贸协定，能够提高中国对贸易伙伴的出口效率。其次在方差方面，FTA_{ijt}、$Stability_{jt}$对方差的影响在1%的水平上显著，并且不签署自贸协定、政治越稳定，方差越大。这说明，中国与贸易伙伴签署自贸协定能够使出口贸易的效率更加稳定。政治稳定性对方差的影响可能是由于相对于其他国家和地区，尤其是发达国家，中国的出口对贸易伙伴政局动荡的容忍度更高，进而成为一种出口竞争优势。

二、出口贸易效率及出口潜力的动态比较与区域比较

根据式（5.9）可以计算出，样本期内中国与东亚地区的出口贸易效率算术平均值为0.229，这就意味着中国对东亚出口贸易已经达到最优水平的22.9%。但是，鉴于不同国家和地区的差异性，以及不同时期的影响，全样本的算术平均值并不能够真实地反映中国对东亚的出口效率。为此，本书以中国对不同国家和地区的出口额作

为权重，计算了各个时期中国对东亚出口效率的加权平均值，具体的演进轨迹如图 5-1 所示。

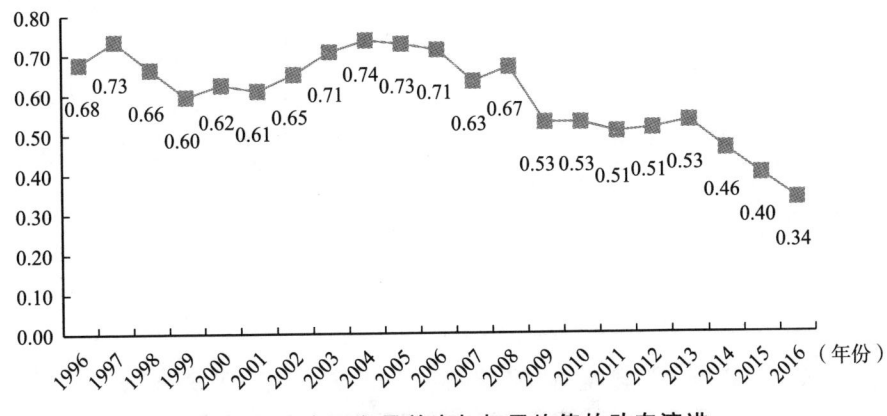

图 5-1　出口贸易效率加权平均值的动态演进

资料来源：笔者绘制。

从图 5-1 可以看出，中国对东亚地区的出口受宏观经济变化影响较大。2008 年金融危机之前，中国对东亚的出口效率始终保持在 0.6 以上，其间受 1997 年亚洲金融风暴的影响一度出现下滑，但是在加入 WTO 之后，中国对东亚的出口效率开始回升，2004 年达到出口效率的最高点 0.74。2009 年，受到上一年度爆发的金融危机的影响，中国对东亚的出口效率出现大幅下滑，之后一直在 0.53 附近徘徊，2014 年中国经济进入新常态之后，中国对东亚的效率再次出现持续下滑。从 2016 年计算结果来看，中国对东亚的出口效率只有 0.34。

由出口贸易效率可以直接计算出口贸易潜力，二者的和为"1"，理论上来说越高的贸易效率说明贸易越接近理想值，上升空间就越小，即贸易的潜力就越小，反之亦然，所以贸易效率和贸易潜力是一组相对概念。图 5-2 显示了中国对东亚出口贸易潜力的动态演进，一方面可以看出，虽然中国目前与东亚地区的贸易效率下降了；

另一方面也说明中国对东亚地区有非常大的贸易潜力，有可能成为中国对外贸易的增长点。

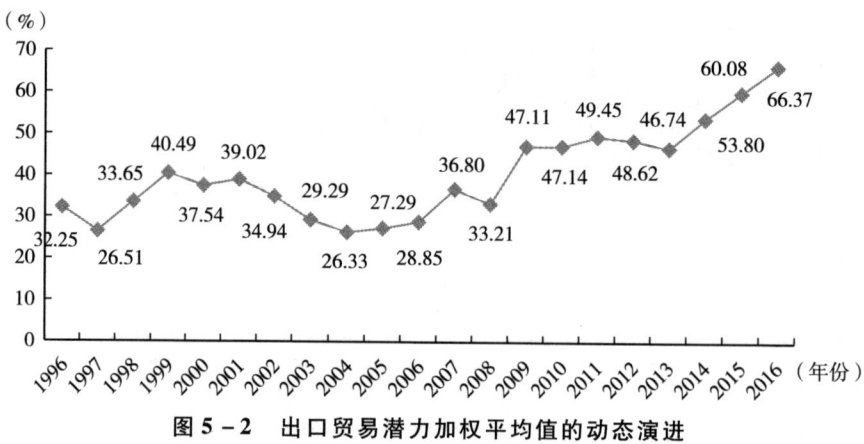

图 5-2　出口贸易潜力加权平均值的动态演进

资料来源：笔者绘制。

东亚不同国家和地区的经济发展程度不同，经济规模差异较大，有必要进行更深入的分地区比较，图 5-3 给出了中国对东亚各地区的出口贸易效率演进。可以看出，总体上中国对东亚经济较发达地区的出口效率明显更高，但是下滑的趋势也比较明显；中国对东盟欠发达国家的出口效率普遍偏低，通过适当的政策刺激，可以激发非常大的贸易潜力。

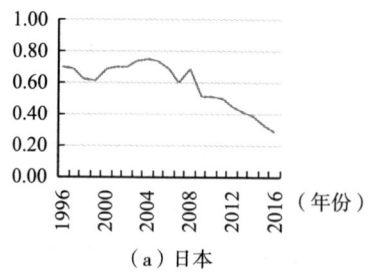
(a) 日本

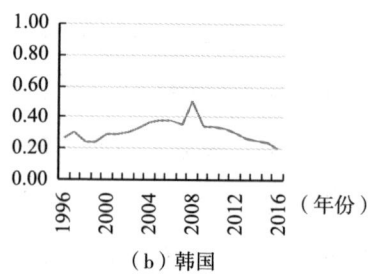
(b) 韩国

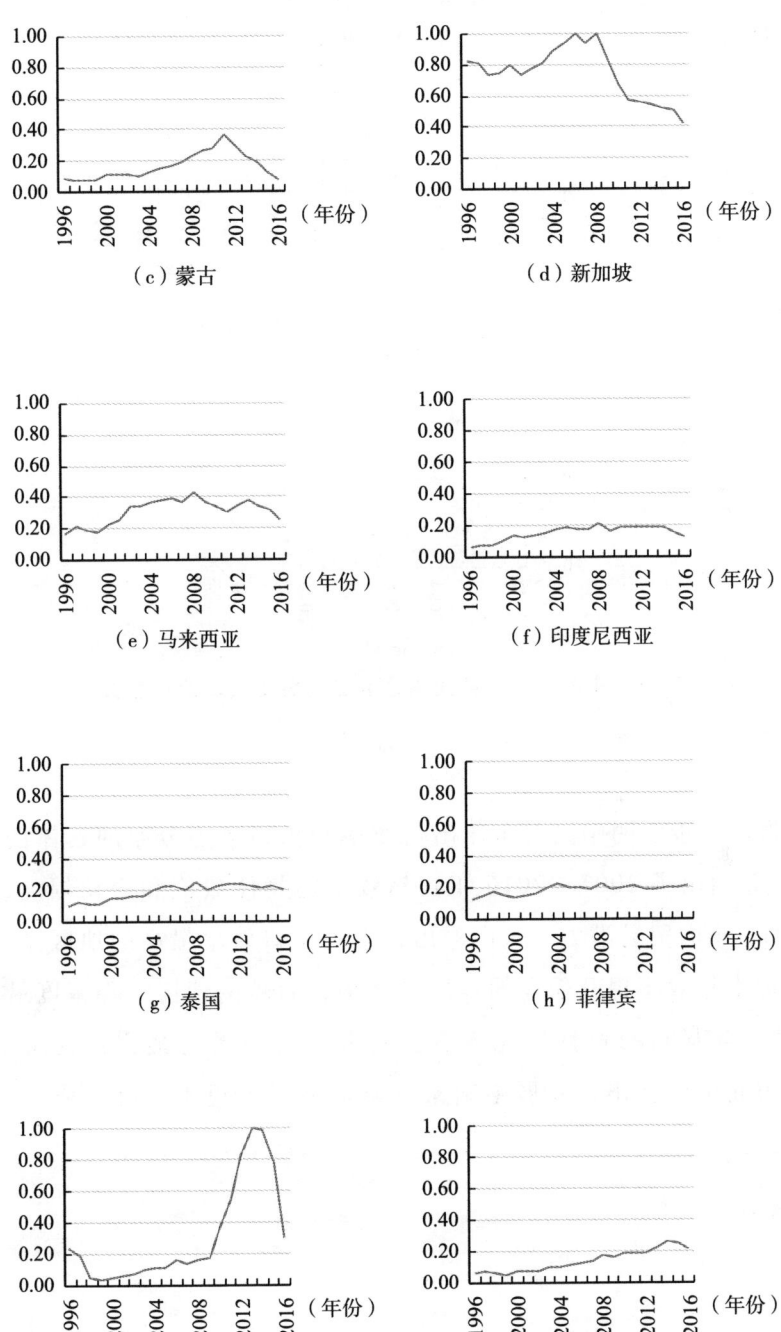

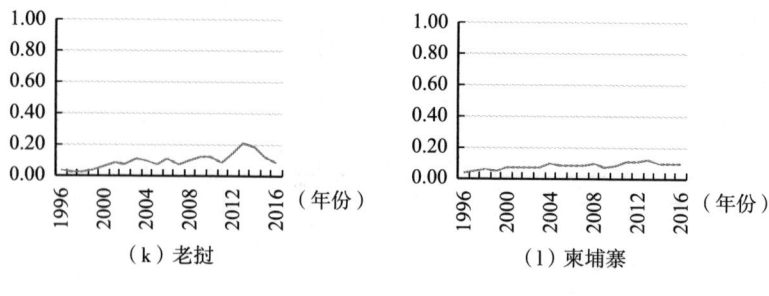

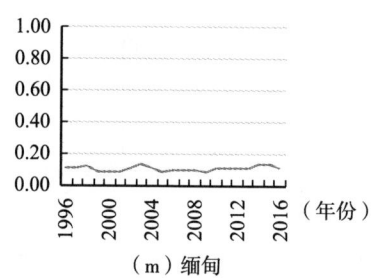

图 5-3 中国对东亚各国和地区出口贸易效率的动态演进

资料来源：笔者绘制。

为进一步说明中国对东亚出口效率和出口潜力分布的具体情况，表 5-2 给出了 2007~2016 年贸易效率的具体数值和变动幅度，以及 2016 年的贸易潜力。可以看出，中国出口效率最高的地区是新加坡；近十年效率提升最高的地区是文莱，而越南地区下降幅度最大。从 2016 年最新的贸易情况来看，蒙古的贸易潜力最大，其次是老挝，由此可以看出，发展中国家普遍贸易潜力更大，可以成为出口增长点。

表5-2 中国与东亚地区的出口贸易效率和出口潜力

地区	贸易效率										变动幅度(%)	贸易潜力(%)
	2007年	2008年	2009年	2010年	2011年	2012年	2013年	2014年	2015年	2016年	均值	2016年
日本	0.60	0.69	0.51	0.51	0.50	0.45	0.42	0.39	0.33	0.29	0.47	-51.54	70.70
韩国	0.36	0.50	0.34	0.34	0.33	0.30	0.27	0.26	0.24	0.21	0.31	-41.52	79.13
蒙古	0.19	0.23	0.27	0.29	0.37	0.30	0.23	0.20	0.13	0.08	0.23	-55.64	91.64
新加坡	0.93	1.00	0.85	0.68	0.57	0.56	0.54	0.52	0.51	0.42	0.66	-55.27	58.31
马来西亚	0.37	0.43	0.37	0.34	0.31	0.35	0.39	0.35	0.32	0.26	0.35	-29.94	73.94
印度尼西亚	0.17	0.21	0.16	0.18	0.19	0.19	0.18	0.18	0.15	0.13	0.17	-24.57	87.27
泰国	0.20	0.25	0.20	0.22	0.23	0.23	0.22	0.21	0.22	0.20	0.22	3.29	79.73
菲律宾	0.18	0.22	0.19	0.20	0.21	0.19	0.19	0.20	0.20	0.21	0.20	14.12	79.29
文莱	0.14	0.16	0.17	0.36	0.55	0.83	1.00	0.99	0.78	0.29	0.53	108.64	70.79
越南	0.14	0.18	0.17	0.19	0.19	0.19	0.23	0.26	0.25	0.22	0.20	51.80	78.47
老挝	0.08	0.10	0.13	0.13	0.09	0.14	0.21	0.19	0.12	0.09	0.13	18.24	91.01
柬埔寨	0.08	0.10	0.08	0.09	0.12	0.12	0.12	0.10	0.10	0.10	0.10	28.13	89.57
缅甸	0.10	0.10	0.09	0.11	0.11	0.11	0.12	0.14	0.13	0.11	0.11	11.27	89.21

资料来源：笔者绘制。

第三节 中国与东亚其他国家的进口潜力分析

一、进口贸易随机前沿引力模型的计量分析

沿用对出口效率和出口潜力的研究思路,本书继续利用随机前沿引力模型对中国与东亚地区的进口贸易进行计量分析,表5-3给出了各类模型的估计结果。从第(1)、第(2)列的结果看,传统引力模型估计的解释变量系数符号与理论预期基本一致,虽然FE模型估计的$COMP_{ijt}$系数为负,不符合理论预期,但是并不显著。具体来看,FE模型中,$\ln GDP_{jt}$的系数在1%的水平上高度显著,$\ln GDP_{it}$、$Lang_{ij}$的系数在5%的水平上显著,$\ln Dist_{ij}$、$Crisis_{t}$的系数在10%的水平上显著。RE模型中$\ln GDP_{it}$、$\ln GDP_{jt}$、$COMP_{ijt}$的系数在1%的水平上高度显著,$Crisis_{t}$的系数在5%的水平上显著,$\ln Dist_{ij}$在10%的水平上显著。稳健的Hausman指标值在1%的显著性水平上拒绝了系数无差异的零假设,说明FE模型比RE模型更加符合样本数据的特征。基于此,本书将以FE模型作为进口贸易随机前沿引力模型的比较基准。

表5-3 进口贸易随机前沿模型的计量结果

变量	FE (1)	RE (2)	TFE 模型			
			Greene (3)	$\gamma=0$ (4)	$\delta=0$ (5)	$\gamma\neq0,\delta\neq0$ (6)
	出口贸易的引力模型					
$\ln GDP_{it}$	1.255**	1.664***	1.435***	0.185***	1.193***	1.417***
$\ln GDP_{jt}$	1.100***	1.077***	0.848**	0.226***	0.896***	0.761***

续表

变量	FE (1)	RE (2)	TFE 模型			
			Greene (3)	$\gamma=0$ (4)	$\delta=0$ (5)	$\gamma\neq0, \delta\neq0$ (6)
出口贸易的引力模型						
$\ln Dist_{ij}$	-1.026*	-0.924*	-1.146*	0.306***	-1.283***	-1.286***
$Border_{ij}$	-0.342	-0.592	-0.873	0.708***	-0.417	-2.401***
$Lang_{ij}$	1.469**	1.103	0.297	1.981***	-1.213***	-1.956***
$\ln ER_{ijt}$	0.116	0.105	-0.0161	0.315***	-0.313	-0.495***
$COMP_{jt}$	-0.101	1.290***	1.254***	1.570	0.960***	0.887***
$Crisis_t$	-0.704*	-0.814**	-0.427*	0.0395	-0.678***	-0.644***
cons	-11.09	-18.99**				
无效率项均值 μ_{ijt} 的异质性模型						
TAF_{it}				0.661***		0.119***
FTA_{ijt}				1.174		-0.403
$Stability_{jt}$				2.252***		0.272
$Government_{jt}$				-0.953		-1.821***
$Regulation_{jt}$				-0.291		-1.588***
$Corruption_{jt}$				-3.124***		0.713
μ_0			10.03	-8.454	-26.82	-1.583***
无效率项方差 σ^2_{ijt} 的异质性模型						
TAF_{it}					0.247***	0.161***
FTA_{ijt}					1.283***	1.559***
$Stability_{jt}$					1.223***	0.810***
$Government_{jt}$					0.742*	0.624
$Regulation_{jt}$					-0.158	1.338***
$Corruption_{jt}$					-1.913***	-1.541***
σ_0			-0.630***	1.355***	-0.611	-2.354***

续表

变量	FE (1)	RE (2)	TFE 模型			
			Greene (3)	$\gamma = 0$ (4)	$\delta = 0$ (5)	$\gamma \neq 0, \delta \neq 0$ (6)
			无效率项方差 σ_{ijt}^2 的异质性模型			
Obs	336	336	336	336	336	336
Hausman		71.065***				
LR			511.30***	128.82***	87.41***	
λ			1.008***			
u 的估计均值			10.025	1.229	0.551	0.947

注：*、** 和 *** 分别表示变量系数或指标检验值在 10%、5% 和 1% 的水平上显著。
资料来源：笔者绘制。

表 5-3 的第（3）列为根据格林（2005）TFE 模型对进口贸易引力模型进行随机前沿分析的计量结果，该模型假设无效率项完全同质。λ 指标（σ_u / σ_v）高度显著说明无效率项确实对进口贸易存在影响，相对于传统引力模型，随机前沿引力模型更加适合用于分析进口贸易效率。与第（1）列的估计结果相比，TFE 模型中 $\ln ER_{ijt}$、$COMP_{jit}$ 的系数符号方向相反，其他解释变量的系数符号方向一致，但是这两项在 FE 模型中均不显著。具体看第（3）列的显著性水平，$\ln GDP_{it}$、$COMP_{jit}$ 的系数在 1% 的水平上高度显著，$\ln GDP_{jt}$ 的系数在 5% 的水平上显著，$\ln Dist_{ij}$、$Crisis_t$ 的系数在 10% 的水平上显著。在接下来的分析中，随着约束条件的逐渐放松，变量系数的显著性也将逐渐提高。

表 5-3 的第（4）、第（5）、第（6）列分别列出了在 TFE 模型中逐步引入无效率项异质性特征得到的计量结果。其中第（4）列假设无效率项方差同质，第（5）列假设无效率项均值同质，第（6）列假设无效率项的方差和均值都异质。从似然比检验指标 LR 高度显著可以看出，充分考虑了无效率项异质性的第（6）列给出的模型要

第五章 中国与东亚地区的贸易效率和潜力分析

明显优于第（3）、第（4）、第（5）列的 TFE 模型，更符合样本数据的特征，本书将依据该模型的计量结果测算进口贸易效率和潜力，并分析影响因素。

第（6）列的计量结果显示，充分考虑了无效率项的异质性之后，各解释变量系数的显著性明显提高，所有解释变量系数均在 1% 的水平上高度显著。除了 $Border_{ij}$、$Lang_{ij}$ 以外的解释变量的系数符号基本符合理论预期，说明中国与东亚地区的进口贸易基本上遵循引力模型的理论预期。首先，贸易双方经济规模越大、地理距离越近，进口贸易额越大。其次，中国进口与贸易伙伴出口的互补性越强，中国对其进口额也会越大。另外，$Crisis_t$ 的系数显著为负，说明 2008 年的国际金融危机显著抑制了中国对东亚的进口贸易。第（6）列中 $\ln ER_{ijt}$ 的系数符号对比第（1）列发生了变化，并且显著性也由在第（1）列的不显著变为在 1% 水平上高度显著，说明汇率越稳定、变动幅度越小，中国从贸易伙伴的进口就越多。将第（6）列无约束的 TFE 模型与其他有约束的 TFE 模型进行对比可以发现，如果忽视异质性问题的影响，有可能会错估距离、汇率和金融危机的影响。此外，第（6）列中无效率项 u 的估计均值为 0.947，完全不考虑无效率项的差异性或者不考虑无差异项的方差异质，都会明显高估 u 的均值，而不考虑无效率项的均值异质则会明显低估 u 的均值。

从第（6）列计量结果来看，异质性因素对 u 分布的影响在均值和方差上都有体现。首先在均值方面，TAF_{it}、$Government_{jt}$、$Regulation_{jt}$ 对均值的影响在 1% 的水平上显著，并且中国进口关税越高、贸易伙伴的政府效率和监管质量越差，均值越大。这说明贸易伙伴降低对外关税、提高政府效率和监管质量，能够提高中国对贸易伙伴的进口效率。其次在方差方面，TAF_{it}、FTA_{ijt}、$Stability_{jt}$、$Regulation_{jt}$ 和 $Corruption_{jt}$ 对方差的影响在 1% 的水平上显著，并且中国进口关税、签署自贸协定、贸易伙伴政治越稳定和监管质量对方差产生正向影响,而控制腐败对方差产生负向影响。在政策环境方面,与出口类似地,中国进口也对不稳定的政策环境有显著的偏好。签订自贸协定可能会使中国对贸易伙伴的进口效率的变动更加不稳定,这可能是由于中国的原材料进口具有地区黏性等原因影响了估计结果。

比较表5-1和表5-3中第(6)列的估计结果可以发现,贸易互补性与出口和进口贸易均呈现高度显著的正相关性,这说明贸易双方的贸易互补性越强、要素禀赋差异越大,越有可能开展贸易。另外,进出口贸易引力模型中的汇率的系数符号均与理论预期一致,且高度显著,这说明汇率波动会对中国与东亚其他国家和地区的双边贸易产生冲击。危机变量的系数差异说明2008年的金融危机对中国进口贸易冲击明显大于出口贸易,这与2008年以来中国对东亚进出口贸易增速的变动相一致。总体看来,影响进口和出口贸易的无效率项异质性因素具有相似性,作用机理也相似。但是自由贸易协定变量的影响差异比较明显,对出口贸易中u的均值和方差有显著的负向影响,对进口贸易u的均值没有显著影响,但是对进口贸易u的方差有显著的正向影响。也就是说中国与东亚国家签订自贸协定有助于提高出口、稳定出口效率,但是并不能够提高中国的进口,甚至会增加进口效率的波动,从贸易平衡的角度来看,签订自贸协定能够增加中国对东亚贸易的顺差。

二、进口贸易效率及进口潜力的动态比较与区域比较

根据式(5.13)可以计算出,样本期内中国与东亚地区的进口贸易效率均值为0.388,比出口贸易效率高了0.159,说明出口贸易是中国与东亚贸易合作的短板,挖掘出口的贸易潜力应当成为中国推进东亚区域经济一体化的一个重要目标。但是,鉴于不同国家和地区的差异性,以及不同时期的影响,全样本的算术平均值并不能

够真实地反映中国对东亚的进口效率。为此，本书以中国对不同国家和地区的进口额作为权重，计算了各个时期中国对东亚进口效率的加权平均值，具体的演进轨迹如图5-4所示。

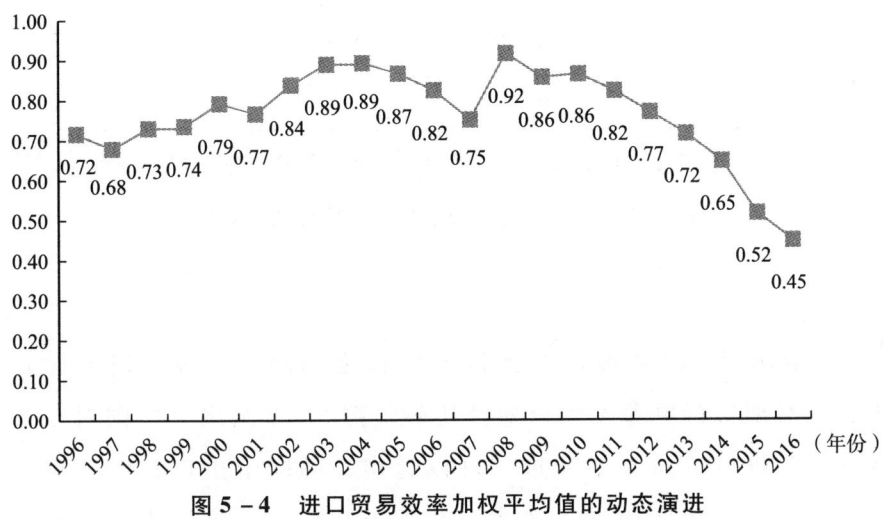

图5-4 进口贸易效率加权平均值的动态演进

资料来源：笔者绘制。

从图5-4可以看出，中国加入WTO之前，对东亚的进口效率基本呈现波动中小幅上升的趋势，加入WTO之后出现一段明显的上升期，并从2005年开始下滑，在2008年重新上涨，金融危机对进口贸易效率的影响在2009年开始显现，中国进口开始持续下滑。中国对东亚的进口贸易效率在最高点时达到0.92，比出口的最高点高出0.18，目前进口效率已经低至0.45，但仍然比出口高出0.11。整体来看，中国对东亚的进口效率明显高于出口效率。

由进口贸易效率可以直接计算进口贸易潜力，二者的和为"1"。图5-5给出了中国对东亚进口贸易潜力的动态演进，可以看出，虽然中国目前与东亚地区的进口贸易效率下降了，但是另一方面也说明中国对东亚地区有非常大的进口贸易潜力。

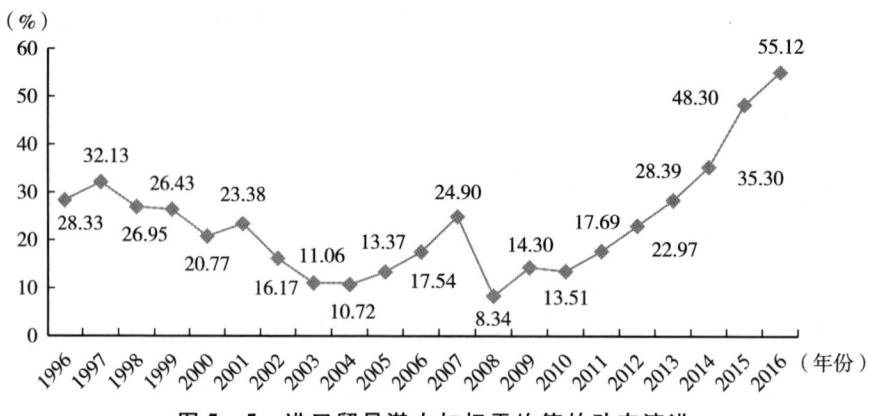

图 5-5 进口贸易潜力加权平均值的动态演进

资料来源：笔者绘制。

东亚不同国家和地区的经济发展程度不同，经济规模差异较大，有必要进行更深入的分地区比较，图 5-6 给出了中国对东亚各地区的进口贸易效率演进。可以看出，不同于出口，中国对东亚不同国家和地区的进口效率变化差异比较大。具体来说，整体呈现下降趋势的有新加坡，整体表现为上升趋势的有越南和老挝，柬埔寨在 2004 年之后开始表现为明显的上升趋势，缅甸一直呈现非常低的效率，只在 2014 年出现一个小高峰，其他国家整体呈现先上升后下降的趋势。除缅甸以外，中国对东亚其他地区的进口效率都曾经超过 0.8。

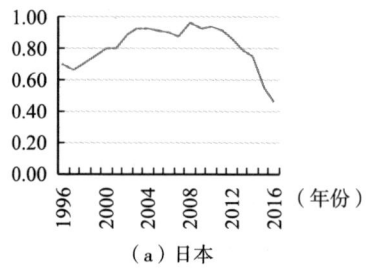

(a) 日本

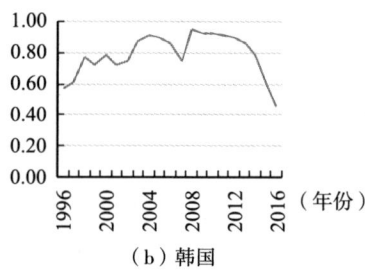

(b) 韩国

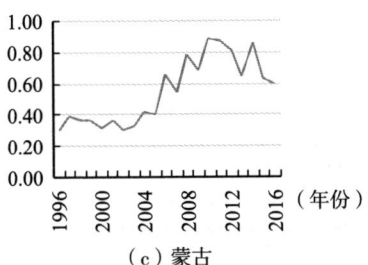
（c）蒙古

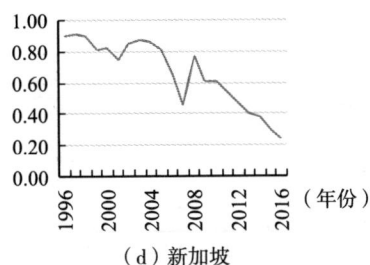
（d）新加坡

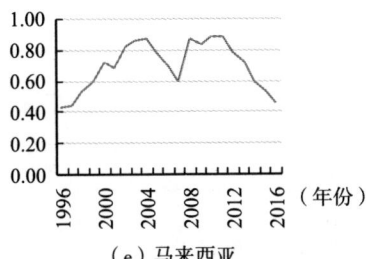
（e）马来西亚

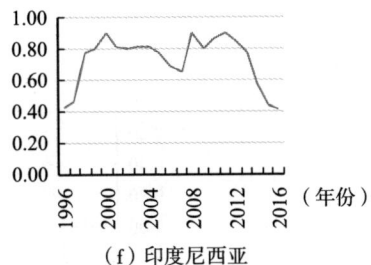
（f）印度尼西亚

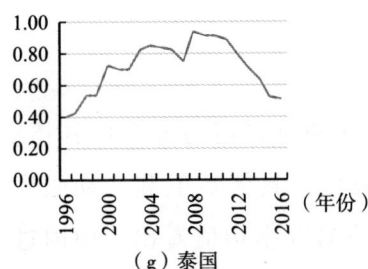
（g）泰国

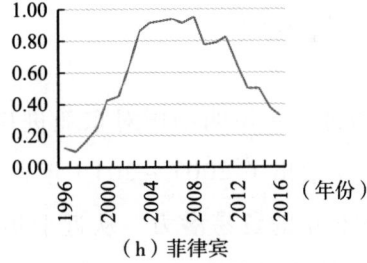
（h）菲律宾

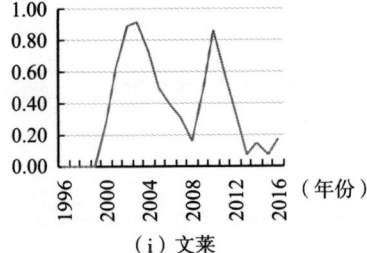
（i）文莱

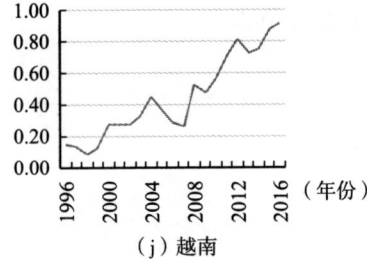
（j）越南

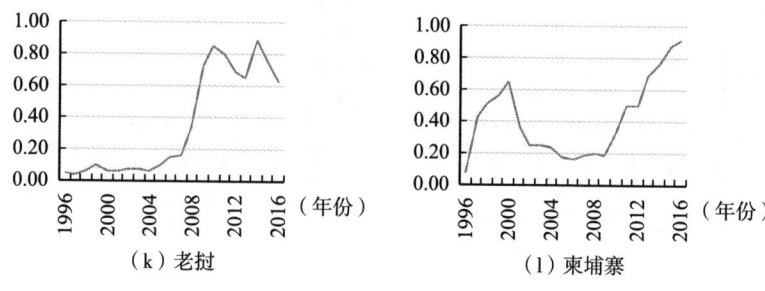

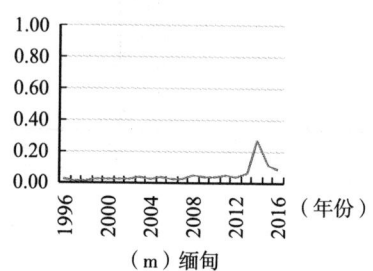

图 5-6 中国对东亚各国和地区进口贸易效率的动态演进

资料来源：笔者绘制。

为进一步说明中国对东亚进口效率和进口潜力分布的具体情况，表 5-4 给出了 2007~2016 年贸易效率的具体数值和变动幅度，以及 2016 年的贸易潜力。从近十年的贸易效率均值看出，中国进口效率最高的地区是日本，其次是韩国。近十年效率提升最高的地区是柬埔寨，其次是老挝。从 2016 年最新的贸易情况来看，对缅甸的进口贸易潜力最大。

表 5-4 中国与东亚地区的进口贸易效率和进口潜力

地区	贸易效率										变动幅度（%）	贸易潜力（%）2016年
	2007年	2008年	2009年	2010年	2011年	2012年	2013年	2014年	2015年	2016年	均值	
日本	0.88	0.96	0.93	0.95	0.92	0.87	0.79	0.75	0.55	0.46	0.81	-47.42	53.99
韩国	0.75	0.95	0.92	0.92	0.91	0.89	0.85	0.79	0.60	0.46	0.80	-39.14	54.43
蒙古	0.55	0.79	0.68	0.88	0.87	0.81	0.64	0.86	0.63	0.59	0.73	8.28	40.87
新加坡	0.45	0.77	0.61	0.61	0.54	0.47	0.41	0.38	0.29	0.25	0.48	-45.08	75.05
马来西亚	0.60	0.88	0.83	0.89	0.88	0.79	0.72	0.60	0.53	0.46	0.72	-23.95	54.29
印度尼西亚	0.64	0.90	0.80	0.86	0.90	0.85	0.78	0.57	0.43	0.41	0.71	-36.05	58.86
泰国	0.75	0.94	0.91	0.91	0.88	0.78	0.71	0.63	0.53	0.51	0.76	-31.29	48.69
菲律宾	0.92	0.95	0.77	0.78	0.82	0.64	0.50	0.50	0.37	0.32	0.66	-65.23	68.15
文莱	0.31	0.16	0.50	0.87	0.57	0.35	0.07	0.15	0.07	0.17	0.32	-46.89	83.30
越南	0.27	0.52	0.48	0.57	0.71	0.82	0.72	0.75	0.88	0.91	0.66	240.44	8.80
老挝	0.17	0.33	0.73	0.86	0.80	0.69	0.65	0.89	0.77	0.63	0.65	282.56	36.78
柬埔寨	0.18	0.20	0.19	0.34	0.50	0.51	0.69	0.76	0.88	0.91	0.52	395.54	8.50
缅甸	0.03	0.05	0.04	0.04	0.05	0.04	0.06	0.28	0.11	0.08	0.08	226.59	91.62

资料来源：笔者绘制。

第六章

中国参与东亚自由贸易区的实证模拟分析

第一节 GTAP 模拟方案

GTAP 是美国普渡大学开发的一种 CGE 模型，其基于各国投入产出表和 WTO 的各成员方对外贸易统计数据，通过分析冲击变量对产业部门、生产要素以及各个国家和地区宏观经济的影响，对某一事件产生的经济效应进行模拟预测。目前，GTAP 模型已成为研究国际贸易政策，特别是跨国自由贸易区经济效应的最主流分析工具之一。

本书所使用的最新版 GTAP 9.0 数据库基期为 2011 年。考虑 2011 年之后生效的自由贸易协定的影响，为使模拟结果更加准确，本书首先对数据库中的关税数据进行了更新。

本书采用资源密集度分类法，并参考 GTAP 原产品部门与 HS 编码的对应关系[①]，将可贸易产品部门划分为农业、食品加工业、资源

---

① Hutcheson, Thomas. HS2002 - CPC 1.1 - ISIC, Rev3 - GTAP Concordance, GTAP, 2006.

密集产业、技术密集产业、劳动密集产业和资本密集产业六大类，具体划分如表6-1所示。生产要素分类采用GTAP数据库默认的分类方法，即土地、非技术劳动力、技术劳动力、资本和自然资源五大类。鉴于本书主要考察中国与东亚其他国家和地区的不同合作模式对中国经济的影响，故重点考察GTAP数据库所收录的东亚经济体以及与东亚关系紧密的其他经济体。

表6-1　　　　　　　　　　产品部门分类

类别	原产品部门
农业	水稻，小麦，谷物及相关产品，蔬菜、水果、坚果，油籽，甘蔗、甜菜，农作物及相关产品，牛、羊、马，动物制品及相关产品，生奶，林业，渔业，牛肉制品，肉制品及相关产品，动植物油脂，奶制品，加工大米
食品加工业	糖，食物制品及相关产品，饮料及烟草制品
资源密集产业	煤，石油制品，天然气制品，矿物及相关产品，石油，电力，气体产品
技术密集产业	纸制品，化学制品、橡胶、塑料制品，矿物制品，黑色金属，金属及相关产品，金属制品
劳动密集产业	植物纤维，毛、桑蚕茧，纺织品，服装，皮革制品，木制品
资本密集产业	机动车及零配件，运输设备及相关产品，电子设备，机械设备及相关产品，其他制成品

资料来源：笔者根据GTAP数据库汇总。

本书选择"关税"作为冲击变量，不考虑技术贸易壁垒和其他非关税壁垒的变化，同时保持GTAP模型的基本经济学假定。在目标税率的设定上，本书将分六种方案进行讨论。

方案一：假设中国与"10+3"机制的其他成员国"共同签署零关税自贸协定"，成员国之间的目标关税值均设定为零。

方案二：假设中国通过"分别签署双边自贸协定"的方式与

"10+3"机制的其他成员国合作,已经与中国签署自贸协定的成员国与中国之间的关税水平保持不变。尚未与中国签订自贸协定的日本按照当前中国与发达国家签订自贸协定时采用的关税水平签订双边自贸协定。

方案三:假设中国与RCEP的其他成员国"共同签署零关税自贸协定",成员国之间的目标关税值均设定为零。

方案四:假设中国通过"分别签署双边自贸协定"的方式与RCEP的其他成员国合作,已经与中国签署自贸协定的成员国与中国之间的关税水平保持不变。尚未与中国签订自贸协定的日本按照当前中国与发达国家签订自贸协定时采用的关税水平签订双边自贸协定。尚未与中国签署自贸协定的印度按照当前中国与发展中国家签订自贸协定时采用的关税水平签订双边自贸协定。

方案五:假设中国与FTAAP的其他成员"共同签署零关税自贸协定",成员之间的目标关税值均设定为零。

方案六:假设中国通过"分别签署双边自贸协定"的方式与FTAAP的其他成员合作,已经与中国签订自贸协定的成员与中国之间的关税水平保持不变,尚未与中国签订自贸协定的日本、加拿大、美国按照当前中国与发达国家签订自贸协定时采用的关税水平签订双边自贸协定,尚未与中国签署自贸协定的墨西哥、秘鲁、智利、俄罗斯按照当前中国与发展中国家签订自贸协定时采用的关税水平签订双边自贸协定。

由于GTAP数据库未收录缅甸和巴布亚新几内亚的相关数据,本书将不考虑这几个地区在各方案下对经济的影响。中国与发达国家签订自贸协定时采用的关税水平参考中国-澳大利亚自贸区,中国与发展中国家签订自贸协定时采用的关税水平参考中国-东盟自贸区[①],具

---

① 受到数据可获得性和完整性的限制,本书选取了中国与菲律宾之间的关税水平作为中国-东盟自贸区关税水平的代表。

体关税情况如表 6-2 所示。"10+3"、RCEP、FTTAP 的成员汇总如表 6-3 所示。

表 6-2　中国与不同类型国家所建立自贸区的进口关税情况　单位：%

贸易方	农业	食品加工	资源密集产业	技术密集产业	劳动密集产业	资本密集产业
发展中国家对中国	2.90	2.05	0.00	0.65	1.76	1.84
中国对发展中国家	2.21	0.46	0.00	0.35	1.82	0.89
发达国家对中国	0.00	0.00	0.00	0.00	0.00	0.00
中国对发达国家	1.72	2.39	0.00	0.34	0.33	0.00

资料来源：根据中国自由贸易区服务网公布的关税减让表，对关税进行简单算术平均整理获得。

表 6-3　　　　　不同自由贸易区的成员汇总

自由贸易区	发达经济体成员	发展中经济体成员
"10+3"	日本、韩国、新加坡	中国、马来西亚、印度尼西亚、泰国、菲律宾、文莱、越南、老挝、柬埔寨
RCEP	日本、韩国、新加坡、澳大利亚、新西兰	中国、马来西亚、印度尼西亚、泰国、菲律宾、文莱、越南、老挝、柬埔寨、（印度）
FTAAP	日本、韩国、新加坡、澳大利亚、新西兰、加拿大、美国	中国、马来西亚、印度尼西亚、泰国、菲律宾、文莱、越南、墨西哥、秘鲁、智利、俄罗斯

注："巴布亚新几内亚"是 FTAAP 成员，东盟国家"缅甸"是"10+3"和 RCEP 成员，但是这两个国家 GTAP 数据库未收录。2020 年 7 月，在 RCEP 正式签约前夕，印度宣布退出 RCEP 谈判。但是考虑到印度未来仍有加入 RCEP 的可能，有必要模拟预判其加入 RCEP 对其自身经济和中国经济的潜在影响。故此处将印度列为 RCEP 潜在成员进行模拟分析。

资料来源：根据中国自由贸易区服务网公布的信息整理获得。

第二节 宏观经济模拟结果分析

在宏观经济层面，本书对六种方案下所有国家和地区的GDP、出口、进口、贸易条件、福利①等指标变动情况的模拟结果进行了整理。

一、方案一和方案二对宏观经济影响的比较

从表6-4可以看出，在方案一下，采用"共同签署零关税自贸协定"的方式建立"10+3"机制，中国的出口和进口将分别增长1.66%和2.17%，福利将增长42.15亿美元，但是贸易条件会发生恶化，下降0.12%，GDP也将会出现0.05%的下降。日本是方案一下获益最多的国家，所有的宏观经济指标都表现为不同程度的增长，GDP和贸易条件在所有国家和地区中增长幅度最大，分别达到2.20%和1.96%，出口和进口的增长分别位列第三位和第五位，福利增长的金额在所有国家和地区中也是最大的，高达223.35亿美元，是中国的5.3倍。韩国作为"10+3"机制的成员国，在方案一下，除了贸易条件发生小幅恶化，其他指标均呈现不同程度的增长。

---

① 本书采用希克斯等价变化（equivalent variation，EV）方法来计算福利变化。

表 6-4　　方案一和方案二对各国和地区宏观经济的影响

地区	方案一				
	GDP 变动（%）	出口变动（%）	进口变动（%）	贸易条件变动（%）	福利变动（亿美元）
中国	-0.05	1.66	2.17	-0.12	42.15
日本	2.20	3.32	4.81	1.96	223.35
韩国	0.05	1.00	1.36	-0.10	13.82
蒙古	-0.53	-0.27	-0.45	-0.30	-0.20
新加坡	1.40	1.80	1.88	0.72	20.72
马来西亚	0.19	1.96	3.49	-0.15	12.01
印度尼西亚	-0.03	2.01	2.62	-0.08	5.31
泰国	1.19	3.26	6.31	0.07	28.21
菲律宾	0.27	1.21	1.45	-0.01	2.95
文莱	-0.06	-0.21	1.12	0.22	1.38
越南	1.76	4.04	7.32	0.12	14.09
老挝	0.13	1.83	7.18	-0.77	0.47
柬埔寨	-0.41	3.71	7.77	-0.52	1.01
印度	-0.38	-0.36	-0.50	-0.16	-11.02
澳大利亚	-0.53	-0.38	-0.89	-0.35	-10.78
新西兰	-0.50	-0.42	-0.68	-0.30	-1.68
美国	-0.38	-0.12	-0.67	-0.22	-61.39
加拿大	-0.32	-0.15	-0.33	-0.07	-4.46
墨西哥	-0.26	-0.10	-0.23	-0.03	-1.71
秘鲁	-0.36	-0.26	-0.61	-0.15	-0.65
智利	-0.53	-0.43	-0.66	-0.27	-2.51
俄罗斯	-0.32	-0.17	-0.53	-0.14	-5.54
欧盟	-0.29	-0.21	-0.35	-0.05	-49.44
其他	-0.32	-0.24	-0.42	-0.10	-46.37

续表

地区	方案二				
	GDP变动（%）	出口变动（%）	进口变动（%）	贸易条件变动（%）	福利变动（亿美元）
中国	-0.03	1.26	1.73	-0.09	42.09
日本	1.33	2.00	3.00	1.20	133.85
韩国	-0.42	-0.30	-0.44	-0.22	-17.33
蒙古	-0.28	-0.16	-0.24	-0.15	-0.10
新加坡	-0.14	-0.17	-0.18	-0.05	-1.52
马来西亚	-0.31	-0.18	-0.31	-0.14	-4.52
印度尼西亚	-0.20	-0.18	-0.28	-0.13	-3.66
泰国	-0.41	-0.11	-0.32	-0.22	-7.26
菲律宾	-0.44	-0.11	-0.45	-0.27	-2.41
文莱	-0.11	-0.08	-0.09	-0.01	-0.02
越南	-0.52	-0.25	-0.54	-0.21	-3.25
老挝	-0.30	-0.04	-0.15	-0.09	-0.04
柬埔寨	-0.35	-0.25	-0.33	-0.11	-0.13
印度	-0.14	-0.11	-0.15	-0.03	-2.09
澳大利亚	-0.19	-0.11	-0.28	-0.11	-3.45
新西兰	-0.19	-0.14	-0.22	-0.08	-0.52
美国	-0.15	-0.06	-0.24	-0.06	-18.72
加拿大	-0.15	-0.08	-0.14	-0.03	-2.17
墨西哥	-0.11	-0.06	-0.10	-0.01	-0.89
秘鲁	-0.16	-0.13	-0.26	-0.06	-0.26
智利	-0.26	-0.22	-0.31	-0.13	-1.24
俄罗斯	-0.15	-0.10	-0.21	-0.05	-2.79
欧盟	-0.14	-0.11	-0.16	-0.02	-19.37
其他	-0.14	-0.11	-0.16	-0.03	-15.41

资料来源：GTAP模拟结果。

另外,根据表6-4考察东盟国家在方案一下的表现。首先,新加坡、泰国和越南在方案一下也表现为所有指标都增长,其中,越南 GDP 的增长仅次于日本,达到 1.76%,出口和进口增长也表现突出,在所有国家中分别列第一位和第二位,贸易条件正向变动 0.12%,福利上升 14.09 亿美元。新加坡的 GDP 上升 1.40%,列第三位,出口和进口均获得了超过 1.8% 的增长,贸易条件正向变动 0.72%,仅次于日本,福利也获得了 20.72 亿美元的上涨。泰国的 GDP 和贸易条件的增幅略低于新加坡,但是进出口贸易的增长均在新加坡之上,福利增长的表现更为突出,达到 28.21 亿美元,仅次于日本和中国。其他的东盟国家中,马来西亚、菲律宾和老挝都是在其他所有指标都表现为正向变动的情况下,贸易条件发生了恶化,尤其是老挝,在所有国家中贸易条件恶化最为严重;印度尼西亚和柬埔寨则是出口、进口和福利都出现增长,但是 GDP 出现下滑,并且贸易条件发生恶化;文莱的 GDP 和出口出现下滑,但是进口和福利上升,贸易条件也获得优化。

从表 6-4 还可以看出,在方案一下,"10+3"机制以外的其他国家所有的宏观经济指标都出现了负向变动。

方案二考察了"10+3"机制的成员国以"分别签署双边自贸协定"的方式合作,表 6-4 也给出了该方案对各国宏观经济的影响。通过与方案一对比可以看出,非"10+3"成员的经济体的所有指标虽然仍表现为负向变动,但是变动幅度全部小于方案一。东盟国家和韩国所有的指标也表现为负向变动,日本所有指标仍然上涨,但是涨幅不及方案一,中国还是表现为 GDP 和贸易条件负向变动、进出口和福利正向变动,并且变动幅度都不及方案一。

不难理解,由于方案二下只有中国与日本新签署了双边自贸协定,原来与其他国家的贸易会发生部分转移,使其他国家的宏观经济指标不同程度地出现下滑。更大范围和更深程度的"10+3"机制,对非成员国造成的经济冲击要更大,成员国的指标大多得到优化,但是部分成员国在贸易增长的同时出现了贸易条件恶化、GDP出现下滑的现象。尤其要指出的是中国在两种方案下都出现了贸易增长伴随贸易条件恶化和GDP下滑,并且"10+3"机制下更为严重。中国在参与经济一体化的过程中需要警惕"贫困化增长"的风险。另外,值得关注的是,不管是在方案一还是方案二下,日本都是东亚经济一体化的最大受益者,并且随着一体化程度的加深获益也更多。

二、方案三和方案四对宏观经济影响的比较

从表6-5可以看出,在方案三下,采用"共同签署零关税自贸协定"的方式建立RCEP,中国的出口和进口将分别增长1.91%和2.37%,福利将增长98.34亿美元,贸易条件也得到优化,GDP也将会出现0.15%的上涨,宏观经济状况明显比"10+3"机制的情况下更加获益。日本仍然是获益最多的国家,所有的宏观经济指标都表现为不同程度的增长,GDP和贸易条件在所有国家和地区中增长幅度最大,并且超过"10+3"机制,分别达到2.34%和2.11%,福利增长的金额在所有国家和地区中也是最大的,高达240.13亿美元,比方案一高出16.79亿美元,出口增幅略大于方案一,进口增幅略小于方案一。韩国的所有宏观经济指标也都表现为增长,尤其是在方案一时恶化的贸易条件,在方案三下已经表现为优化,其他指标的增幅也都大于方案一。

表6-5　　　　方案三和方案四对各国宏观经济的影响

经济体	方案三				
	GDP变动（%）	出口变动（%）	进口变动（%）	贸易条件变动（%）	福利变动（亿美元）
中国	0.15	1.91	2.37	0.05	98.34

续表

经济体	方案三				
	GDP变动(%)	出口变动(%)	进口变动(%)	贸易条件变动(%)	福利变动(亿美元)
日本	2.34	3.39	5.03	2.11	240.13
韩国	0.42	1.09	1.54	0.07	40.73
蒙古	0.16	0.07	0.06	0.16	0.15
新加坡	1.32	1.67	1.74	0.68	19.76
马来西亚	0.07	1.95	3.49	-0.21	10.35
印度尼西亚	-0.08	2.15	2.90	-0.12	5.24
泰国	1.02	3.32	6.39	-0.03	26.15
菲律宾	0.25	1.27	1.51	-0.04	2.83
文莱	-0.25	-0.36	0.96	0.04	1.27
越南	1.52	4.09	7.27	-0.01	12.70
老挝	0.06	2.04	7.47	-0.75	0.48
柬埔寨	-0.55	3.74	7.80	-0.55	0.98
印度	-0.40	2.50	1.96	-0.31	11.51
澳大利亚	-1.11	-0.52	-1.83	-1.15	-35.12
新西兰	0.61	1.51	2.11	0.86	5.10
美国	-0.43	-0.19	-0.77	-0.26	-73.02
加拿大	-0.35	-0.17	-0.35	-0.08	-4.57
墨西哥	-0.27	-0.10	-0.22	-0.03	-1.63
秘鲁	-0.34	-0.24	-0.53	-0.12	-0.46
智利	-0.53	-0.43	-0.64	-0.26	-2.42
俄罗斯	-0.36	-0.22	-0.58	-0.15	-7.08
欧盟	-0.32	-0.25	-0.39	-0.06	-57.58
其他	-0.38	-0.33	-0.52	-0.12	-55.92

经济体	方案四				
	GDP变动(%)	出口变动(%)	进口变动(%)	贸易条件变动(%)	福利变动(亿美元)
中国	0.13	1.57	2.13	0.04	73.31

续表

经济体	方案四				
	GDP变动（%）	出口变动（%）	进口变动（%）	贸易条件变动（%）	福利变动（亿美元）
日本	1.33	1.97	2.97	1.20	133.73
韩国	-0.43	-0.34	-0.48	-0.23	-17.53
蒙古	-0.31	-0.15	-0.25	-0.19	-0.13
新加坡	-0.17	-0.20	-0.21	-0.06	-1.76
马来西亚	-0.36	-0.20	-0.35	-0.17	-5.13
印度尼西亚	-0.24	-0.24	-0.34	-0.16	-4.20
泰国	-0.46	-0.13	-0.36	-0.24	-7.85
菲律宾	-0.44	-0.11	-0.46	-0.27	-2.44
文莱	-0.15	-0.11	-0.13	-0.04	-0.04
越南	-0.59	-0.25	-0.58	-0.24	-3.77
老挝	-0.31	-0.04	-0.16	-0.09	-0.04
柬埔寨	-0.37	-0.24	-0.33	-0.11	-0.14
印度	-0.23	1.26	1.01	-0.15	5.49
澳大利亚	-0.23	-0.15	-0.35	-0.15	-4.26
新西兰	-0.21	-0.17	-0.26	-0.10	-0.59
美国	-0.17	-0.09	-0.28	-0.08	-23.51
加拿大	-0.16	-0.09	-0.15	-0.04	-2.38
墨西哥	-0.12	-0.06	-0.10	-0.01	-1.03
秘鲁	-0.18	-0.16	-0.29	-0.07	-0.30
智利	-0.27	-0.24	-0.33	-0.14	-1.32
俄罗斯	-0.18	-0.13	-0.27	-0.08	-3.90
欧盟	-0.16	-0.13	-0.18	-0.02	-22.03
其他	-0.18	-0.16	-0.23	-0.05	-24.63

资料来源：GTAP模拟结果。

另外，根据表6-5考察东盟国家在方案三下的经济表现，一个明显的特点是，大部分指标的表现反而不如一体化范围更小的方案一。新加坡在方案三下依然所有指标呈现增长，但是增长幅度均不及方案一。泰国和越南在方案一下全部指标增长，但是在方案三下都出现了贸易条件恶化的情况，另外，两者的出口以及泰国的进口相比方案一都是增长的，其他指标的增幅则均不及方案一。事实上，方案三的RCEP虽然扩大了一体化的范围和深度，但是所有东盟国家的GDP都比方案一的"10+3"机制中的GDP下降了，除了老挝以外的东盟国家的贸易条件和福利状况也比方案一恶化了，但是大部分经济欠发达的东盟国家，反而出现了进出口贸易的增长。也就是说，更大范围的经济一体化可以刺激东盟发展中国家的贸易增长，但是贸易增长却并不能有效带动这些国家的GDP和福利增长，甚至会促使其贸易条件恶化，这是"贫困化增长"的明显表现。

印度、澳大利亚和新西兰是RCEP（潜在）成员国，但不是"10+3"机制的成员，三者在方案三下的表现各不相同。从表6-5还可以看出，新西兰则明显是RCEP的获益者，所有宏观经济指标都表现为增长。在方案三下，印度的进出口贸易和福利呈现增长，但是伴随着GDP和贸易条件的恶化，恶化程度甚至超过方案一。与东亚国家进行经济一体化合作对印度来说是得失参半的，甚至掺杂着"贫困化增长"的风险。方案三下，澳大利亚所有的经济指标都出现下滑，并且下滑程度甚至大于方案一，可以看出与东亚国家的深度一体化合作反而会对澳大利亚的宏观经济产生负面冲击。

进一步考察方案三下非RCEP成员的经济体，首先值得一提的是蒙古，从表6-5可以看出，蒙古的各项宏观经济指标都获得了增长。可见RCEP不但有可能使成员国获益，也可能通过刺激区域经济繁荣，从而带动组织外国家的经济发展。虽然其他非RCEP成员的经济体都不同程度出现经济指标下滑，但是秘鲁、智利、墨西哥这几个发展中国家的部分经济指标实际上相较于"10+3"机制反而有所增长。这进一步说明，扩大经济一体化的合作范围带来的经济繁荣具有将利益外溢的潜力。另一方面，也要看到美国、加拿大、俄罗斯和欧盟的所有经济指标比在"10+3"机制下更加恶化,可以预见建立 RCEP 可能会遇到来自这些国家的阻力。

方案四考察了 RCEP 成员国以"分别签署双边自贸协定"的方式合作,表6-5 也给出了该方案对各国宏观经济的影响。通过与方案三对比可以看出,非 RCEP 成员的经济体的所有指标表现为负向变动,但是变动幅度普遍小于方案三。东盟国家和韩国所有的指标也表现为负向变动,中国和日本所有指标仍然上涨,但是涨幅不及方案三。印度进出口和福利表现为上涨,但是涨幅不及方案三,GDP 和贸易条件出现下滑,但是跌幅不及方案三,可见方案三和方案四对印度的影响方向是一致的,但是更大范围的一体化对印度的影响更深。

由于方案四下只有中国-日本和中国-印度新签署了双边自贸协定,贸易因此发生转移,不难理解除了中国、日本和印度以外的其他国家和地区均表现为宏观经济指标全面下滑。并且由于贸易向自贸区内转移和贸易创造效应,中国、日本和印度的进出口贸易和福利都出现增长,中国、日本的 GDP 和贸易条件也都获得增长,但是印度依然面临着 GDP 和贸易条件下滑的问题。

三、方案五和方案六对宏观经济影响的比较

从表6-6 可以看出,在方案五下,采用"共同签署零关税自贸协定"的方式建立 FTAAP,中国的出口和进口将分别增长 3.97% 和 4.80%,福利将增长 222.98 亿美元,贸易条件也得到优化,GDP 也将会出现 0.53% 的上涨,宏观经济状况明显比"10+3"机制和 RCEP 的情况下更加获益。日本仍然是获益最多的国家,所有的宏观经济指标都表现为不同程度的增长,福利和贸易条件增长在所有国家中都是最大的,GDP 和出口的增长仅次于越南,进口增长仅次于越南和泰国,并且所有指标的增长都要大于 RCEP 和"10+3"机制

的情况。韩国的所有指标也都表现出增长并且涨幅大于"10+3"机制的情况，进出口的增幅要大于RCEP的情况，GDP、贸易条件和福利的增长则不及RCEP的情况。

表6-6 方案五和方案六对各国宏观经济的影响

经济体	方案五				
	GDP变动(%)	出口变动(%)	进口变动(%)	贸易条件变动(%)	福利变动(亿美元)
中国	0.53	3.97	4.80	0.22	222.98
日本	2.40	4.45	5.94	2.20	285.68
韩国	0.24	1.21	1.61	0.00	23.67
蒙古	-0.33	-0.12	-0.30	-0.11	-0.07
新加坡	1.10	1.47	1.51	0.60	16.79
马来西亚	-0.11	2.18	3.88	-0.32	8.70
印度尼西亚	0.07	3.23	3.98	-0.02	8.54
泰国	0.95	3.63	6.95	-0.07	25.90
菲律宾	0.00	1.67	1.81	-0.20	1.88
文莱	-0.48	-0.49	0.98	-0.02	1.34
越南	3.31	6.11	10.35	0.78	26.54
老挝	-3.45	-0.09	-2.49	-1.98	-0.96
柬埔寨	-5.18	-2.09	-3.76	-2.72	-3.39
印度	-0.81	-0.61	-0.93	-0.35	-22.23
澳大利亚	-1.81	-0.93	-2.75	-1.68	-52.04
新西兰	0.43	1.63	2.15	0.89	5.17
美国	-0.21	2.11	1.45	0.05	50.99
加拿大	-0.63	1.02	0.88	-0.29	0.67
墨西哥	-0.41	0.77	1.04	-0.38	5.90
秘鲁	-0.88	0.59	0.82	-0.42	-0.56

续表

经济体	方案五				
	GDP 变动 (%)	出口变动 (%)	进口变动 (%)	贸易条件变动 (%)	福利变动 (亿美元)
智利	-0.54	0.18	0.04	-0.16	-0.67
俄罗斯	-0.74	1.09	3.70	-0.15	56.86
欧盟	-0.65	-0.44	-0.79	-0.17	-146.86
其他	-0.70	-0.56	-0.96	-0.23	-112.34

经济体	方案六				
	GDP 变动 (%)	出口变动 (%)	进口变动 (%)	贸易条件变动 (%)	福利变动 (亿美元)
中国	0.80	2.07	2.40	0.57	217.29
日本	-0.16	-0.13	-0.31	-0.12	-12.71
韩国	-0.21	-0.22	-0.31	-0.11	-6.72
蒙古	-0.31	-0.06	-0.18	-0.27	-0.21
新加坡	-0.10	-0.12	-0.14	-0.02	-0.45
马来西亚	-0.21	-0.14	-0.24	-0.10	-2.44
印度尼西亚	-0.26	-0.35	-0.46	-0.16	-3.36
泰国	-0.23	-0.11	-0.20	-0.09	-2.62
菲律宾	-0.30	-0.12	-0.32	-0.17	-1.45
文莱	-0.13	-0.11	-0.14	-0.06	-0.04
越南	-1.09	-0.66	-1.26	-0.47	-7.63
老挝	-0.29	-0.01	-0.17	-0.11	-0.05
柬埔寨	-2.53	-1.30	-2.09	-1.23	-1.54
印度	-0.20	-0.20	-0.23	-0.10	-6.02
澳大利亚	-0.13	-0.07	-0.21	-0.09	-2.61
新西兰	-0.11	-0.09	-0.15	-0.05	-0.27
美国	0.01	1.26	1.22	0.06	46.17
加拿大	-0.20	0.20	0.21	-0.13	-1.82

续表

经济体	方案六				
	GDP变动(%)	出口变动(%)	进口变动(%)	贸易条件变动(%)	福利变动(亿美元)
墨西哥	-0.13	0.22	0.33	-0.16	2.46
秘鲁	-0.21	-0.21	-0.40	-0.13	-0.54
智利	-0.22	-0.19	-0.28	-0.15	-1.47
俄罗斯	-0.25	0.54	1.41	-0.08	13.90
欧盟	-0.14	-0.11	-0.17	-0.04	-35.47
其他	-0.17	-0.18	-0.25	-0.08	-35.06

资料来源：GTAP模拟结果。

东盟成员国中除了老挝和柬埔寨，其他国家都是FTAAP成员。在方案五下，新加坡和越南的所有指标全部表现为正向变动，新加坡的变动幅度不及RCEP和"10+3"机制的情况，越南则明显优于RCEP和"10+3"机制的情况。马来西亚、印度尼西亚、泰国、菲律宾、文莱的贸易条件都出现恶化，马来西亚和文莱的GDP出现下滑，文莱的出口也出现下滑，这些国家的其他经济指标则都表现为正向变动。与方案三下RCEP的情况相比，马来西亚、泰国、菲律宾和文莱的GDP和贸易条件的指标都恶化了，进口普遍增长，出口除了文莱也都普遍增长。可以看出，随着经济一体化范围的扩大，东盟国家整体呈现出贸易增长不能带动GDP增长，并且贸易条件会恶化的状况。

澳大利亚、新西兰是FTAAP和RCEP的成员，但未参与"10+3"机制。从表6-6中可以看出，方案五下，新西兰所有指标呈现正向变化，除GDP以外的其他指标都比方案三RCEP的情况下要更加优化；澳大利亚的所有指标表现为负向变动，相较于方案三RCEP的情况下更加恶化了。可以预见，这两个大洋洲的国家中，新西兰更有动力与东亚地区进行经济一体化的合作，而澳大利亚则可能会产生排斥。

与 RCEP 相比，FTAAP 增加的国家和地区有美国、加拿大、墨西哥、智利、秘鲁、俄罗斯。从表 6-6 可以看出，在方案五下，美国的 GDP 略有下滑，但是其他指标均表现为增长；加拿大、墨西哥、俄罗斯的 GDP 和贸易条件出现下滑，其他指标出现增长；秘鲁和智利在贸易增长的同时，其他指标都出现下滑，有"贫困化增长"的趋势。

老挝、柬埔寨是"10+3"机制和 RCEP 的成员国，但不是 FTAAP 成员。从表 6-6 可以看出，FTAAP 的合作方式对二者经济产生了明显的负面冲击，所有指标都出现负向变动，尤其是 GDP 和贸易条件的降幅严重。

印度是 RCEP 的潜在成员国，但不是"10+3"机制和 FTAAP 的成员。从表 6-6 可以看出，FTAAP 会对印度的经济产生明显的负面冲击，所有宏观经济指标都出现下滑，情况明显比"10+3"和 RCEP 时恶化了。

进一步考察与东亚地区贸易联系紧密，但并非"10+3"、RCEP、FTAAP 这三个组织成员的欧盟，在零关税 FTAAP 的情况下，欧盟的宏观经济状况恶化最为严重。可见东亚与亚太其他地区间的一体化程度越紧密，对欧盟的经济冲击就越大。所以中国在推进东亚经济一体化进程的同时，要考虑来自欧盟的阻力，可以通过与欧盟之间签订自由贸易协定来实现双赢，既实现双方贸易的自由化、带动经济增长，也可以缓解欧盟对东亚经济一体化可能产生的排斥反应。

方案六考察了 FTAAP 成员以"分别签署双边自贸协定"的方式合作，表 6-6 也给出了该方案对各国宏观经济的影响。通过与方案五对比可以看出，非 FTAAP 成员的经济体的所有指标表现为负向变动，但是变动幅度普遍小于方案五。FTAAP 成员中，中国与美国所有指标都表现为正向变动，尤其是进出口贸易和福利变动的幅度都要大于方案五；墨西哥和俄罗斯的进出口和福利呈现正向变动，其他指标呈现负向变动，变动的幅度都要小于方案五；加拿大进出口贸易上涨，其他指标下滑，与方案五相比，除了福利的变化方向相反外，其他指标变动幅度要小于方案五；其他所有成员的指标都表现为负向变动。

由于方案六下假设中国－日本、中国－美国、中国－加拿大、中国－墨西哥、中国－俄罗斯分别新签署双边自贸协定。不难理解由于贸易转移效应，协议以外的国家经济指标出现下滑。但是值得关注的是，日本的所有经济指标都出现负向变动，可见中国－日本自贸协定对日本经济增长的带动作用不能弥补其他几个签订产生的贸易转移效应。另外，加拿大、墨西哥和俄罗斯的部分指标也出现了负向变动，GDP和贸易条件都出现了下滑。所以，从产生的经济效应的角度来说，中国以"分别签署双边自贸协定"的方式与FTAAP成员寻求合作，虽然能够对中国经济产生不亚于零关税FTAAP的经济效果，但是其他国家的合作意愿可能会受影响。

纵观所有六个方案对各个国家和地区宏观经济产生的影响，总体来说，"共同签署零关税自贸协定"比"分别签署双边自贸协定"对经济产生的影响更大，并且随着合作范围的扩大，影响程度也更大。日本是东亚经济一体化的最大受益者，但当中国以"分别签署双边自贸协定"的方式与更多的国家合作时，日本的收益开始下降。并且在中国以"分别签署双边自贸协定"的方式与FTAAP成员合作时，日本的收益消失，所有指标出现下滑。东亚区域经济一体化过程中一个值得关注的问题是，发展中国家有可能出现"贫困化增长"问题。中国在合作范围较小时也会出现这样的问题，但是随着合作范围扩大，中国可以脱离"贫困化增长"的困境。其他发展中国家则在合作范围扩大的过程中"贫困化增长"问题更加严重。从中国的立场来说，不管是双边自贸协定还是零关税区域自贸协定，越大范围的合作对中国的正面效应越大，并且零关税区域自贸协定更能够带动中国宏观经济指标的增长。

第三节 对外贸易模拟结果分析

中国无论采取"共同签署零关税自贸协定",还是"分别签署双边自贸协定"的方式参与东亚区域经济一体化,经济上最直接的影响都主要体现在进出口贸易上,所以有必要对中国分产业和贸易对象的出口变化模拟结果进行详细的梳理和分析。

从表 6-7 可以看出,不管是采取哪一种方案,中国对外贸易的进口和出口都会出现增长。其中,出口贸易和进口贸易均在方案五,即采用"共同签署零关税自贸协定"的方式建立 FTAAP 的情况下增长幅度最大,分别达到 3.97% 和 4.8%。总体来说,合作范围越大贸易增长越大,"共同签署零关税自贸协定"的方式要比"分别签署双边自贸协定"的方式更能够刺激贸易增长。并且当新签署的双边自贸协定足够多时,能够比建立一个较小范围的零关税自贸区带动更多的贸易增长。具体表现在以"共同签署零关税自贸协定"的方式与 FTAAP 成员进行合作能够带来的进出口贸易增长要大于建立零关税"10+3"机制。

表 6-7　　不同方案下中国对不同国家的贸易总体变化情况　　单位:%

经济体	出口					
	方案一	方案二	方案三	方案四	方案五	方案六
日本	14.05	13.32	13.48	12.72	11.30	-2.92
韩国	-4.14	0.51	-5.08	-0.16	-6.28	-3.11
蒙古	0.12	0.26	0.00	-0.16	-1.14	-1.90
新加坡	2.04	0.44	0.80	-0.37	-0.30	-3.22

续表

经济体	出口					
	方案一	方案二	方案三	方案四	方案五	方案六
马来西亚	14.36	0.44	13.18	-0.30	10.88	-3.21
印度尼西亚	0.26	0.44	-1.25	-0.33	-2.93	-3.55
泰国	24.18	1.12	22.84	0.37	20.35	-3.30
菲律宾	3.19	0.29	2.14	-0.37	0.98	-3.29
文莱	9.13	-0.01	8.28	-0.61	5.45	-2.66
越南	24.13	-0.23	23.02	-0.87	24.39	-4.11
老挝	19.23	0.25	18.22	-0.50	-4.74	-3.36
柬埔寨	21.33	-0.63	20.67	-1.15	-4.98	-5.27
印度	-0.27	0.24	32.83	30.65	-3.27	-3.17
澳大利亚	-0.21	0.40	-2.31	-0.34	-5.43	-3.01
新西兰	-0.66	0.11	15.81	-0.62	12.60	-3.04
美国	-0.16	0.43	-1.01	-0.29	9.64	10.47
加拿大	-0.67	0.10	-1.57	-0.64	13.10	14.75
墨西哥	-0.02	0.54	-0.93	-0.21	29.71	23.82
秘鲁	-0.57	0.13	-1.38	-0.63	11.83	-3.46
智利	-0.75	-0.08	-1.44	-0.70	1.96	-2.94
俄罗斯	-0.38	0.15	-1.24	-0.61	35.51	35.46
欧盟	-0.56	0.07	-1.51	-0.71	-3.88	-3.51
其他	-0.49	0.08	-1.51	-0.74	-3.60	-3.39
总体	1.66	1.26	1.91	1.57	3.97	2.07
经济体	进口					
	方案一	方案二	方案三	方案四	方案五	方案六
日本	29.13	33.87	28.83	34.07	24.60	-1.04
韩国	-4.22	-3.86	-4.49	-3.63	-7.56	-0.97
蒙古	-0.05	-0.06	0.45	-0.01	0.52	0.13
新加坡	12.28	-3.93	13.33	-3.62	10.97	-0.96
马来西亚	6.64	-3.29	7.65	-2.95	4.99	-0.72

续表

经济体	进口					
	方案一	方案二	方案三	方案四	方案五	方案六
印度尼西亚	5.64	-1.02	8.05	-0.72	5.48	0.23
泰国	7.36	-3.09	8.10	-2.81	5.17	-0.53
菲律宾	-4.68	-3.73	-3.76	-3.54	-6.90	-0.56
文莱	-4.24	-0.81	0.96	-0.46	0.02	-0.15
越南	3.44	-1.47	4.16	-1.30	-3.73	2.35
老挝	6.26	-0.16	8.39	-0.07	7.18	0.51
柬埔寨	10.00	-0.52	9.02	-0.53	8.73	8.05
印度	-0.83	-1.04	13.11	8.60	0.72	0.61
澳大利亚	-0.14	-0.55	-19.42	-0.29	-17.71	0.03
新西兰	0.04	0.46	9.30	0.64	7.35	0.48
美国	-2.79	-3.05	-2.27	-2.81	25.22	28.52
加拿大	-1.75	-1.45	-0.76	-1.27	13.75	13.63
墨西哥	-2.59	-2.63	-0.98	-2.44	25.29	24.59
秘鲁	-1.21	-0.72	1.37	-0.56	3.29	-0.34
智利	-1.57	-1.38	-0.17	-1.20	-1.91	-0.31
俄罗斯	-0.83	-0.77	2.00	-0.51	9.88	7.64
欧盟	-3.86	-4.08	-3.35	-3.79	-4.91	-0.79
其他	-0.88	-0.80	2.16	-0.48	1.41	-0.02
总体	2.17	1.73	2.37	2.13	4.80	2.40

资料来源：GTAP 模拟结果。

进一步分析在不同方案下，中国对不同国家和地区的进出口贸易变化情况。在方案一下，通过建立零关税的"10+3"机制，中国对日本以及所有东盟成员国的出口都表现为增长，其中涨幅超过20%的有泰国、越南和柬埔寨。中国对另一个"10+3"机制的成员国韩国的出口出现了4.14%的下滑，这主要是因为韩国与东盟之间的关税壁垒进一步下降，使得中韩贸易有一部分转移到了东盟国家。由于自贸区进一步盘活了东亚地区的价值链、带动了区域繁荣，中国对东亚其他几个非"10+3"成员地区的出口都出现了不同幅度的增长。中国对东亚之外的国家和地区的出口则全部出现下滑。另外，在进口方面，中国对日本的进口增幅最大，达到29.13%，中国对除了菲律宾和文莱的所有东盟国家的进口也出现不同程度的增长，中国对韩国的进口由于转向了日本，出现了4.22%的下滑，中国对除新西兰以外其他所有非成员国的进口全部出现下滑。

在方案二下，中国通过"分别签署双边自贸协定"的方式与"10+3"成员国合作，即假设中国与尚未签署自贸协定的日本新签署自贸协定。在这种合作模式下，不仅使中国对日本的出口贸易获得增长，中国对除了文莱、越南、柬埔寨、智利之外的所有地区的出口都出现了增长，虽然总出口的增长不及方案一。可见中日贸易并不是独立的，而是价值链上的一环，中日贸易的增长能够带动整个产业链的增长，中国对其他国家的出口也有可能出现增长，尤其是与中国资源互补性较强的国家。另外，在进口方面，中国对日本的进口增幅高达33.87%，但是对其他地区，除了新西兰，全部表现为负的增长。

在方案三下，通过建立零关税的RCEP，除了韩国、印度尼西亚和澳大利亚，中国对其他成员国的出口都出现增长，尤其是对印度的出口增幅高达32.83%，可见中国与印度之间有巨大的贸易潜力。在进口方面，中国对除了韩国、印度尼西亚和澳大利亚的其他RCEP成员国的进口都出现不同程度的增长，其中增幅最大的是对日本的进口，达到28.83%。另外中国对蒙古、秘鲁和俄罗斯的进口也有所增长。

在方案四下，中国通过"分别签署双边自贸协定"的方式与RCEP成员国及潜在成员国合作，即新签署中国－日本自贸协定和中国－印度自贸协定。在这种合作模式下，中国对日本和印度的出口都大幅增长，尤其是对印度的出口增幅高达 30.65%，再一次说明中国与印度之间具有巨大的贸易潜力。在进口方面，中国对日本和印度的进口都出现增长，其中对日本进口的增长高达 34.07%。可以看出，中国对日贸易中，进口贸易潜力更大；中国对印度的贸易中，出口贸易的潜力更大。

在方案五下，通过建立零关税的 FTAAP，中国的进出口贸易获得了最大程度的增长。在出口方面，中国对成员中除澳大利亚以外的所有非东亚国家的出口都显著增长，其中涨幅最大的俄罗斯，高达 35.51%，其次是墨西哥，涨幅为 29.71%。中国对除韩国、新加坡、印度尼西亚、老挝和柬埔寨以外的所有东亚地区 FTAAP 成员的出口都出现了增长，其中对越南的出口增幅最大，达到 24.39%，对泰国、日本和马来西亚的出口增幅也都超过了 10%。中国对 FTAAP 以外的经济体的出口都不同程度出现下滑。在进口方面，中国对成员中除了澳大利亚和智利以外的非东亚国家的进口都出现增长，增幅最大的是墨西哥，达到 25.29%；其次是美国，为 25.22%。可见中国对墨西哥的贸易在进口和出口两个方向上都表现出巨大的潜力，对美国则是进口贸易表现出更大的潜力。另外，中国对除韩国、菲律宾、越南以外的所有东亚地区 FTAAP 成员的进口都出现了增长，其中对日本的进口增幅最大，达到 24.60%。

在方案六下，中国通过"分别签署双边自贸协定"的方式与 FTAAP 成员合作。在这种合作模式下，中国对东亚各个国家和地区的出口全面下滑，仅在美国、加拿大、墨西哥和俄罗斯出现增长。这主要是中国对东亚的出口向新的自贸区转移造成的。需要指出的是，虽然假设中国和日本新签署双边自贸协定，但是中国对日本出口却出现下降。一方面，由于其他几个新的自贸协定具有更强的贸易转移效应；另一方面，由于中国出口向东亚区外转移，进一步使得东亚区域价值链中的中日贸易环节受到影响。在进口方面，中国对美国、加拿大、墨西哥和俄罗斯的进口都出现增长，对日本进口下滑。

总体来说，中国与韩国的贸易非常容易向自贸区内其他国家转移，日本是中国在东亚地区最具有潜力的进口贸易增长点，在零关税自贸区合作模式下，泰国和越南是中国在东亚地区最具有潜力的出口贸易增长点。并且，东亚区域价值链的存在能够有效将次区域自贸协定的贸易创造效应向价值链其他环节溢出。但是与此同时，当贸易向东亚之外新的自贸区转移时，区域价值链可能会导致东亚贸易进一步萎缩。

一、各产业出口贸易变化情况

由于东亚各国自然禀赋的区别，东亚一体化进程对中国不同产业的影响是不同的，有必要从各个产业的层面对中国贸易变化进行分析。

首先，对各产业的出口贸易进行考察。由表6-8可以看出，在方案一下采用"共同签署零关税自贸协定"的方式建立"10+3"机制，中国所有产业的出口都会呈现增长。其中，增长幅度最大的是农业，达到13.23%；其次，食品加工业为6.55%；资本密集产业的增幅最小，只有0.95%；作为中国传统优势产业的劳动密集产业的增幅为3.26%。中国对东盟各国的出口在技术密集和劳动密集产业均出现增长，在其他产业方面，除个别国家外也都呈现增长趋势。中国对日本的出口在所有产业均表现为增长，而对韩国则全部表现为下降。另外，中国资本密集产业的出口在大部分国家都表现为增长，即使是对"10+3"机制以外的国家也有小幅增长。

表6-8　　　　方案一和方案二下中国分产业和
　　　　　　　贸易对象的出口变化情况　　　　　　单位：%

经济体	方案一					
	农业	食品加工业	资源密集产业	技术密集产业	劳动密集产业	资本密集产业
日本	56.73	29.03	3.32	5.24	32.25	6.76
韩国	-7.45	-10.05	-1.18	-3.91	-7.18	-3.75
蒙古	-2.98	-1.15	-1.31	-0.27	-0.48	1.02
新加坡	3.45	1.93	4.62	3.93	0.70	1.16
马来西亚	17.03	8.90	6.73	22.23	27.35	9.49
印度尼西亚	2.51	18.68	0.77	5.32	3.56	-5.24
泰国	108.71	47.66	12.73	27.86	52.15	13.57
菲律宾	-4.52	2.49	-0.21	1.88	2.87	5.91
文莱	2.13	-34.63	0.70	8.52	9.03	16.45
越南	18.20	11.59	19.75	24.77	43.62	14.52
老挝	23.56	77.34	22.17	35.37	88.97	-0.10
柬埔寨	66.86	2.66	23.46	21.30	17.53	32.97
印度	-1.39	-1.01	-0.84	-0.60	-1.38	0.27
澳大利亚	-2.59	-1.20	1.01	-0.74	-1.54	0.66
新西兰	-2.57	-1.41	0.07	-0.88	-1.83	0.36
美国	-2.49	-1.01	-1.12	-0.60	-1.72	0.47
加拿大	-2.79	-1.12	-1.18	-0.91	-1.61	0.01
墨西哥	-2.98	-1.03	-1.26	-0.69	-1.72	0.43
秘鲁	-2.84	-1.29	-1.37	-0.85	-1.58	0.00
智利	-3.27	-1.46	-1.13	-1.00	-1.51	0.04
俄罗斯	-2.37	-1.06	-0.94	-0.72	-1.17	0.37
欧盟	-2.43	-1.03	-1.05	-0.78	-1.44	-0.07
其他	-2.23	-1.03	-0.97	-0.73	-1.24	0.18
总体	13.23	6.55	2.28	1.21	3.26	0.95

第六章 中国参与东亚自由贸易区的实证模拟分析

续表

经济体	方案二					
	农业	食品加工业	资源密集产业	技术密集产业	劳动密集产业	资本密集产业
日本	61.14	32.80	3.42	3.67	33.46	4.81
韩国	-1.97	-0.81	0.05	0.86	-1.03	1.15
蒙古	-2.03	-0.70	-0.35	-0.06	-0.27	0.97
新加坡	-1.94	-0.72	-0.16	0.47	-0.75	0.94
马来西亚	-1.91	-0.83	-0.05	0.35	-1.22	1.17
印度尼西亚	-2.00	-0.84	-0.16	0.26	-1.63	1.76
泰国	-2.05	-0.87	-0.02	0.80	-1.45	2.24
菲律宾	-2.39	-1.08	-0.06	0.33	-1.74	1.62
文莱	-2.08	-0.82	-0.08	0.21	-0.43	0.78
越南	-2.34	-0.94	-0.57	0.13	-2.06	1.22
老挝	-2.61	-1.21	-0.53	-0.48	-1.57	0.90
柬埔寨	-2.71	-1.17	-0.88	-0.62	-1.09	0.74
印度	-1.99	-0.75	-0.13	-0.09	-0.63	0.77
澳大利亚	-2.16	-0.82	0.20	-0.11	-0.66	1.22
新西兰	-2.15	-0.82	0.03	-0.18	-0.82	1.07
美国	-2.01	-0.75	-0.18	-0.05	-0.62	0.94
加拿大	-1.95	-0.77	-0.15	-0.18	-0.70	0.77
墨西哥	-2.02	-0.71	-0.16	-0.05	-0.71	0.91
秘鲁	-2.01	-0.80	-0.26	-0.21	-0.70	0.68
智利	-2.24	-0.89	-0.09	-0.31	-0.82	0.68
俄罗斯	-1.79	-0.75	-0.12	-0.16	-0.56	0.83
欧盟	-2.00	-0.76	-0.15	-0.20	-0.68	0.58
其他	-1.95	-0.74	-0.13	-0.16	-0.59	0.73
总体	9.26	6.03	-0.03	0.23	2.60	1.03

资料来源：GTAP模拟结果。

相较于方案一，在方案二下采用"分别签署双边自贸协定"的方式与"10+3"成员国合作对各产业出口的带动作用明显要小得多，资源密集产业甚至出现小幅下降。由于这种合作模式是基于假设中国与日本签订自贸协定，所以中国对日本的所有产业的出口都出现了增长。另外，中国的技术密集产业在东亚的其他大部分地区出现了小幅增长，而中国的资本密集产业在所有国家和地区都出现了小幅增长。

由表6-9可以看出，在方案三下采用"共同签署零关税自贸协定"的方式建立RCEP，中国所有产业的出口都会呈现增长。其中，增长幅度最大的是农业，达到13.47%；其次是食品加工业，为6.19%；资本密集产业的增幅最小，只有0.96%；作为中国传统优势产业的劳动密集产业的增幅为3.55%。另外，中国农业、技术密集产业、劳动密集产业和资本密集产业的出口相较于方案一有小幅提升，食品加工业和资源密集产业相较于方案一有小幅下滑。从不同国家和地区来看，中国对东盟各国的出口在技术密集和劳动密集产业均出现增长，在其他产业方面，除个别国家外也都呈现增长趋势。中国对韩国的出口在所有产业均表现为下降，对日本和新西兰的出口，除了资源密集产业以外，在其他产业均表现为增长，对印度的出口在各个产业都大幅增长，增幅均在25%以上。中国对其他非成员国的出口，除个别地区的个别产业，均表现为下降。

表6-9 方案三和方案四下中国分产业和贸易对象的出口变化情况   单位：%

经济体	方案三					
	农业	食品加工业	资源密集产业	技术密集产业	劳动密集产业	资本密集产业
日本	54.25	28.30	-0.36	4.37	31.93	6.39
韩国	-13.99	-11.04	-4.62	-4.86	-8.33	-4.17

续表

经济体	方案三					
	农业	食品加工业	资源密集产业	技术密集产业	劳动密集产业	资本密集产业
蒙古	-1.54	-1.22	-2.54	-0.60	-0.26	0.90
新加坡	2.75	1.24	1.58	2.56	0.06	0.20
马来西亚	15.64	7.02	3.28	20.61	26.48	8.60
印度尼西亚	-1.75	16.83	-1.92	3.49	3.12	-6.38
泰国	100.88	45.39	9.80	26.28	51.10	12.70
菲律宾	-5.46	1.73	-3.63	0.78	2.47	5.30
文莱	0.96	-35.55	-2.57	7.29	8.62	15.39
越南	15.98	8.73	17.43	23.49	43.19	13.87
老挝	21.65	76.09	19.69	34.01	87.99	-0.97
柬埔寨	63.05	1.23	20.58	19.96	17.27	31.78
印度	144.69	98.67	48.96	35.78	57.16	26.29
澳大利亚	-2.32	-2.11	-5.79	-2.61	-3.24	-1.65
新西兰	2.55	7.19	-2.51	13.30	32.55	9.74
美国	-3.30	-1.56	-3.71	-1.81	-2.21	-0.41
加拿大	-3.59	-1.65	-3.88	-2.16	-2.10	-0.99
墨西哥	-3.78	-1.50	-3.99	-1.90	-2.24	-0.43
秘鲁	-3.56	-1.71	-3.72	-1.93	-1.98	-0.80
智利	-4.17	-1.98	-3.71	-2.08	-1.79	-0.77
俄罗斯	-3.09	-1.57	-3.31	-1.93	-1.60	-0.55
欧盟	-3.16	-1.53	-3.74	-2.07	-1.99	-1.10
其他	-3.04	-1.59	-3.69	-2.08	-1.80	-0.87
总体	13.47	6.19	2.17	2.43	3.55	0.96

经济体	方案四					
	农业	食品加工业	资源密集产业	技术密集产业	劳动密集产业	资本密集产业
日本	60.42	32.39	2.45	3.01	33.01	4.15
韩国	-2.69	-1.20	-0.97	0.18	-1.62	0.45

续表

经济体	方案四					
	农业	食品加工业	资源密集产业	技术密集产业	劳动密集产业	资本密集产业
蒙古	-2.76	-1.11	-1.20	-0.43	-0.45	0.40
新加坡	-2.74	-1.20	-1.15	-0.33	-1.47	0.11
马来西亚	-2.76	-1.29	-1.05	-0.41	-1.80	0.40
印度尼西亚	-2.91	-1.32	-1.12	-0.49	-2.28	0.97
泰国	-2.79	-1.29	-1.04	0.06	-2.18	1.46
菲律宾	-3.15	-1.50	-0.95	-0.30	-2.18	0.89
文莱	-2.92	-1.32	-1.10	-0.47	-0.80	-0.09
越南	-3.15	-1.38	-1.31	-0.54	-2.54	0.51
老挝	-3.35	-1.68	-1.60	-1.24	-2.13	0.12
柬埔寨	-3.60	-1.67	-1.91	-1.33	-1.49	0.03
印度	133.26	95.92	53.51	37.04	52.12	21.23
澳大利亚	-3.03	-1.30	-0.77	-0.86	-1.25	0.42
新西兰	-3.02	-1.30	-0.96	-0.92	-1.43	0.24
美国	-2.85	-1.21	-1.16	-0.77	-1.25	0.18
加拿大	-2.71	-1.23	-1.13	-0.91	-1.33	-0.06
墨西哥	-2.83	-1.16	-1.11	-0.77	-1.41	0.14
秘鲁	-2.85	-1.27	-1.26	-0.94	-1.41	-0.13
智利	-3.11	-1.36	-1.08	-0.98	-1.22	-0.07
俄罗斯	-2.55	-1.23	-1.04	-0.91	-1.18	-0.02
欧盟	-2.84	-1.24	-1.16	-0.96	-1.43	-0.26
其他	-2.83	-1.25	-1.18	-0.98	-1.30	-0.17
总体	10.89	5.98	1.74	1.85	2.68	0.94

资料来源：GTAP模拟结果。

相较于方案三，在方案四下采用"分别签署双边自贸协定"的方式与RCEP成员国合作对各产业出口的带动作用明显要小得多。但是所有产业仍然呈现增长，增幅最大的仍然是农业，其次是食品制造业,最后是劳动密集产业。由于这种合作模式是基于假设签订中国-日本自贸协定和中国-印度自贸协定,所以中国对日本和印度的所有产业的出口都出现了增长,对印度出口增长尤为突出。另外,中国资本密集产业的出口在除文莱以外的东亚地区以及澳大利亚、新西兰、美国、墨西哥均呈现增长,其他产业则在除了日本、印度以外的其他地区普遍出现下滑。

由表6-10可以看出,在方案五下采用"共同签署零关税自贸协定"的方式建立FTAAP,中国资源密集产业的出口出现小幅下滑,其他产业呈现上涨,农业的涨幅略低于方案三,食品加工业、技术密集产业、劳动密集产业和资本密集产业的上涨幅度要高于方案三,且劳动密集产业的涨幅最大,达到13.31%。结合对各个国家和地区的出口情况来看,东亚以外的FTAAP成员对中国劳动密集产业的出口带动作用非常明显。从不同国家和地区来看,中国对FTAAP以外的国家和地区各产业的出口变动情况比较复杂,但是比较明显的特点是技术密集产业、劳动密集产业、资本密集产业更多呈现正向变动,并且东亚以外的地区增长幅度普遍更大。

表6-10　　　　方案五和方案六下中国分产业和
　　　　　　　贸易对象的出口变化情况　　　　单位:%

经济体	方案五					
	农业	食品加工业	资源密集产业	技术密集产业	劳动密集产业	资本密集产业
日本	12.72	22.92	-1.86	2.87	29.41	6.24
韩国	-9.97	-13.89	-7.73	-6.57	-9.73	-5.05
蒙古	-5.34	-3.01	-3.56	-1.58	-1.00	-0.50
新加坡	-0.47	-0.55	0.57	1.30	-1.27	-0.63
马来西亚	10.16	3.64	2.18	16.88	25.58	6.69
印度尼西亚	-5.88	13.43	-3.38	0.90	7.14	-9.07

续表

经济体	方案五					
	农业	食品加工业	资源密集产业	技术密集产业	劳动密集产业	资本密集产业
泰国	90.28	41.39	7.94	23.04	51.22	10.51
菲律宾	-13.17	-1.71	-5.71	-0.92	4.67	3.91
文莱	-2.51	-37.92	-4.00	6.04	7.85	7.26
越南	14.09	5.12	18.09	23.32	52.64	11.93
老挝	-6.86	-7.04	0.95	0.21	-6.18	-5.86
柬埔寨	-10.88	-5.85	6.57	-0.37	-5.32	-6.63
印度	-5.54	-3.31	-5.43	-3.73	-4.67	-2.45
澳大利亚	-6.28	-4.24	-7.39	-5.35	-5.43	-5.46
新西兰	-0.93	5.02	-4.14	10.50	29.26	6.08
美国	2.82	5.50	-3.50	12.12	31.38	3.74
加拿大	-21.91	-2.82	-4.56	5.51	44.15	3.97
墨西哥	55.19	51.21	3.73	42.30	84.61	19.24
秘鲁	7.14	3.09	-3.64	2.26	43.96	6.64
智利	-5.77	-0.75	-5.44	3.20	5.99	-1.52
俄罗斯	36.18	27.41	16.46	48.27	68.68	20.22
欧盟	-6.56	-3.29	-5.07	-4.32	-4.80	-3.38
其他	-6.17	-3.27	-4.98	-3.97	-4.45	-2.81
总体	4.46	6.77	-0.89	3.35	13.31	1.37

经济体	方案六					
	农业	食品加工业	资源密集产业	技术密集产业	劳动密集产业	资本密集产业
日本	-3.98	-2.16	-2.88	-2.99	-2.59	-3.11
韩国	-3.71	-2.05	-2.97	-2.94	-3.46	-3.23
蒙古	-4.37	-2.24	-2.63	-1.61	-0.95	-2.53
新加坡	-4.13	-2.33	-3.02	-3.12	-3.59	-3.43
马来西亚	-4.10	-2.21	-2.99	-3.08	-3.09	-3.32
印度尼西亚	-4.41	-2.34	-2.94	-3.23	-5.25	-3.33

续表

经济体	方案六					
	农业	食品加工业	资源密集产业	技术密集产业	劳动密集产业	资本密集产业
泰国	-4.06	-2.18	-2.96	-3.05	-4.12	-3.34
菲律宾	-4.45	-2.31	-2.73	-2.95	-3.94	-3.45
文莱	-4.39	-2.37	-3.01	-2.77	-1.97	-3.56
越南	-5.44	-2.69	-3.13	-3.26	-6.73	-3.37
老挝	-4.77	-2.70	-3.44	-3.37	-3.71	-3.30
柬埔寨	-9.95	-4.89	-4.36	-4.35	-5.40	-5.28
印度	-4.80	-2.45	-2.87	-3.01	-3.73	-3.22
澳大利亚	-4.54	-2.25	-3.05	-2.90	-2.66	-3.24
新西兰	-4.59	-2.26	-2.93	-2.91	-2.83	-3.33
美国	2.53	7.34	-1.18	12.83	38.98	2.67
加拿大	8.14	11.23	-2.50	5.98	49.13	3.50
墨西哥	42.44	49.55	5.82	40.54	88.58	10.79
秘鲁	-4.75	-2.46	-2.78	-3.11	-3.99	-3.50
智利	-4.87	-2.41	-2.72	-2.98	-2.63	-3.19
俄罗斯	34.09	25.32	21.06	50.08	65.97	20.66
欧盟	-4.77	-2.44	-2.89	-3.26	-3.94	-3.56
其他	-4.66	-2.42	-2.88	-3.12	-3.69	-3.46
总体	-1.60	1.64	-2.02	2.00	10.51	-0.42

资料来源：GTAP 模拟结果。

具体来看，东盟国家中，中国对马来西亚、泰国、越南的出口在各个产业都表现为增长，其中涨幅最大的是农业对泰国的出口，高达 90.28%；对新加坡的出口在资源密集产业和技术密集产业呈小幅增长，其他产业呈小幅下降；对印度尼西亚的出口在食品加工业、技术密集产业和劳动密集产业呈现增长，其中涨幅最大的为食品及加工业，达到 13.43%，其他产业则呈现下滑；对菲律宾的出口在劳动密集产业和资本密集产业呈现增长，其他产业呈现下滑，下滑幅度最大的为农业，达13.17%；对文莱的出口在技术密集产业、劳动密集产业和资本密集产业呈现增长，其他产业呈现下滑，其中下滑幅度最大的是食品加工业，高达37.92%。

东亚其他地区中，中国对韩国的出口在各个产业都呈现下降，下滑幅度最大的是对韩国食品加工业的出口，下降了13.89%；中国对日本的出口，除了资源密集产业，其他产业都呈现增长，其中涨幅最大的为劳动密集产业，达29.41%。

东亚以外的国家中，中国对墨西哥、俄罗斯的出口在各个产业都表现为增长，其中涨幅最大的是劳动密集产业对墨西哥的出口，达84.61%；对澳大利亚的出口在各个产业都表现为下滑，下滑幅度最大的是资源密集产业，为7.39%；对加拿大的出口在技术密集产业、劳动密集产业和资本密集产业呈现增长，其中劳动密集产业涨幅高达44.15%；对美国的出口仅在资源密集产业呈现下滑，其他产业均呈现增长，涨幅最大的是劳动密集产业，为31.38%；对新西兰的出口在农业和资源密集产业呈现下滑，其他产业均呈现增长，涨幅最大的是劳动密集产业，为29.26%；对秘鲁的出口仅在资源密集产业出现下滑，其他产业均呈现增长，其中涨幅最大的是劳动密集产业，高达43.96%；对智利的出口在技术密集产业和劳动密集产业呈现增长，涨幅较大的是劳动密集产业，为5.99%，其他产业均呈现下滑。不难看出，中国对非东亚的FTAAP成员的出口以劳动密集产业的增长潜力最大。

相较于方案五，在方案六下采用"分别签署双边自贸协定"的方式与RCEP成员国合作对各产业出口的带动作用明显要小得多，农业、资源密集产业和资本密集产业总体呈现下滑，食品加工业和技术密集产业小幅上升，劳动密集产业上升幅度最大，超过了10%。具体到各个国家和地区，中国的出口仅在美国、加拿大、墨西哥和俄罗斯出现增长，增幅最大的是对墨西哥劳动密集产业的出口，达到 88.58%，对其他地区的各个产业的出口全部下滑。可以看出中国与东亚以外国家签订自贸协定一方面具有非常大的贸易创造效应，显著带动了各产业的出口增长，尤其是劳动密集产业潜力最大；另一方面也可以看出这些贸易协定具有非常大的贸易转移效应，中国在东亚地区的贸易在各个产业都表现出向新自贸区转移的倾向，尤其是中国与日本新签订自贸协定都不能阻止中国对日本的出口向东亚以外转移。

二、各产业进口贸易变化情况

继续对各产业的进口贸易进行考察。由表 6-11 可以看出，在方案一下采用"共同签署零关税自贸协定"的方式建立"10+3"机制，总体上看，中国资源密集产业的进口会略有下降，其他产业全部增长，增幅都在 2%~4% 之间。中国对"10+3"机制外国家的进口在资本密集产业和技术密集产业全部下滑，并且资本密集产业的下滑幅度更大，其他产业除了个别地区也主要表现为下滑。

表 6-11　　方案一和方案二下中国分产业和贸易对象的进口变化情况　　单位：%

经济体	方案一					
	农业	食品加工业	资源密集产业	技术密集产业	劳动密集产业	资本密集产业
日本	33.29	36.01	29.69	22.16	51.36	33.56
韩国	9.71	9.10	-0.34	-1.57	1.96	-6.70
蒙古	1.09	-0.91	-0.05	-2.93	-0.42	-4.88
新加坡	49.04	36.99	38.28	29.25	45.74	6.28
马来西亚	35.73	5.34	1.63	10.32	10.82	-4.01
印度尼西亚	24.97	-0.50	-1.89	14.03	0.51	1.54

续表

经济体	方案一					
	农业	食品加工业	资源密集产业	技术密集产业	劳动密集产业	资本密集产业
泰国	-14.08	32.53	3.31	12.01	-4.02	7.80
菲律宾	-4.16	45.19	-3.30	-2.51	-1.23	-5.95
文莱	-4.17	-0.57	-4.25	-5.71	14.01	-8.83
越南	-13.89	-4.36	-13.54	17.58	8.70	18.34
老挝	-9.17	0.80	11.30	18.49	-6.61	10.41
柬埔寨	-21.58	-8.98	73.86	50.40	4.05	32.74
印度	-0.19	-1.17	-0.32	-3.06	-0.99	-5.38
澳大利亚	0.92	-0.67	-0.01	-2.29	-0.01	-4.31
新西兰	0.49	-0.88	0.09	-2.45	-0.31	-4.53
美国	-0.01	-1.11	-0.38	-2.82	-0.91	-5.16
加拿大	-0.15	-1.27	-0.69	-3.16	-1.38	-5.52
墨西哥	-0.66	-1.41	-0.98	-3.41	-1.48	-5.89
秘鲁	-0.13	-1.17	-0.97	-2.74	-1.10	-4.96
智利	0.36	-0.80	-0.86	-1.99	-0.52	-4.39
俄罗斯	-0.38	-1.26	-0.12	-3.06	-1.39	-5.37
欧盟	-0.51	-1.39	-0.44	-3.29	-1.49	-5.69
其他	-0.52	-1.34	-0.37	-3.20	-1.37	-5.55
总体	2.88	2.22	-0.13	2.77	3.54	3.87
经济体	方案二					
	农业	食品加工业	资源密集产业	技术密集产业	劳动密集产业	资本密集产业
日本	28.74	31.87	33.34	25.47	53.28	39.18
韩国	1.75	0.38	-0.17	-2.13	-0.97	-5.64
蒙古	1.98	0.43	-0.05	-2.18	-0.92	-5.83
新加坡	1.16	0.08	-0.44	-2.75	-1.71	-6.74
马来西亚	1.47	0.36	-0.21	-2.22	-1.14	-6.18
印度尼西亚	1.36	0.32	-0.44	-2.31	-1.36	-6.27

续表

经济体	方案二					
	农业	食品加工业	资源密集产业	技术密集产业	劳动密集产业	资本密集产业
泰国	1.56	0.53	0.22	-2.05	-0.66	-6.71
菲律宾	2.17	0.88	0.42	-1.56	-0.45	-5.64
文莱	1.23	0.13	-0.68	-2.75	-1.83	-6.52
越南	1.87	0.65	0.95	-1.61	-0.78	-5.86
老挝	2.00	0.69	-0.51	-1.98	-0.81	-5.95
柬埔寨	1.98	0.75	0.27	-1.69	-0.92	-6.12
印度	1.21	0.20	-0.49	-2.50	-1.57	-6.37
澳大利亚	1.45	0.31	-0.37	-2.29	-1.30	-6.11
新西兰	1.29	0.26	-0.32	-2.32	-1.37	-6.14
美国	1.15	0.19	-0.54	-2.46	-1.58	-6.35
加拿大	1.23	0.19	-0.57	-2.47	-1.62	-6.36
墨西哥	1.03	0.10	-0.71	-2.63	-1.72	-6.55
秘鲁	1.24	0.23	-0.65	-2.32	-1.51	-6.12
智利	1.54	0.45	-0.54	-1.87	-1.14	-5.73
俄罗斯	1.17	0.20	-0.36	-2.42	-1.61	-6.28
欧盟	1.16	0.17	-0.46	-2.48	-1.62	-6.35
其他	1.10	0.16	-0.44	-2.50	-1.63	-6.37
总体	1.12	0.67	-0.25	1.69	2.87	3.75

资料来源：GTAP 模拟结果。

中国对"10+3"机制内国家的进口变化比较复杂，其中对日本和新加坡的各产业进口都有较大幅度增长，增幅最大的是对日本劳动密集产业的进口，达到 51.36%。可以看出东亚地区的贸易自由化在区域价值链的放大作用下，极大地促进了中国与日本在劳动密集产业的产业间贸易，该产业的中日进出口贸易都获得了大幅增长。

中国对韩国的进口在资源密集产业、技术密集产业和资本密集产业都有不同程度的下滑，农业和食品加工业则有超过9%的增长。中国对东盟国家的进口变化呈现非常明显的差异性。

在方案二下采用"分别签署双边自贸协定"的方式与"10＋3"成员国合作对各产业进口的总体变化方向与方案一是一致的，资源密集产业下降的幅度略大一些，其他部门的上涨幅度略小一些。中国对日本各产业进口都大幅上升，其中劳动密集产业上升幅度最大，达到53.28%。中国对除日本以外的其他地区的进口，在技术密集产业和资本密集产业全部下滑，其中资本密集产业的下滑幅度更大，在农业和食品加工业仍然保持了小幅的增长，在劳动密集产业全部下滑，在资源密集产业对大部分地区都表现为下滑。可以看出，在进口方面，中国与日本签署自贸协定产生的贸易转移效应主要发生在技术密集产业、劳动密集产业和资本密集产业，而中日贸易增长促进了工业品生产，进而增加了对原材料的需求，致使中国对所有国家的农业进口都有所增加。

由表6-12可以看出，在方案三下采用"共同签署零关税自贸协定"的方式建立 RCEP，中国资源密集产业的进口会略有下降，其他产业全部增长，增幅最大的是劳动密集产业，达到7.38%，其次是资本密集产业，进口增幅4.21%。具体看中国各产业对不同国家和地区的进口变化。首先是资源密集产业，虽然中国只有对澳大利亚和越南的进口出现下滑，但是由于澳大利亚是中国最主要的资源密集产业进口国，所以对澳大利亚28.73%的进口下滑直接导致整个产业的进口呈现负向变动。另外，可以看出中国技术密集产业、劳动密集产业、资本密集产业的进口对 RCEP 以外的国家全部呈现下滑，对 RCEP 成员则主要表现为增长。在食品加工业方面，中国对 RCEP 以外的国家主要表现为下滑，对 RCEP 成员则主要表现为增长。在农业方面，中国对 RCEP 内国家和 RCEP 外国家的进口均有增有减，方向上没有明显区别，但是区内的变化幅度明显更大。这说明区内的贸易自由化对原材料的资源配置起到了非常大的调节作用，同时中国的农业进口表现出更强的地区依赖性，对自贸区以外的贸易影响不大。

在方案四下采用"分别签署双边自贸协定"的方式与RCEP成员国合作，中国各产业的进口均呈现增长，其中增幅最大的是资本密集产业，为4.11%。与方案三进行比较可以发现，方案四下中国资源密集产业的进口变化方向发生了改变，呈现小幅增长，其他所有产业的增幅均小于方案三。这说明自贸协定对贸易的影响会最终作用到国内各产业的生产，调节产业间的资源配置，贸易自由化增加了中国对农业、食品加工业、技术密集产业、劳动密集产业和资本密集产业的进口需求，使资源更多地向这些部门倾斜，资源密集产业的进口需求的增长总是不及其他产业，并且有可能出现萎缩。

从表6-12还可以看出，中国-日本、中国-印度这两个自由贸易协定对中国对日本和印度的进口提升是全方位的，尤其是对日本的劳动密集产业的进口增幅高达52.74%。这说明中日贸易自由化显著巩固了中国和日本的价值链联系，促进了劳动密集产业的产业内贸易。另外，中日、中印贸易的增长对生产的带动作用直接作用在了对生产资料的需求上，原材料需求的增长全面拉动了中国农业进口，促使中国对所有国家和地区的农业进口都有小幅上升。社会总产出的增加必然地促进了消费的增长，进而继续反作用于各个产业的进口需求，不难理解中国食品加工业对各个国家和地区的进口都有小幅增长。继续考察中国对其他国家和地区在各产业的进口变化，可以看出，中国农业和食品加工业进口表现出较强的地域黏性，贸易转移作用主要发生在其他几个产业，尤其是技术密集产业、劳动密集产业和资本密集产业。

表 6 – 12　　　方案三和方案四下中国分产业和贸易对象的进口变化情况　　　单位：%

经济体	方案三					
	农业	食品加工业	资源密集产业	技术密集产业	劳动密集产业	资本密集产业
日本	33.15	35.99	34.16	22.17	45.61	33.20
韩国	11.75	10.74	4.43	-1.71	-3.51	-7.55
蒙古	-1.67	-2.14	0.61	-4.74	-7.50	-7.48
新加坡	49.43	37.28	42.77	30.07	40.82	7.01
马来西亚	36.50	5.88	6.60	11.25	6.13	-3.23
印度尼西亚	26.30	0.10	2.35	14.73	-4.47	2.17
泰国	-12.52	33.77	8.00	12.96	-8.52	8.61
菲律宾	-3.81	45.42	1.19	-1.90	-6.42	-5.54
文莱	-3.51	0.01	1.50	-4.39	9.47	-7.38
越南	-12.89	-3.51	-8.73	18.58	4.01	19.13
老挝	-8.56	1.17	15.37	19.08	-11.39	11.01
柬埔寨	-20.45	-8.15	78.43	51.48	-0.86	33.56
印度	37.96	26.79	6.21	20.22	30.50	30.19
澳大利亚	-30.71	-17.93	-28.73	-19.33	85.31	5.81
新西兰	14.81	5.25	0.19	-0.01	-7.92	-0.84
美国	0.37	-0.83	4.05	-2.10	-5.85	-4.43
加拿大	0.12	-1.03	3.62	-2.53	-6.41	-4.87
墨西哥	-0.55	-1.23	3.28	-2.87	-6.61	-5.38
秘鲁	-0.05	-1.04	2.94	-2.36	-6.36	-4.53
智利	0.56	-0.64	3.26	-1.52	-5.73	-3.92
俄罗斯	-0.22	-1.02	4.15	-2.45	-6.44	-4.71
欧盟	-0.34	-1.15	3.99	-2.63	-6.51	-5.01
其他	-0.22	-1.00	4.05	-2.41	-6.21	-4.69
总体	3.16	2.34	-0.90	3.27	7.38	4.21

续表

经济体	方案四					
	农业	食品加工业	资源密集产业	技术密集产业	劳动密集产业	资本密集产业
日本	28.85	31.90	33.52	25.62	52.74	39.42
韩国	1.90	0.44	0.08	-1.94	-1.46	-5.35
蒙古	2.26	0.51	0.01	-2.10	-1.37	-5.55
新加坡	1.38	0.18	-0.19	-2.48	-2.13	-6.39
马来西亚	1.82	0.49	0.10	-1.94	-1.45	-5.80
印度尼西亚	1.85	0.48	-0.18	-2.00	-1.67	-5.83
泰国	1.79	0.64	0.55	-1.74	-0.96	-6.33
菲律宾	2.32	0.92	0.53	-1.42	-0.99	-5.40
文莱	1.50	0.26	-0.32	-2.45	-2.27	-6.05
越南	2.14	0.78	1.27	-1.33	-1.20	-5.52
老挝	2.13	0.74	-0.39	-1.80	-1.25	-5.67
柬埔寨	2.19	0.85	0.50	-1.48	-1.47	-5.87
印度	28.20	26.82	1.15	17.15	21.79	21.02
澳大利亚	1.72	0.45	-0.10	-1.96	-1.56	-5.62
新西兰	1.51	0.37	-0.05	-2.06	-1.70	-5.73
美国	1.33	0.27	-0.32	-2.24	-1.98	-6.00
加拿大	1.40	0.26	-0.36	-2.27	-2.04	-6.04
墨西哥	1.18	0.14	-0.55	-2.47	-2.18	-6.29
秘鲁	1.43	0.30	-0.47	-2.09	-1.88	-5.76
智利	1.72	0.51	-0.38	-1.68	-1.61	-5.41
俄罗斯	1.40	0.31	-0.08	-2.14	-1.94	-5.84
欧盟	1.35	0.25	-0.23	-2.26	-2.01	-6.00
其他	1.38	0.31	-0.11	-2.16	-1.90	-5.88
总体	1.64	1.04	0.05	2.17	3.84	4.11

资料来源：GTAP 模拟结果。

由表 6-13 可以看出，在方案五下采用"共同签署零关税自贸协定"的方式建立 FTAAP，中国资源密集产业的进口会略有下降，其他产业全部增长，增幅最大的是劳动密集产业，达到 13.27%，其次是资本密集产业，进口增幅 7.65%。具体看中国各产业对不同国家和地区的进口变化。资源密集产业与 RCEP 的情况相类似，对澳大利亚进口的大幅下滑直接导致整个产业进口的下滑。

表 6-13 方案五和方案六下中国分产业和贸易对象的进口变化情况 单位：%

经济体	方案五					
	农业	食品加工业	资源密集产业	技术密集产业	劳动密集产业	资本密集产业
日本	38.72	34.45	32.42	18.42	47.49	28.17
韩国	7.76	4.43	4.62	-4.56	-3.78	-11.44
蒙古	-0.87	-5.89	0.64	-6.98	-5.25	-10.05
新加坡	48.65	32.92	41.56	27.30	41.35	3.22
马来西亚	35.85	1.93	5.10	8.64	6.74	-6.95
印度尼西亚	23.45	-5.17	0.82	10.46	-5.63	-3.00
泰国	-11.59	30.01	6.12	9.49	-9.01	4.84
菲律宾	-2.74	41.42	-0.04	-4.60	-6.18	-9.64
文莱	-4.62	-4.26	0.65	-7.19	9.78	-10.80
越南	-18.47	-10.71	-18.40	9.21	-1.25	10.12
老挝	11.51	3.49	6.07	3.84	8.40	1.44
柬埔寨	15.94	5.30	-0.91	4.02	6.65	-3.33
印度	-0.21	-4.58	4.10	-4.23	-3.61	-7.01
澳大利亚	-28.94	-20.85	-26.97	-19.52	89.21	5.65
新西兰	12.50	0.81	-0.35	-2.54	-7.01	-3.87
美国	14.79	25.73	16.00	23.71	27.82	35.89

续表

经济体	方案五					
	农业	食品加工业	资源密集产业	技术密集产业	劳动密集产业	资本密集产业
加拿大	30.14	33.29	4.94	6.52	1.85	49.41
墨西哥	42.31	20.10	2.22	14.86	37.39	68.32
秘鲁	44.16	6.68	2.53	-1.15	10.51	29.09
智利	9.73	7.23	1.94	-4.31	17.22	1.18
俄罗斯	1.77	28.89	8.64	12.98	2.91	31.03
欧盟	-1.19	-5.16	3.60	-4.55	-4.80	-7.45
其他	-1.03	-5.01	3.38	-4.45	-4.50	-7.19
总体	7.56	7.47	-0.87	6.56	13.27	7.65

经济体	方案六					
	农业	食品加工业	资源密集产业	技术密集产业	劳动密集产业	资本密集产业
日本	0.79	-2.06	-0.06	-0.72	2.55	-1.51
韩国	0.64	-2.22	-0.10	-0.71	2.61	-1.47
蒙古	1.79	-1.84	0.08	-0.99	2.74	-1.46
新加坡	0.61	-2.20	-0.26	-0.99	2.28	-1.97
马来西亚	0.94	-2.02	0.00	-0.66	2.84	-1.58
印度尼西亚	1.23	-1.71	0.08	-0.18	3.36	-0.91
泰国	0.85	-1.97	0.13	-0.55	3.08	-1.58
菲律宾	1.24	-1.69	0.27	-0.30	3.10	-1.07
文莱	0.82	-2.09	-0.16	-0.88	2.07	-1.63
越南	2.71	-0.72	3.53	1.76	4.50	0.43
老挝	1.58	-1.57	-0.11	-0.34	3.55	-1.26
柬埔寨	9.65	3.65	3.37	5.99	9.61	2.19
印度	1.20	-1.84	-0.02	-0.65	3.31	-1.44
澳大利亚	0.67	-2.10	-0.15	-0.85	2.69	-1.70

续表

经济体	方案六					
	农业	食品加工业	资源密集产业	技术密集产业	劳动密集产业	资本密集产业
新西兰	0.65	-2.15	-0.24	-0.94	2.62	-1.78
美国	11.38	21.89	13.57	26.67	33.94	43.26
加拿大	22.66	26.24	2.23	8.87	7.12	56.14
墨西哥	34.39	22.36	-0.09	17.38	30.53	68.09
秘鲁	1.17	-1.82	-0.13	-0.35	3.36	-0.94
智利	1.03	-1.88	-0.13	-0.43	2.87	-1.26
俄罗斯	-10.73	29.25	5.85	14.58	-3.90	28.48
欧盟	0.84	-2.04	-0.18	-0.77	2.80	-1.62
其他	0.96	-1.96	-0.15	-0.67	2.93	-1.46
总体	4.40	4.27	0.40	2.92	6.02	3.16

资料来源：GTAP 模拟结果。

老挝和柬埔寨虽然并没有参与 FTAAP，但是中国对这两个国家各产业的进口仍然表现为以增长为主，说明自贸区的贸易创造效应沿着区域价值链延伸到了自贸区之外。东盟的其他国家变化差异很大，其中仅新加坡表现为全面增长，很明显中国对东盟的进口有部分转移到了自贸区内其他地区，尤其是日本、俄罗斯和美洲地区。

在方案六下采用"分别签署双边自贸协定"的方式与 FTAAP 成员合作，中国各产业的进口均呈现增长，其中增幅最大的是劳动密集产业，为 6.02%。与方案五进行比较可以发现，方案六下中国资源密集产业的进口变化方向发生了改变，呈现小幅增长，其他所有产业的增幅均小于方案五。这与 RCEP 的情况类似，进一步说明自由贸易协定对贸易的影响会最终作用到国内各产业的生产，调节产业间的资源配置，贸易自由化增加了中国对农业、食品加工业、技术密集产业、劳动密集产业和资本密集产业的进口需求，使资源更多地向这些部门倾斜，资源密集产业的进口需求的增长总是不及其他产业，并且有可能出现萎缩。

从表6-13还可以看出中国农业和劳动密集产业的进口在除了俄罗斯以外的所有地区都呈现增长，食品加工业、技术密集产业和资本密集产业在几乎整个东亚区域呈现下滑。不难发现，中国与美洲国家签署双边自贸协定对整个东亚的产业链具有非常大的冲击。一方面，东亚劳动密集产业整体被拉升；另一方面在资本密集产业和技术密集产业，美洲地区表现出非常强的资源优势，对中国及对东亚的进口表现出非常强的替代性，即便是在方案六下新签署的中国–日本自贸协定，也没有表现出明显的贸易创造效应。

很明显，当东亚将一体化进程向整个亚太地区扩张，中国的劳动密集产业的进口和出口贸易都显著增长，是贸易增幅最大的产业。劳动密集产业作为中国传统优势产业，受到劳动力成本上升等因素的影响，在东亚地区正逐渐被东盟赶超，但是在范围更大的亚太区域，中国的劳动力禀赋仍然表现出非常强的资源优势。亚太地区的贸易自由化推动了中国加工业的发展，这对劳动密集产业的产业内贸易的促进作用是显而易见的。

第七章

研究总结

第一节 研究结论

本书对东亚经济一体化的现状和理论进展进行了梳理，并利用随机前沿引力模型对中国与东亚不同经济体的贸易效率和贸易潜力进行了测算，估计了自由贸易协定对进口和出口的影响方向和程度，利用GTAP模型对中国在东亚地区建立不同自由贸易区的经济效应进行了模拟。本书还基于分析结果对中国参与东亚经济一体化的对策进行了探讨。主要研究结论如下：

一、与东亚经济体签署自贸协定对我国出口贸易的影响大于进口贸易

随机前沿引力模型的分析结果显示，中国与东亚国家和地区的贸易受到自由贸易协定的影响，但是进口贸易和出口贸易受影响的方向和程度都有所区别。与东亚经济体签署的自贸协定能够显著提高我国与缔约国的出口贸易效率，增加我国的出口额，并且还对出

口贸易效率具有显著的稳定作用;而在进口方面,自贸协定并没有表现出显著的促进或者削弱中国进口额的作用,但是对进口贸易的稳定性有显著的负面影响。从贸易平衡的角度来说,与东亚经济签署自贸协定,能够提升我国对东亚的出口额,扩大我国对东亚的贸易顺差。另外,测算结果还显示,中国对东亚地区的进口效率普遍高于出口效率,出口表现出更大潜力。通过签订自贸协定,降低贸易壁垒、扫清贸易自由化障碍,有助于激发出口潜力。

二、中国经济能够从自由贸易区范围扩张中获益

GTAP模拟结果显示,随着区域经济一体化范围的扩大,中国经济的获益也更能够获益,尤其是当东亚经济一体化的范围向东亚以外区域扩张时,中国的贸易和宏观经济指标的提升非常明显。在"10+3"机制下,中国的贸易增长伴随着GDP和贸易条件的下滑,有出现"贫困化增长"的风险,但是,随着自贸区的范围逐步扩大,这一风险将会消失。在RCEP的合作模式下,中国的所有宏观指标都获得了提升,FTAAP的合作模式对中国经济的带动作用则更大。

三、区域自贸协定比双边自贸协定对我国经济影响更大

本书在GTAP模拟使采用两种合作策略,一种是"共同签署零关税自贸协定",另一种是"分别签署双边自贸协定"。模拟结果显示,虽然在两种模式下中国的合作对象是一致的,但是"共同签署零关税自贸协定"明显比"分别签署双边自贸协定"对我国的经济影响更大。一方面是因为模拟是对区域自贸协定的关税设置为零,要略低于双边自贸协定;另一方面更重要的是区域自贸协定能够更大限度地调动区域整体经济活力,盘活整条区域价值链,在区域价值链对经济效应放大作用的加持下,区域自贸协定比双边自贸协定为东

亚经济发展提供了更多的动能。

四、东亚发展中国家在一体化过程中有陷入"贫困化增长"的风险

GTAP模拟结果同时还显示出，自由贸易协定产生的经济效果对发达国家要比对发展中国家更友好，能够普遍提高发达国家的贸易条件，而发展中国家在贸易获得增长的同时却可能伴随着贸易条件的恶化。中国在"10+3"机制下也同样出现了这种问题，但是随着自贸区范围的扩大，这一问题将得到解决；而东盟的发展中国家在多个模拟结果中都显示出"贫困化增长"倾向，并且自贸区范围的扩大也并未使这一问题得到改善。这就要求我国在推进东亚经济一体化的过程中不但要关注自身的经济增长，还要关注地区经济的协调发展，积极采取措施帮助其他东亚地区的发展中国家脱离"贫困化增长"。

第二节 政策建议

在要素分工、环节分工已成为当今国际分工主要形式的情况下，一个国家或地区国际分工地位的提升，主要表现在凭借特定要素的比较优势参与产业链条或产品工序所处地位及增值能力的提升上。我国应该充分利用东亚经济一体化，全面促进深化改革，加强对外经贸联系，在巩固既有要素优势的同时培育新的要素优势，提升我国在全球价值链中的分工地位。本书基于研究结论，提出以下三点政策建议。

一、以"一带一路"为契机推进"中国-东盟命运共同体"

2013年10月3日,习近平主席在印度尼西亚国会发表题为《携手建设中国-东盟命运共同体》的讲话,首次提出建设"中国-东盟命运共同体",并提出中国-东盟关系应向讲信修睦、合作共赢、守望相助、心心相印、开放包容五个方向努力①。东南亚是中国提出与之建立"命运共同体"的首个地区,此后,"中国-东盟命运共同体"的概念在中国与东盟的互动合作中不断被阐释并强化。本书GTAP模拟结果显示,东盟的发展中国家在东亚一体化过程中有陷入"贫困化增长"的风险。可以预见,仅仅立足于中国的经济利益来推进东亚经济一体化很有可能会遭到东盟国家的排斥,也不符合中国与周边国家共享经济发展成果的合作初衷。建设"中国-东盟命运共同体",借助"一带一路"建设带动东盟国家经济发展,可以巧妙地化解"贫困化增长"难题。

国际和地区秩序通常由大国进行规范,但是东亚目前的区域经济一体化进程却主要是由东盟推动的②,也就是说,"中国-东盟命运共同体"的构建应该基于已建立的"中国-东盟自由贸易区"合作规范框架,由中国和东盟共同探讨、共同设计如何进一步深化合作。

另外,"一带一路"倡议为中国与东盟共同构建"命运共同体"创造了契机。《推动共建丝绸之路经济带和21世纪海上丝绸之路的愿景与行动》倡议"打造政治互信、经济融合、文化包容的利益共同体、命运共同体和责任共同体",强化包括中国-东盟"10+1"

---

① 习近平. 携手建设中国-东盟命运共同体 [N]. 人民日报, 2013-10-04 (002).
② 范佳睿, 翟崑. 规范视角下的"中国-东盟命运共同体"构建 [J]. 当代亚太, 2017 (1): 4-25, 156.

在内的合作机制。"中国－东盟命运共同体"与"一带一路"倡议的思路是契合的。在"一带一路"的布局下，通过实现"政策沟通、设施联通、贸易畅通、资金融通、民心相通"，中国能够与东盟国家在各领域建立起紧密的合作关系。尤其是作为"一带一路"优先领域的基础设施互联互通，能够为东盟发展中国家提供丰富多样的公共物品，提升国民福利水平，夯实经济发展基础。以"一带一路"为契机推进"中国－东盟命运共同体"的建立不仅能够从实质上解决东盟在东亚经济一体化进程中可能出现的"贫困化增长"问题，而且构建"命运共同体"表明了中国愿意与周边国家协同发展、共享经济成果的决心，有利于中国与东盟对东亚经济一体化的发展方向达成共识。

二、加快"中日韩"自贸区谈判进程

从本书 GTAP 模拟的结果可以看出，日本是东亚经济一体化的最大受益者，但当中国以"分别签署双边自贸协定"的方式与更多的国家合作时，日本的收益开始下降，并且在中国以"分别签署双边自贸协定"的方式与 FTAAP 成员合作时，日本的收益消失，并且所有指标出现下滑。也就是说，不考虑地缘政治的影响，仅就经济获益的情况而言，日本应该具有推进东亚在较大范围建立统一的自由贸易区的动力，"中日韩"自贸区谈判应该充分利用这一因素的积极影响。事实上，中日韩自由贸易区能够为中国、日本和韩国创造经济利好是被学术界广泛肯定的，其建设的障碍主要来自于地缘政治压力等非经济因素。

中日韩自由贸易区谈判自 2012 年启动以来，已经经历了 13 轮谈判。谈判曾一度接近成功，但是日本在地缘政治上的严重右倾致使合作陷入停滞。有别于以往的"政冷经热"，中日韩经贸关系急剧恶化，2013 年的中日双边贸易和日本的对华投资都出现下滑，究其原因在于，东北亚原本就复杂的地缘政治关系和美国的亚太再平衡战略对日本经济政策的影响①。

从次区域层面来看，中国、日本和韩国是由全球价值链联结在一起的利益共同体，建设中日韩自由贸易区是现实的需要；从东亚区域层面来看，中国、日本、韩国的区域合作是东北亚区域经济一体化的核心，中日韩自由贸易区也是东亚区域经济一体化能否实现的关键点；从跨区域层面来看，在更大范围的亚太地区，中日韩自由贸易区也对多个自贸区都起到穿针引线的作用。2015年6月，中国与韩国正式签署了中韩自由贸易协定，该协定已于2015年12月正式生效，这为中日韩自由贸易区谈判奠定了良好的基础。中日韩三方应当秉持互利共赢的合作态度，摒弃历史和政治偏见，克服非经济因素的阻力，利用现有合作机制的协调作用，将积极推进中日韩自由贸易区谈判作为当前东亚区域经济一体化的重中之重。

三、构筑东亚自由贸易区网络以实现价值链攀升

国务院《关于加快实施自由贸易区战略的若干意见》确定了我国区域经济一体化建设中长期的目标是："形成包括邻近国家和地区、涵盖'一带一路'沿线国家以及辐射五大洲重要国家的全球自由贸易区网络"。落实自由贸易区战略，首先在东亚地区构筑中国主导的自由贸易区网络，不但能够为我国在国际贸易规则重构中赢得主动，而且可以缓冲大型跨区域贸易协定对我国的冲击，巩固和提升我国在区域价值链中的分工地位。

东亚也已形成一条较为成熟的区域价值链，而价值链对自贸协定

---

① 王皓，许佳.中日韩FTA建设与东北亚区域合作——基于中日韩三国自贸区战略的分析［J］.亚太经济，2016（4）：3-8.

贸易创造效应和贸易转移效应的放大作用使得东亚区域经济一体化可能产生的影响进一步扩大。换言之，如果中国不主动参与、推进东亚区域经济一体化，可能会被动承受严重的贸易转移后果，而积极主导建设东亚自由贸易区网络，不但能够使中国经济获益，还能够提升整个东亚价值链，带动价值链上各环节的发展，惠及整个东亚地区。

我国首先需要以更加开放的心态审视国际贸易规则的发展趋势，并对自身的发展阶段和潜力进行理性的评估。需要认识到，在全球价值链的影响下国际贸易规则正在向高标准的方向发展，以更加包容的态度解读高标准自由贸易协定是当务之急。此外，我国还需要对自身状况有清晰的认识，这样才能正确判断我国参与东亚经济一体化发展的方向和障碍，并提前做好应对冲击的准备。

在自贸区的选择上，双边自贸协定谈判难度低、经济效应小，可以先行推进，为区域自贸协定的谈判做铺垫；区域自贸协定谈判难度高、经济效应大，应该作为中国引导东亚经济一体化的重要目标。东亚区域经济一体化应该作为中国自由贸易区战略的出发点，而非最终目标，要立足于东亚、向周边辐射。在推进东亚经济一体化的过程中，要充分了解与东亚不同国家和地区之间的贸易潜力，结合产业规划和贸易平衡的预期，有针对性地重点推进与有较大贸易潜力的地区的合作。另外，在自由贸易区规划时，既要考虑对区内国家和地区的经济影响，还要考虑对区外国家和地区的影响，对有可能产生的外部压力做到提前预估。

我国要向东亚区域价值链高端攀升、实现产业结构优化升级，必须在提升货物贸易自由化、便利化的同时积极推进服务贸易与投资的自由化、便利化，借助东亚经济一体化促进货物贸易、服务贸易与投资三者的协调发展。转变制造业发展方式，需要服务业尤其是高级生产者服务业的支撑。但是我国生产者服务业正遭遇"供求"

双约束，呈现低水平均衡，对制造业发展方式转变的支撑作用不明显①。现阶段，我国服务业市场化程度偏低，服务贸易与货物贸易的发展水平失衡。我国在东亚经济一体化的过程中应该关注有益于服务贸易发展的规则，一方面，通过市场准入的放开，引入外部投资者，刺激服务业的竞争，促进服务业的发展；另一方面，鼓励服务业输出，利用服务贸易将高端要素嵌入东亚区域价值链分工，以获取更多收益。

---

① 金京，张二震，戴翔. 论新形势下我国开放型经济发展战略的调整 [J]. 经济管理，2015 (6)：12-20.

附录

《区域全面经济伙伴关系协定》（RCEP）协定正文节选*

序　言

本协定缔约方：

忆及东南亚国家联盟（本协定以下简称"东盟"）成员国与澳大利亚、中国、印度、日本、韩国和新西兰国家元首或政府首脑于2012年11月20日在柬埔寨金边发表的《关于启动〈区域全面经济伙伴关系协定〉谈判的联合声明》与通过的《〈区域全面经济伙伴关系协定〉谈判指导原则和目标》；

期望通过本协定，在缔约方之间现有经济联系的基础上，扩大并深化本地区经济一体化，增强经济增长和公平的经济发展，推进经济合作；

希望增强缔约方的经济伙伴关系，以创造新的就业机会，提高生活水平，改善各国人民的普遍福利；

寻求建立清晰且互利的规则，以便利贸易和投资，包括参与区域和全球供应链；

基于1994年4月15日在马拉喀什签署的《马拉喀什建立世界贸易组织协定》，以及东盟成员国与其自由贸易伙伴，即澳大利亚、中

---

* 资料来源：中国自由贸易区服务网。此处节选了RCEP协定正文的序言、第一章初始条款和一般定义、第二章货物贸易和第十章投资，其他章节及附件请参见中国自由贸易区服务网发布的官方文件。

国、日本、韩国、新西兰之间现有的自由贸易协定项下的各自的权利和义务;

顾及到缔约方间不同的发展水平,对适当形式的灵活性的需要,包括对特别是柬埔寨、老挝人民民主共和国、缅甸,以及在适当情况下,对越南提供的特殊和差别待遇,和对最不发达国家缔约方采取的额外的灵活性;

考虑到需要帮助最不发达国家缔约方更多地参与本协定,以便他们能够更有效地履行其在本协定项下的义务和利用本协定带来的利益,包括扩大其贸易和投资机会以及参与区域和全球供应链;

认识到良好的治理以及可预期、透明和稳定的商业环境将促进经济效率的提高和贸易与投资的发展;

重申每一缔约方为实现合法的公共福利目标而进行监管的权利;

认识到可持续发展的三大支柱是相互依存、相互促进的,以及经济伙伴关系能够在促进可持续发展方面发挥重要作用;

进一步认识到区域贸易协定和安排在加快区域和全球贸易投资自由化方面可产生的积极作用,以及在促进开放、自由和以规则为基础的多边贸易体制方面的作用。

协定如下:

第一章 初始条款和一般定义

第一条 区域全面经济伙伴关系自由贸易区的建立

本协定缔约方,在与《1994年关税与贸易总协定》第二十四条和《服务贸易总协定》第五条相一致的基础上,特此依照本协定条款建立区域全面经济伙伴关系自由贸易区。

第二条 一般定义

就本协定而言,除非本协定另有规定:

(一)《反倾销协定》指《WTO协定》附件1A所含《关于实施1994年关税与贸易总协定第六条的协定》;

(二) 本协定指《区域全面经济伙伴关系协定》；

(三)《农业协定》指《WTO 协定》附件 1A 所含《农业协定》；

(四)《海关估价协定》指《WTO 协定》附件 1A 所含《关于实施 1994 年关税与贸易总协定第七条的协定》；

(五) 日指日历日，包括周末和节假日；

(六) 现行指在本协定生效之日有效；

(七) GATS 指《WTO 协定》附件 1B 所含《服务贸易总协定》；

(八) GATT 1994 指《WTO 协定》附件 1A 所含《1994 年关税与贸易总协定》；

(九) GPA 指《WTO 协定》附件 4 所含《政府采购协定》；

(十) 协调制度或者 HS 指《商品名称及编码协调制度》，包括 1983 年 6 月 14 日订于布鲁塞尔的由世界海关组织通过和管理的《商品名称及编码协调制度的国际公约》附件规定的归类总规则、类注释、章注释和子目注释，以及缔约方在各自法律框架内修订、采用和实施的归类总规则、类注释、章注释和子目注释；

(十一) IMF 指国际货币基金组织；

(十二)《国际货币基金组织协定》指 1944 年 7 月 22 日订于布雷顿森林的《国际货币基金组织协定》；

(十三)《进口许可程序协定》指《WTO 协定》附件 1A 所含《进口许可程序协定》；

(十四) 法人根据适用法律组建或组织的任何实体，无论是否以营利为目的，无论属私营所有还是政府所有，包括任何公司、信托、合伙企业、合资企业、独资企业、协会或类似组织；

(十五) 最不发达国家指联合国指定的、尚未从最不发达国家的类型中毕业的任何国家；

(十六) 最不发达国家缔约方指属于最不发达国家的任何缔约方；

(十七) 措施指一缔约方采取的任何措施，包括法律、法规、规定、程序、决定、行政行为或任何其他形式；

（十八）缔约方指本协定对其生效的任何国家或单独关税区；

（十九）易腐货物指由于其固有特性，特别是在缺乏适当的储藏条件下快速变质的货物；

（二十）人指自然人或法人；

（二十一）个人信息指与已识别的或可识别的个人相关的任何信息，包括数据；

（二十二）《装运前检验协定》指《WTO协定》附件1A所含《装运前检验协定》；

（二十三）RCEP指区域全面经济伙伴关系；

（二十四）RCEP联合委员会是指根据第十八章第二条（设立RCEP联合委员会）设立的区域全面经济伙伴关系联合委员会；

（二十五）《保障措施协定》指《WTO协定》附件1A所含《保障措施协定》；

（二十六）《SCM协定》指《WTO协定》附件1A所含《补贴与反补贴措施协定》；

（二十七）中小企业指任何小型和中型企业，包括任何微型企业，在适当情况下可由每一缔约方依照各自的法律、法规或国家政策进一步定义；

（二十八）《SPS协定》指《WTO协定》附件1A所含《实施卫生与植物卫生措施协定》；

（二十九）《TBT协定》指《WTO协定》附件1A所含《技术性贸易壁垒协定》；

（三十）贸易管理文件是指一缔约方发布或控制的、必须由或为了进口商或出口商完成的、与货物进出口相关的表格；

（三十一）《贸易便利化协定》指《WTO协定》附件1A所含《贸易便利化协定》；

（三十二）《TRIPS协定》指《WTO协定》附件1C所含《与贸

易有关的知识产权协定》;

(三十三)《关于国际收支条款的谅解》指《WTO 协定》附件 1A 所含《关于 1994 年关税与贸易总协定国际收支条款的谅解》;

(三十四) WTO 指世界贸易组织;

(三十五)《WTO 协定》指订于 1994 年 4 月 15 日的《马拉喀什建立世界贸易组织协定》。

第三条　目标

本协定的目标是:

(一) 建立一个现代、全面、高质量和互惠的经济伙伴关系框架,以促进区域贸易与投资的扩张,推动全球经济增长与发展,同时兼顾缔约方,特别是最不发达国家缔约方,所处的发展阶段和经济需求;

(二) 通过逐步取消缔约方之间实质上所有货物贸易的关税和非关税壁垒,逐步实现缔约方之间货物贸易的自由化和便利化;

(三) 逐步在缔约方之间实施涵盖众多服务部门的服务贸易自由化,以实现实质性取消缔约方之间在服务贸易方面的限制和歧视性措施;

(四) 在区域内创造自由、便利和具有竞争力的投资环境,以增加缔约方之间的投资机会,提升投资的促进、保护、便利化和自由化。

第二章　货 物 贸 易

第一节　总则和货物市场准入

第一条　定义

就本章而言:

(一) 领事事务指一缔约方拟向另一缔约方领土出口的货物必须首先提交该进口缔约方在出口缔约方领土内的领事机构进行监管的要求,以获得商业发票、原产地证书、舱单、货主出口声明,或进口要求的或与进口相关的任何其他海关文件的领事发票或领事签证；

（二）关税指与某一货物的进口有关而征收的任何关税或进口税以及任何种类的费用，但不包括任何：

1. 以与GATT1994第三条第二款的规定相一致的方式征收等同于一国内税的费用；

2. 以与GATT1994第六条、《反倾销协定》和《补贴与反补贴措施协定》的规定相一致的方式适用的反倾销税或反补贴税；

3. 与所提供服务的成本相当的规费或其他费用。

（三）货物的完税价格指用于征收进口货物从价关税的货物的价格；

（四）免税指免征海关关税；

（五）进口许可程序指作为进口至进口缔约方领土的前提条件，要求向进口缔约方相关行政机构提交除一般海关通关所需的单证外的申请或其他单证的行政程序；

（六）原产货物是指根据第三章（原产地规则），具备原产货物资格的货物。

第二条 范围

除本协定另有规定外，本章应当适用于缔约方之间的货物贸易。

第三条 国内税和国内法规的国民待遇

每一缔约方应当根据GATT1994第三条给予其他缔约方的货物国民待遇。为此，GATT1994第三条经必要修改后应当纳入本协定，并且成为本协定的一部分。

第四条 关税削减或取消

一、除本协定另有规定，每一缔约方应当根据附件一（关税承诺表）中的承诺表削减或取消对其他缔约方原产货物的关税。

二、为进一步明确，根据《WTO协定》，如果一缔约方针对其他缔约方的原产货物所实施的最惠国关税税率低于该缔约方在附件一（关税承诺表）中承诺表规定的关税税率，其他缔约方的原产货物在进口时应当有资格适用该缔约方针对这些货物实施的最惠国关税税率。在遵循其法律法规的情况下,每一缔约方应当规定,在进口商进口时未提出较低税率请求的情况下,该进口商可以申请退还为某一货物多缴纳的任何关税。

三、对于第四章第五条(透明度)第一款第(二)项,每一缔约方应当在可行的范围内尽快但不迟于实施之日,使其所实施的最惠国关税税率和根据第一款所适用的最新关税的任何修正可公开获得。

第五条 加速关税承诺①

一、本协定的任何规定不得妨碍缔约方根据第二十章第四条(修正)对本协定进行修正,以加速或改进附件一(关税承诺表)中其承诺表所列的关税承诺。

二、两个或两个以上的缔约方②可以基于共识,就附件一(关税承诺表)中其承诺表所列的关税承诺的加速或改进进行磋商。加速或改进这些缔约方之间关税承诺的协定应当通过根据第二十章第四条(修正)对附件一(关税承诺表)中的承诺表进行修改来实施。任何此类关税承诺的加速或改进应当被扩展至所有缔约方。

三、一缔约方可以在任何时间单方面加速或改进附件一(关税承诺表)中其承诺表所列的关税承诺。任何此类关税承诺的加速或改进应当扩展至所有缔约方。该缔约方应当在新的优惠关税税率生效前尽早通知其他缔约方。

四、为进一步明确,在一缔约方单方面加速或改进第三款所提及的关税承诺后,该缔约方可以提高其优惠关税水平,但不得超过附件一(关税承诺表)中其承诺表所列的该相关年度的优惠关税税率水平。该缔约方应当在此类日期前尽早通知其他缔约方新的优惠关

---

① 为进一步明确,本条应当仅适用于本协定项下的关税承诺。
② 就本款而言,"两个或两个以上的缔约方"指部分而非所有的缔约方。

税税率的生效日期。

第六条　关税差异

一、在存在关税差异①的原产货物的出口缔约方是其RCEP原产国的情况下，该原产货物应当适用附件一（关税承诺表）中进口缔约方对该出口缔约方承诺的优惠关税待遇。

二、原产货物的RCEP原产国应当为该货物根据第三章第二条（原产货物）获得其原产资格时所在的缔约方。对于适用第三章第二条（原产货物）第（二）项的原产货物，其在出口缔约方的生产工序超出第五款所列的微小加工的情况下，其RCEP原产国应当为出口缔约方。

三、尽管有第二款的规定，对于一进口缔约方在附件一（关税承诺表）附录所列的原产货物，在该货物符合附录规定附加要求的情况下，其RCEP原产国应当为出口缔约方。

四、根据第二款和第三款，原产货物的出口缔约方未能被确立为RCEP原产国的情况下，该原产货物的RCEP原产国应当是，为该货物在出口缔约方的生产提供最高价值原产材料的缔约方。在这种情况下，该原产货物应当适用进口缔约方对其RCEP原产国承诺的优惠关税待遇。

五、就第二款而言，"微小加工"指下列任何操作：

（一）为确保货物在运输或储存期间保持良好状态而进行的保存操作；

（二）为运输或销售而对货物进行的包装或展示；

（三）简单②加工，包括过滤、筛选、挑选、分类、磨锐、切割、纵切、研磨、弯曲、卷取或开卷；

（四）在货物或其包装上粘贴或印刷标记、标签、标识或其他类

---

① 缔约方理解，"关税差异"指一进口缔约方对同一原产货物适用不同的关税待遇。
② 就本款而言，"简单"用来描述既不需要专门的技能也不需要专门生产或装配机械、仪器或装备的行为。

似的用于区别的标志；

（五）仅用水或其他物质稀释，不实质改变货物的特性；

（六）将产品拆分成零件；

（七）屠宰①动物；

（八）简单的喷漆和抛光操作；

（九）简单的去皮、去核或去壳；

（十）同种类或不同种类货物的简单混合；

（十一）第（一）项至第（十）项所述的两种或两种以上操作的任意组合。

六、尽管有第一款和第四款的规定，进口缔约方应当允许一进口商申请享受下列优惠关税待遇之一：

（一）在进口商能够证明所有提供了原产货物生产所使用的原产材料的缔约方的情况下，进口缔约方对有关缔约方适用的最高关税税率。为进一步明确，上述原产材料仅指判定最终货物原产资格所涉及的原产材料；

（二）进口缔约方对其他缔约方同一原产货物所适用的最高关税税率。

七、尽管有第二十章第八条（一般性审议）的规定，缔约方应当在本协定生效之日起两年内开始审议本条，此后每三年或按照缔约方之间的约定，削减或取消本条所含要求以及一缔约方在附件一（关税承诺表）其承诺表中附录规定的税目数量和要求。

八、尽管有第七款的规定，对于一缔约方在附件一（关税承诺表）其承诺表中的附录，在另一国家或单独关税区加入本协定时，该缔约方保留对附录进行修改的权利，包括该附录的附加要求。上述修改应当经过所有缔约方的同意，并应当根据第二十章第四条（修正）和第二十章第九条（加入）生效。

---

① 就本款而言，"屠宰"指仅杀死动物。

第七条 商品归类

缔约方之间的货物贸易商品归类应符合协调制度。

第八条 海关估价

为确定缔约方之间贸易货物的完税价格，GATT1994 第七条的规定以及《海关估价协定》的第一部分和附件一解释性说明的规定经必要修改后应当适用。

第九条 过境货物

每一缔约方应根据 GATT1994 第五条第三款以及《贸易便利化协定》的有关规定，继续为来自或运往其他缔约方的过境货物提供清关便利。

第十条 货物的临时准入

一、每一缔约方应当按照其法律法规，允许被运入其关税区的货物有条件的全部或部分免于支付进口关税和国内税，如此类货物：

（一）为特定目的而运入其关税区；

（二）计划在特定期限内复出口；

（三）除因其使用所造成的正常折旧和磨损外未发生任何改变。

二、应相关人员的请求并且由于其海关认为正当的原因，每一缔约方应当将第一款规定的免税临时准入的期限延长至最初确定的期限之后。

三、任何缔约方不得对第一款规定的一货物的临时准入设定条件，除要求该货物：

（一）仅由另一缔约方国民或居民在其开展经营活动、贸易、专业或体育活动时使用或在其个人监督之下；

（二）在其领土内时不出售或租赁；

（三）附上一份金额不超过其他情况下入境或最终进口时应支付的关税、国内税、规费以及费用的保证金或者担保，在该货物出口时可返还；

（四）在进口或出口时可确认；

（五）除非延期，否则在第（一）项所提及的人员离境时，或在该缔约方可设定的与暂准进口目的相关的此类其他期限内出口；

（六）准许的数量不得超过其预期用途的合理数量；

（七）根据其法律法规，其他允许进入该缔约方领土的情况。

四、如一缔约方根据第三款的规定所施加的任何条件未得到满足，该缔约方可在其法律法规规定的任何其他费用或处罚之外，适用关税以及正常情况下对该货物收取的其他费用。

五、每一缔约方应当允许根据本条规定临时准入的货物经由其被进口的海关口岸以外的海关口岸①再出口。

第十一条　集装箱和托盘的临时准入

一、每一缔约方，根据其法律法规或该缔约方作为参与方的相关国际协定的规定，应当允许正在使用或被用于装运国际运输货物的集装箱和托盘的免税临时准入，不论其原产地。

（一）就本条而言，"集装箱"指一种运输设备货品（防水密封运货箱、移动式贮槽或其他类似结构）：

1. 全部或部分封闭，以构成用于装载货物的隔间；

2. 具有永久特性，并且因为足够坚固而适合重复使用；

3. 经特殊设计以便利装运货物，采用一种或多种运输方式而无需中途重新装卸；

4. 设计为可直接搬运，特别是从一种运输方式转换为另一种运输方式时；

5. 设计为易于装填和清空；

6. 内部体积为1立方米或大于1立方米。

在配件和设备随集装箱运输的情况下，"集装箱"应当包括与该集装箱箱型相适应的配件和设备。"集装箱"不得包括车辆、车辆配件或备件、包装或者托盘。"可拆卸的物体"应当被视为集装箱。

---

① 对于老挝人民民主共和国，"海关口岸"是指国际海关口岸。

（二）就本款而言，"托盘"是指一种可以通过其甲板将一定数量的货物组装成一个单元负荷以便运输，或在机械设备的帮助下进行搬运或堆叠的装置。这种装置由以托架分开的两层甲板构成，或由以垫脚支撑的单层甲板构成；其整体高度被降到最低，以与叉车或托盘车的搬运相适应；它可以有也可以没有上层结构。

二、在遵循第八章（服务贸易）和第十章（投资）的前提下，对于根据第一款临时准入的集装箱[①]：

（一）每一缔约方应当允许自另一缔约方领土进入其领土的用于国际运输的集装箱，经由任何合理的与该集装箱的经济和快速离境相关的途径离开其领土[②]；

（二）任何缔约方不得仅因为集装箱的进境口岸和离境口岸之间的差异，要求提供保证金或实施任何处罚或收取任何费用；

（三）任何缔约方不得将经由任何特定口岸离境作为解除对进入其领土的集装箱征收的任何保证金的条件；

（四）任何缔约方不得要求将集装箱自另一缔约方领土运至其领土的承运人，与将该集装箱运至该另一缔约方领土的承运人相同。

第十二条　无商业价值样品的免税入境

每一缔约方应当在遵守其法律法规的情况下，允许从其他缔约方领土进口的无商业价值样品免税入境，不论其原产地。

第十三条　农业出口补贴

一、缔约方重申 2015 年 12 月 19 日于内罗毕通过的《2015 年 12 月 19 日关于出口竞争的部长级决定》（WT/MIN（15）/45，WT/L/980）中所作的承诺，包括取消已计划的对农产品使用出口补贴的

[①] 为进一步明确，本款中的任何规定不得影响一缔约方依照第十七章第十二条（一般例外）或者第十七章第十三条（安全例外）所采取或维持措施的权利。

[②] 为进一步明确，本项中的任何规定不得解释为阻止一缔约方采取或维持普遍适用的公路和铁路安全或保护措施，或者阻止一集装箱在该缔约方不设口岸的地方进入或离开其领土。一缔约方可以依照其法律法规向其他缔约方提供可以用于集装箱离境的口岸清单。

权利。

二、缔约方的共同目标是在多边框架下取消对农产品的出口补贴,并且应当共同努力阻止对农产品的出口补贴以任何形式被重新使用。

第十四条　关税承诺表的转换

每一缔约方应当保证为按照经定期修订的修订版协调制度的术语履行附件一(关税承诺表)而对其承诺表进行的转换,不损害附件一(关税承诺表)中所列关税承诺。

第十五条　减让的修改

在特殊情况下,如一缔约方在履行其关税承诺时面临无法预见的困难,该缔约方可以经所有其他利害关系缔约方同意,并经 RCEP 联合委员决定,修改或撤销附件一(关税承诺表)其承诺表中所涵盖的减让。为寻求达成此类同意,拟修改或撤销其减让的缔约方应当通知 RCEP 联合委员会,并且与任何利害关系缔约方进行谈判。在此类谈判中,拟修改或撤销其减让的缔约方应当维持对等且互惠的减让水平,并且其对所有其他利害关系缔约方的减让水平均不低于在此类谈判之前本协定所规定的减让水平,此类减让可包括对其他货物的补偿性调整。共同同意的谈判结果,包括任何补偿性调整,应当根据第二十章第四条(修正)反映在附件一(关税承诺表)中。

第二节　非关税措施

第十六条　非关税措施的适用

一、除非根据其在 WTO 或者本协定项下的权利和义务,一缔约方不得对任何其他缔约方的任何货物的进口或者任何货物向任何其他缔约方领土的出口,采取或维持任何非关税措施。

二、每一缔约方应当保证第一款所允许的非关税措施的透明度,并且应当保证任何此类措施的制定、采取或实施不以对缔约方之间的贸易造成不必要的障碍为目的,或产生此种效果。

第十七条　普遍取消数量限制

一、除本协定另有规定外,任何缔约方不得对从其他缔约方进口的任何货物或者向其他缔约方领土出口的任何货物采取或维持除关税、国内税或其他费用外的任何禁止或限制,无论此类禁止或限制通过配额、进口或出口许可或其他措施生效,但根据其在《WTO协定》相关规定项下的权利和义务作出的禁止或限制除外。为此,GATT1994第十一条经必要修改后纳入本协定并成为本协定一部分。

二、如一缔约方根据GATT1994第十一条第二款第(一)项采取禁止或限制出口的措施,该缔约方应请求应当:

(一)将此类禁止或限制及其原因、性质和预计期限通知其他缔约方,或者公布此类禁止或限制;

(二)向可能受到严重影响的另一缔约方或其他缔约方提供对此类禁止或限制相关的事项进行磋商的合理机会。

第十八条 非关税措施的技术磋商

一、一缔约方可以请求与另一缔约方就其认为对其贸易产生不利影响的措施进行技术磋商。该请求应当以书面形式作出,并且应当明确指明该措施以及关于该措施如何对请求技术磋商的缔约方(本条以下称"请求方")与被请求的缔约方(本条以下称"被请求方")之间的贸易产生不利影响的关切。

二、如该措施涵盖在另一章项下,则应当采用该章规定的任何磋商机制,除非请求方和被请求方(本条以下合称"磋商方")另有约定。

三、除第二款规定外,被请求方应当在收到第一款中提及的书面请求后60天内向请求方作出回复并开展技术磋商,除非磋商方另有决定,以期在提出请求后180天内达成共同满意的解决方案。技术磋商可以通过磋商方同意的任何方式进行。

四、除第二款规定的情况外,技术磋商请求应当散发给所有其他缔约方。其它缔约方可以请求参与磋商,并基于其在请求中所列明的利益进行磋商。任何其他缔约方的参与须经磋商方同意。磋商方应当充分考虑此类请求。

五、如请求方认为一事项紧急或者涉及易腐货物,可以请求在比第三款规定的期限更短的期限内进行技术磋商。

六、除第二款的规定外,不论作为请求方或被请求方,各缔约方应当向货物贸易委员会提交一份关于使用本条项下技术磋商的年度通报。该通报应当包含此类磋商进展和结果的摘要。

七、为进一步明确,本条项下的技术磋商应当不损害一缔约方与第十九章(争端解决)和《WTO协定》项下争端解决程序相关的权利和义务。

第十九条 进口许可程序

一、每一缔约方应当确保所有自动和非自动进口许可程序以透明和可预测的方式实施,并且根据《进口许可程序协定》实施。任何缔约方不得采取或维持与《进口许可程序协定》不一致的措施。

二、在本协定对该缔约方生效后,每一缔约方应当迅速将任何现行的进口许可程序通报其他缔约方。该通报应当包括《进口许可程序协定》第五条第二款规定的信息。一缔约方应当被视为符合本款的规定,如:

(一)该缔约方已经将进口许可程序以及《进口许可程序协定》第五条第二款规定的信息向根据《进口许可程序协定》第四条设立的WTO进口许可程序委员会通报(本章以下称"WTO进口许可程序委员会");

(二)在本协定对该缔约方生效前,该缔约方最近一次向WTO进口许可程序委员会提交的对《进口许可程序协定》第七条第三款规定的进口许可程序年度调查问卷进行答复的年度文件中,该缔约方已就此类现行进口许可程序提供该调查问卷所要求的信息。

三、每一缔约方应当尽可能在生效前30天,将其任何新的进口许可程序以及对现行进口许可程序所做的任何修改通报其他缔约方。在任何情况下,一缔约方不得迟于公告之日后60天提供该通报。本款项下规定的通报应当包括《进口许可程序协定》第五条中规定的信息。如一缔约方根据《进口许可程序协定》第五条第一款、第二款或第三款向 WTO 进口许可程序委员会通报了一项新的进口许可程序或对现行进口许可程序的修改,则应当视为遵守本款。

四、在实施任何新的或修改的进口许可程序前,一缔约方应当在官方政府网站上公布新程序或者对程序的修改。在可能的情况下,该缔约方应当在新程序或对程序的修改生效前至少 21 天公布。

五、第二款和第三款要求的通报不影响进口许可程序是否与本协定一致。

六、根据第三款作出的通报应当明确在所通报的任何程序中是否:

(一)任何产品进口许可的条件对该产品所允许的最终用户有限制;

(二)该缔约方对获得任何产品的进口许可设定任何下列资格条件:

1. 产业协会的会员资格;

2. 产业协会对进口许可申请的批准;

3. 进口该产品或类似产品的历史;

4. 进口商或最终用户的最低产能;

5. 进口商或最终用户的最低注册资本;

6. 进口商与该缔约方领土内分销商有合同或其他关系。

七、在可能的范围内,每一缔约方应当在 60 天内答复另一缔约方关于各自许可机构采用的授予或拒绝进口许可的标准的所有合理咨询。该进口缔约方应当公布足够的信息,以便其他缔约方和贸易商了解授予或分发进口许可的依据。

八、不得因文件有轻微但未改变文件所包含基础数据的错误而驳回进口许可申请。文件的轻微错误可以包括例如页边距、使用的字体以及拼写错误在内的格式错误,此类错误显然没有欺诈意图或重大过失的情况。

九、如一缔约方拒绝另一缔约方某一货物的进口许可申请，应申请人的请求，该缔约方应当在收到该申请后的一段合理时间内向申请人解释拒绝的理由。

第二十条 进口和出口规费和手续

一、每一缔约方应当根据GATT1994第八条第一款，确保对进口或出口征收的或与进口或出口有关的所有任何性质的规费和费用（除了进口或出口关税、等同于国内税的费用或其他符合GATT1994第三条第二款的国内费用以及反倾销税和反补贴税）的数额限于所提供服务的近似成本，并且不构成对国内货物的间接保护，也不构成为财政目的对进口或出口征收的一种国内税。

二、每一缔约方应当迅速公布其征收的与进口或出口有关的规费和费用的细节，并且应当在互联网上提供此类信息。

三、任何缔约方不得要求与另一缔约方某一货物的进口相关的领事事务，包括相关的规费和费用。任何缔约方不得要求进口缔约方的海外代表或有权代表进口缔约方行事的实体对进口另一缔约方任何货物所提供的任何海关单证背书、认证或以其他方式出具证明或批准，也不得收取任何相关规费或费用。

第二十一条 部门倡议

一、缔约方可以决定就特定部门问题启动一项工作计划。如缔约方决定启动该工作计划，则该计划应当由货物贸易委员会制定和监督实施。缔约方应当努力在工作计划开始后的两年内完成该工作计划。

二、缔约方应当在同意涵盖在此类工作计划中的部门时，考虑所有缔约方的利益，包括缔约方在本协定谈判过程中提议过的部门或一缔约方确定的其他部门。

三、根据本条启动的任何工作计划应该以下列方式进行：

（一）增进缔约方对该问题的谅解；

（二）便利商业和其他相关利益方的参与；

（三）探讨缔约方可能采取的便利贸易的行动。

四、基于任何根据本条启动的工作计划的结果，货物贸易委员会可向 RCEP 联合委员会提出建议。

第十章 投　　资

第一条　定义

就本章而言：

（一）涵盖投资指，对于一缔约方而言，在本协定生效之日，已在该方领土内存在的另一缔约方投资者的投资，或已被东道国所接受①②，并遵循其相关法律、法规和政策（如适用）所设立、获取或扩大的投资③；

（二）可自由使用货币指国际货币基金组织（IMF）在《国际货币基金组织协定》及其可能的修订所确定的可自由使用货币；

（三）投资指一个投资者直接或间接，拥有或控制的，具有投资特征的各种资产，此类特征包括承诺资本或其他资源的投入、收益或利润的期待或风险的承担。投资可以采取的形式包括：

1. 法人中的股份、股票和其他形式的参股，包括由此派生的权利；

2. 法人的债券、无担保债券、贷款④及其他债务工具以及由此派

---

① 就马来西亚和泰国而言，本章规定的保护在适用的情况下，应当适用于经各自主管机关依照其各自的法律、法规和政策以书面方式明确批准保护的涵盖投资。

② 就柬埔寨、印度尼西亚和越南而言，"已接受"是指"视情况而定，已经个案登记或书面批准"。

③ 就本定义而言，"政策"是指由一方政府以书面形式认可和宣布并以书面形式向公众提供的影响投资的政策。

④ 一缔约方向另一缔约方发行的贷款不是投资。

生的权利①；

3. 合同项下的权利，包括交钥匙、建设、管理、生产或收入分享合同；

4. 东道国法律和法规所认可的知识产权和商誉；

5. 与业务相关且具有财务价值的金钱请求权或任何合同行为的给付请求权②；

6. 根据东道国法律法规或依合同授予的权利，如特许经营权、许可证、授权和许可，包括勘探和开采自然资源的权利；

7. 动产、不动产及其他财产权利，如租赁、抵押、留置或质押③。

"投资"不包括司法、行政行为或仲裁程序中的命令或裁决。

就本段中的投资定义而言，用于投资的投资回报应当被视为投资。投资或再投资资产发生任何形式上的变化，不得影响其作为投资的性质；

（四）非缔约方投资者指，对于一缔约方而言，试图④、正在或已经在该缔约方领土内进行投资，但不属于一缔约方的投资者；

（五）缔约一方投资者指试图⑤、正在或已经在另一缔约方领土内进行投资的另一缔约方的自然人或法人；

（六）法人指根据可适用的法律建立或组织的任何实体，无论是否以营利为目的，无论属于私营或政府所有，包括任何公司、信托、

---

① 一些形式的债务，如债券、无担保债券和长期票据，更可能具有投资的特征，而其他形式的债务，如因销售货物或服务而立即到期的付款请求权，则较不可能具有投资的特征。

② 为进一步明确，投资并不是金钱请求权完全来源于：
销售货物或服务的商业合同，或与此类商业合同有关的授信。

③ 为进一步明确，市场份额、市场准入、预期收益和盈利机会本身并不是投资。

④ 为进一步明确，缔约方理解当投资者已采取一项或多项具体行动进行投资时，则该投资者"试图"投资。如果进行投资需要通知或审批程序，则"试图"投资的投资者是指已启动此类通知或审批程序的投资者。

⑤ 为进一步明确，缔约方理解当投资者已采取一项或多项具体行动进行投资时，该投资者"试图"投资。如果进行投资需要通知或审批程序，则"试图"投资的投资者是指已启动此类通知或审批程序的投资者。

合伙、合资企业、个人独资企业、社团或类似组织，以及法人的分支机构①②③；

（七）一缔约方的法人指根据一缔约方的法律组建或组织的法人，以及设在该缔约方领土内并在该领土内从事商业活动的分支机构④⑤⑥；

（八）一缔约方的措施指由下列采取或维持的任何措施：

1. 该缔约方中央、地区或地方政府和主管机关；

2. 由该缔约方中央、地区或地方政府和主管机关授权行使职权的非政府机构；

（九）一缔约方的自然人指，就第（五）款而言，根据该缔约方的法律：

1. 为该缔约方的国民或公民；

2. 享有该缔约方永久居留权的自然人，前提是该缔约方和投资所在地的另一缔约方均承认永久居民权制度，并且在影响投资的措施方面缔约方给予各自永久居民与给予各自国民实质上相同的待遇。

第二条 范围

一、本章应当适用于每一缔约方采取或维持的、与下列有关的措施：

（一）另一缔约方的投资者；

（二）涵盖投资。

二、本章不得适用于：

（一）政府采购；

---

① 为进一步明确，法人分支机构不得根据本协定向任何缔约方提出任何诉请。

② 为进一步明确，在"法人"的定义中纳入"分支机构"，不影响缔约方根据其法律将分支机构视为不具独立法律存在和不是单独组织的实体的能力。

③ 非缔约方的法人分支机构不得视为一缔约方的法人。

④ 为进一步明确，法人分支机构不得根据本协定向任何缔约方提出任何诉请。

⑤ 为进一步明确，在"一缔约方的法人"的定义中纳入"分支机构"，不影响缔约方根据其法律将分支机构视为不具独立法律存在和不是单独组织的实体的能力。

⑥ 非缔约方的法人分支机构不得视为一缔约方的法人。

（二）一缔约方提供的补贴或补助；

（三）一缔约方相关机构或主管机关行使政府职权时提供的服务。就本章而言，"行使政府职权时提供的服务"指既不基于商业基础，也不与一个或多个服务提供者竞争的任何服务；

（四）一缔约方采取或维持的措施属于第八章（服务贸易）所涵盖的范围；

（五）一缔约方采取或维持的措施属于第九章（自然人临时流动）所涵盖的范围。

为进一步明确，就本协议生效前发生的任何行为或事实或任何已停止存在的情况，本章对任何缔约方不具有约束力。

三、尽管有第二款第（四）项的规定，第十章第五条（投资待遇）、第十章第七条（高级管理人员和董事会）①、第十章第九条（转移）、第十章第十一条（损失的补偿）、第十章第十二条（代位）以及第十章十三条（征收）经必要调整后，应当适用于影响一缔约方服务提供者在任何其他缔约方境内通过第八章（服务贸易）的商业存在提供服务的任何措施，但仅限于与本章涵盖投资和义务有关的任何此类措施。

第三条 国民待遇②

一、在投资的设立、取得、扩大、管理、经营、运营、出售或其他处置方面，每一缔约方给予另一缔约方投资者和所涵盖投资的待遇应当不低于在类似情形下其给予本国投资者及其投资的待遇。

二、为进一步明确，一缔约方根据第一款所给予的待遇，对于中央以外的政府层级而言，指不低于作为该缔约方一部分的该政府在类似情形下给予其投资者或投资的最优惠待遇。

---

① 第十章第七条（高级管理人员和董事会）仅适用于影响依照第八章第八条（不符措施承诺表）作出承诺的缔约方提供服务的措施。

② 为进一步明确，本条所指的"类似情形"须视整体情况而定，包括相关待遇是否是基于合法的公共福利目标而在投资者或投资之间进行区别对待。

第四条　最惠国待遇①②

一、在投资的设立、取得、扩大、管理、经营、运营、出售或其他处置方面，每一缔约方给予另一缔约方投资者的待遇应当不低于其在类似情形下给予任何其他缔约方或非缔约方投资者的待遇。

二、在投资的设立、取得、扩大、管理、经营、运营、出售或其他处置方面，每一缔约方给予涵盖投资的待遇应当不低于其在类似情形下给予任何其他缔约方或非缔约方的投资者在其领土内的投资的待遇。

三、为进一步明确，第一款和第二款所指的待遇不包含其他现存或未来国际协定项下的任何国际争端解决程序或机制。

第五条　投资待遇③

一、每一缔约方应当依照习惯国际法外国人最低待遇标准给予涵盖投资公平公正待遇以及充分保护和安全。

二、为进一步明确：

（一）公平公正待遇要求每一缔约方不得在任何司法程序或行政程序中拒绝司法；

（二）充分保护和安全要求每一缔约方采取合理的必要措施确保涵盖投资的有形保护与安全；

（三）公平公正待遇和充分保护和安全的概念不要求给予涵盖投资在习惯国际法关于外国人最低待遇标准之外或超出该标准的待遇，也不创造额外的实质性权利。

三、认定一项措施违反本协定其他条款或另一单独的国际协定并不能证明该措施构成对本条的违反。

第六条　禁止业绩要求

---

① 本条不适用于柬埔寨、老挝人民民主共和国、缅甸和越南。本条规定的待遇不得给予柬埔寨、老挝人民民主共和国、缅甸和越南的投资者以及此类投资者的涵盖投资。

② 为进一步明确，本条所指的"类似情形"须视整体情况而定，包括相关待遇是否是基于合法的公共福利目标而在投资者或投资之间进行区别对待。

③ 本条应当依照第十章附件一（习惯国际法）进行解释。

一、任何缔约方不得就其领土内缔约另一方投资者的投资进行设立、取得、扩大、管理、经营、运营、出售或其他处置方面施加或强制执行以下要求①：

（一）出口一定水平或比例的货物；

（二）达到一定水平或比例的当地含量；

（三）购买、使用其领土内生产的货物，或给予其领土内生产的货物优惠，或向其领土内的人购买货物；

（四）将进口产品的数量或价值与出口产品的数量或价值或与该投资者的投资有关的外汇流入金额相联系；

（五）通过将销售与出口产品的数量或价值或外汇收入相联系，以限制该投资生产的货物在其领土内的销售；

（六）向其领土内的人转让特定技术、生产流程或其他专有知识；

（七）仅从该缔约方领土内向一个特定地区市场或世界市场提供投资所生产的货物；

（八）对于在施加或强制执行该要求时业已存在的任何许可合同，或投资者与缔约方领土内的人自由达成的任何未来的许可合同，规定一定比率或金额的特许费，只要实施或强加该要求的方式构成一缔约方在行使非司法性质的政府职权下对该许可合同的直接干预。②为进一步明确，当许可合同由投资者与一缔约方订立时，本项不适用。

尽管有本条，第（六）项和第（八）项不适用于柬埔寨、老挝人民民主共和国和缅甸。

二、任一缔约方不得就其领土内的缔约另一方投资者的投资在设立、取得、扩大、管理、经营、运营、出售或其他处置方面，要求

---

① 为进一步明确，各缔约方可以维持现行措施或采取不符合其在本条项下义务的新的或更具限制性的措施，这些措施列在附件三（服务与投资保留及不符措施承诺表）承诺表清单一和清单二中。

② 就本项而言，"许可合同"指与技术许可、生产流程或者其他专有知识相关的任何许可合同。

以遵守下列要求作为获得或继续获得优惠的条件：

（一）达到一定水平或比例的当地含量；

（二）购买、使用其领土内生产的货物，或给予其领土内生产的货物优惠，或向其领土内的人购买货物；

（三）将进口产品的数量或价值与出口产品的数量或价值或与该投资者的投资有关的外汇流入金额相联系；

（四）通过将该销售与出口产品的数量或价值或外汇收入相联系，以限制该投资生产的货物在其领土内的销售。

三、（一）第二款不得被解释为阻止一缔约方将在其领土内确定生产地点、提供服务、培训或雇佣员工、建设或扩大特定设施、开展研发的要求，作为缔约另一方的投资者在其领土内的投资获得或者继续获得优惠的条件。

（二）第一款第（六）项和第一款第（八）项不得适用于：

1. 如一缔约方依照《TRIPS 协定》[①] 第三十一条及第三十一条之一授权使用一项知识产权，或在《TRIPS 协定》第三十九条的范围内以符合该条规定的方式要求披露专有信息的措施；或者

2. 如一缔约方的法院、行政法庭或主管部门根据该缔约方的竞争法律和法规实施或强加该要求，以救济一项经司法或行政程序认定的限制竞争行为。

（三）如一法庭或主管部门根据该缔约方的著作权法律和法规将实施或强加该要求作为衡平补偿，则第一款第（八）项不适用于该措施。

（四）第一款第（一）项至第（三）项，第二款第（一）项以及第二款第（二）项不得适用于与出口促进和对外援助项目相关的货物的资质要求。

[①] 这包括 2001 年 11 月 14 日在多哈通过的《关于 TRIPS 协定与公共卫生的多哈宣言》（WT/MIN）（01）/DEC/2 对实施《TRIPS 协定》第六款的任何修正案。

（五）第二款第（一）项和第（二）项不得适用于进口缔约方实施的为享受优惠关税或优惠配额所需而对货物成分施加的要求。

四、为进一步明确，第一款和第二款不得适用于该两款所列之外的任何要求。

第七条 高级管理人员和董事会

一、缔约方不得要求属于涵盖投资的该缔约方的法人任命某一特定国籍的自然人担任高级管理职务。

二、一缔约方可以要求属于涵盖投资的该缔约方的法人的董事会或任何委员会的大部分成员，具有特定的国籍或为该缔约方领土内的居民，前提是该要求不得实质性损害投资者控制其投资的能力。

第八条 保留和不符措施

一、第十章第三条（国民待遇）、第十章第四条（最惠国待遇）、第十章第六条（禁止业绩要求）以及第十章第七条（高级管理人员和董事会）不得适用于：

（一）一缔约方在下列政府层级维持的任何现行不符措施：

1. 中央政府层级，由该缔约方在其附件三（服务与投资保留及不符措施承诺表）承诺表清单一中列明；

2. 地区政府层级，由该缔约方在其附件三（服务与投资保留及不符措施承诺表）承诺表清单一中列明；

3. 地方政府层级；

（二）第（一）项所指的任何不符措施的延续或即时更新；

（三）第（一）项所指的任何不符措施的修订，只要：

1. 对于柬埔寨、印度尼西亚、老挝人民民主共和国、缅甸和菲律宾，就涉及第十章第三条（国民待遇）、第十章第四条（最惠国待遇）、第十章第六条（业绩要求）和第十章第七条（高级管理人员和董事会）而言，该修订不降低该措施与本协定生效之日已经存在的措施的一致性；

2. 对于澳大利亚、文莱、中国、日本、韩国、马来西亚、新西兰、新加坡、泰国和越南，就涉及第十章第三条（国民待遇）、第十章第四条（最惠国待遇）、第十章第六条（业绩要求）和第十章第七条（高级管理人员和董事会）而言，该修订不降低与修订即刻前已经存在的措施的一致性。

二、第十章第三条（国民待遇）、第十章第四条（最惠国待遇）、第十章第六条（禁止业绩要求）和第十章第七条（高级管理人员和董事会）不得适用于该缔约方在其附件三（服务与投资保留及不符措施承诺表）承诺表清单二中列明的，对于部门、分部门或活动采取或维持的任何措施。

三、尽管有第一款第（三）项第2目的规定，在本协定生效后五年后，第十章第三条（国民待遇）、第十章第四条（最惠国待遇）、第十章第六条（禁止业绩要求）和第十章第七条（高级管理人员和董事会）不得适用于第一款第（一）项所指的任何不符措施的修订，只要该修订不降低措施在本协定生效之日与第十章第三条（国民待遇）、第十章第四条（最惠国待遇）、第十章第六条（禁止业绩要求）和第十章第七条（高级管理人员和董事会）的一致性。

四、缔约方不得根据本协定生效后所采取的属于附件三（服务与投资保留及不符措施承诺表）承诺表清单二所涵盖的任何措施，基于国籍原因要求另一缔约方的投资者出售或以其他方式处置该措施生效时已存在的投资，但相关主管机关首次批准时另有规定的除外。

五、第十章第三条（国民待遇）和第十章第四条（最惠国待遇）不得适用于符合《TRIPS协定》第五条规定的任何措施，以及本协定第十一章第七条（国民待遇）或《TRIPS协定》第三条或第四条规定的义务的例外或减损所涵盖的任何措施。

第九条　转移

一、每一缔约方应当允许所有与涵盖投资有关的转移自由且无迟延地进出其境内。该等转移包括：

（一）投入的资本，包括初始投资；

（二）利润、资本所得、股息、利息、技术许可使用费、技术援助和技术及管理费、许可费以及涵盖投资产生的其他经常性收入；

（三）出售或清算全部或任何部分涵盖投资的所得；

（四）根据包括贷款协议在内的合同所支付的款项；

（五）根据第十章第十一条（损失的补偿）和第十章第十三条（征收）所获得的款项；

（六）因任何方式解决争端而产生的款项，包括司法判决、仲裁或争端方达成的协定；

（七）与涵盖投资有关的外籍员工的收入和其他报酬。

二、每一缔约方应当允许与涵盖投资有关的转移以任何可自由使用的货币按照转移时现行的市场汇率进行。

三、尽管有第一款和第二款的规定，一缔约方可以通过公正、非歧视和善意的适用与下列事项有关的法律和法规，以阻止或延迟转移：

（一）破产、资不抵债或保护包括雇员在内的债权人的权利；

（二）证券、期货、期权或其他衍生品的发行、买卖或交易；

（三）刑事或刑事犯罪以及追缴犯罪所得；

（四）在为执法或金融监管部门提供必要协助时，对转移进行金融报告或备案；

（五）确保遵守司法或行政程序中的裁定、命令或判决；

（六）税收[①]；

（七）社会保险、公共退休金、养老金、强制储蓄计划或提供退休金或类似退休福利的其他安排；

（八）雇员的遣散费；

（九）该缔约方中央银行和其他主管机关要求的登记和其他手续

[①] 为进一步明确，这也包括采取或执行旨在确保公平或有效征收或收取税款的任何税收措施，包括根据居住地或公司所在地对人进行区分的任何税收措施。

要求。

四、本章的任何规定不得影响一缔约方作为国际货币基金组织成员在《国际货币基金协定》及其可能的修正项下的权利和义务，包括采取符合《国际货币基金协定》及其可能的修订的汇兑行动，只要该方不对任何资本交易设置与其在本章中关于此类交易的义务不符的限制，除非该限制是根据第十七章第十五条（国际收支平衡保障措施）或应国际货币基金组织的要求作出。

第十条 特殊手续和信息披露

一、只要此类手续并不实质性损害该缔约方根据本章向另一缔约方的投资者以及涵盖投资提供的保护，第十章第三条（国民待遇）不得解释为阻止该缔约方采取或维持与涵盖投资相关的特殊手续的措施，包括要求该涵盖投资系根据其法律或法规合法设立。

二、尽管有第十章第三条（国民待遇）和第十章第四条（最惠国待遇）的规定，一缔约方可以仅为信息收集或统计的目的，要求另一缔约方的投资者或其涵盖投资提供与该投资有关的信息。该缔约方应当尽可能保护已提供的任何保密信息不受任何可能损害投资者或涵盖投资的合法商业利益或竞争地位的披露的影响。本款不得解释为阻止一缔约方以其他方式获取或披露与其公正、善意地适用其法律和法规有关的信息。

第十一条 损失的补偿

对于因武装冲突、内乱或者国家紧急状态使其领土内的投资遭受损失而采取或维持的措施，每一缔约方应当给予另一缔约方投资者或者其涵盖投资不低于在类似情形下给予下列投资者或其投资的待遇：

（一）该缔约方本国的投资者及其投资；

（二）任何其他缔约方或非缔约方投资者及其投资。

第十二条 代位

一、如一缔约方或一缔约方指定的机构，根据与一项涵盖投资有关的担保、保险合同或其他形式的补偿，向该缔约方的投资者进行支付，该涵盖投资所在的另一缔约方应当承认关于该涵盖投资的任何权利或诉请的代位或转让。代位或被转让的权利或诉请不得超过该投资者的原有权利或诉请。

二、如一缔约方或其指定的机构已向该缔约方投资者进行了支付，并已接管该投资者的任何权利及诉请，则该投资者不得向涵盖投资所在的另一缔约方主张这些权利或请求，除非该投资者得到该缔约方或该缔约方指定的机构的授权，代表其采取行动。

三、在行使代位权或转让的权利或诉请时，行使此类权利或诉请的缔约方或其指定的机构应当向相关缔约方披露其与投资者达成的诉请安排的覆盖范围。

第十三条　征收[①]

一、缔约方不得对涵盖投资进行直接征收或国有化，或通过与之等效的措施进行征收或国有化（本章以下简称"征收"），除非：

（一）为了公共目的；

（二）以非歧视的方式进行；

（三）依照第二款和第三款支付补偿；

（四）依照正当法律程序进行。

二、第一款第（三）项提及的补偿应当：

（一）无延迟支付[②]；

（二）相当于公开宣布征收时[③]或者征收发生时被征收投资的公

[①] 本条应当依照第十章附件二（征收）进行解释。
[②] 缔约方理解，在支付补偿之前可能需要遵守缔约方法律和行政程序。
[③] 对于菲律宾而言，为了计算被征收投资的公平市场价值，公开宣布征收时是指提出征收申请的日期。

平市场价值，两个时间以较早者为准。（本章以下简称"征收之日"）①②③；

（三）不反映任何因征收意图提前公开而引起的价值变化；

（四）可有效实现和可自由转移。

二、如发生迟延，支付的补偿应当包括依照实行征收的缔约方的法律、法规和政策规定的适当利息，只要此类法律、法规和政策在非歧视的基础上适用。

四、本条不得适用于与知识产权有关的强制许可的颁发或知识产权的撤销、限制或创设，只要此类颁发、撤销、限制或创设符合第十一章（知识产权）和《TRIPS协定》④。

五、尽管有第一款至第三款的规定，任何与土地相关的征收措施应当由实行征收的缔约方现行的法律和法规界定，并且为补偿的目的以及在支付补偿款时，应当依据上述法律和法规。此类补偿还应当遵循上述与补偿金额有关的法律和法规此后任何的修订，只要此类修订遵循土地市场价值的一般趋势。

第十四条 拒绝授惠⑤

一、一缔约方可以拒绝将本章下的利益授予作为另一缔约方的法人投资者以及该投资者的投资，如该法人：

（一）被一非缔约方或拒绝授予利益的缔约方的人拥有或控制；

（二）在拒绝授予利益的缔约方以外的任何缔约方领土内均无实质性经营活动。

---

① 对于澳大利亚、文莱达鲁萨兰国、韩国、马来西亚、新西兰和新加坡而言，为了计算被征收投资的公平市场价值，征收之日是指征收之前的即刻。
② 对于柬埔寨、老挝人民民主共和国、缅甸和越南而言，为了计算被征收投资的公平市场价值，征收之日是指主管机关发布征收决定的日期。
③ 对于泰国而言，为了计算被征收投资的公平市场价值，征收之日是指征收发生的日期。
④ 为进一步明确，缔约方承认，就本条而言，知识产权的"撤销"包括取消或废止此类权利，知识产权的"限制"包括此类权利的例外。
⑤ 一缔约方可以随时行使本条规定的拒绝授予本章规定的利益的权利。

二、一缔约方可以拒绝将本章下的利益授予作为另一缔约方的法人投资者以及该投资者的投资,如非缔约方的人拥有或控制该法人,并且拒绝授予利益的缔约方针对该非缔约方或该非缔约方的人采取或维持禁止与该法人交易的措施,或如本章下的利益被授予该法人或其投资,则将导致对该措施的违反或规避。

三、一缔约方可以拒绝将本章下的利益授予作为另一缔约方的法人投资者以及该投资者的投资,如非缔约方的人拥有或控制该法人,并且拒绝授予利益的缔约方与该非缔约方无外交关系。

四、尽管有第一款的规定,泰国可以根据其适用的法律法规,拒绝将本章中与投资的进入、设立、获取和扩大有关的利益授予另一缔约方的作法人投资者或者该投资者的投资,只要泰国证实该法人被泰国或非缔约方的自然人或法人拥有或控制。

五、就本条而言,对于泰国而言,法人是:

(一)由一缔约方或一非缔约方的自然人或法人"拥有",是指其50%以上的股权由此类自然人或法人实质拥有;

(二)由一缔约方或非缔约方的自然人或法人"控制",是指此类自然人或法人有权提名其多数董事或以其他方式合法地指示其行为。

六、菲律宾可以拒绝将本章的利益授予另一缔约方的投资者以及该投资者的投资,如经证实该投资者的投资违反了《惩治规避某些权利、特权或优先权的国有化法行为的法案》的第108号联邦法案的规定,该法案由第715号总统令修订,也被称为《反欺诈法》及其可能的修订。

七、一缔约方可以拒绝将本章的利益授予另一缔约方或非缔约方的一投资者以及该投资者的投资,如此类投资者的投资违反了拒绝授予利益的缔约方实施《金融行动特别工作组建议》相关的法律法规。

第十五条 安全例外

尽管有第十七章第十三条（安全例外）的规定，本章的任何规定不得解释为：

（一）要求一缔约方提供或允许获得其确定披露会违背其基本安全利益的任何信息；

（二）阻止一缔约方为下列目的适用其认为必要的措施：

1. 履行其维持或恢复国际和平或安全的义务；

2. 保护其自身根本安全利益。

第十六条 投资促进

缔约方应当通过以下方式努力促进和提高本地区作为投资地区的认知：

（一）鼓励缔约方间的投资；

（二）在两个或多个缔约方之间组织联合投资促进活动；

（三）促进商业配对活动；

（四）组织和支持举办与投资机会以及投资法律法规和政策相关的各种介绍会和研讨会；

（五）就与投资促进有关的其他共同关心的问题进行信息交流。

第十七条 投资便利化

一、在遵守其法律法规的前提下，每一缔约方应当努力便利缔约方之间的投资，包括通过：

（一）为各种形式的投资创造必要的环境；

（二）简化其投资申请及批准程序；

（三）促进投资信息的传播，包括投资规则、法律、法规、政策和程序；

（四）设立或维持联络点、一站式投资中心、联络中心或其他实体，向投资者提供帮助和咨询服务，包括提供经营执照和许可方面的便利。

二、在遵循其法律法规的前提下，一缔约方在第一款第（四）

项下的活动在可能的范围内可以包括帮助任何其他缔约方的投资者和涵盖投资通过以下方式与政府机构友好地解决在其投资活动中产生的投诉或不满：

（一）接收并在可能的情况下适当考虑投资者提出的、与影响其涵盖投资的政府行为有关的投诉；

（二）在可能的范围内提供帮助，以解决投资者在与涵盖投资相关的方面遇到的困难。

三、在遵守其法律法规的前提下，每一缔约方可以在可能的情况下，考虑建立机制，以解决向影响另一缔约方投资者经常发生问题的相关政府机构提出建议。

四、缔约方应当努力便利其各自主管机关之间举行会议，通过交流信息和方法，更好地便利投资。

五、本条规定不受本协定项下的任何争端解决程序的约束或影响。

第十八条　工作计划

一、缔约方在不损害其各自立场的前提下，应当就下列事项进行讨论：

（一）一缔约方与另一缔约方投资者之间投资争端的解决；

（二）将第十章第十三条（征收）适用于构成征收的税收措施，

在不迟于本协定生效之日后的两年进行讨论，讨论结果须经所有缔约方同意。

缔约方应当在第一款所提及的讨论开始后三年内结束讨论。

参考文献

[1] 安虎森,等.新经济地理学原理 [M].北京:经济科学出版社,2009.

[2] 安虎森,栾秋琳."一带一路"战略下东亚分工新格局的演变及实施方略 [J].南京社会科学,2017（2）:22-29.

[3] 彼得·罗布森,等.国际一体化经济学 [M].上海:上海译文出版社,2001.

[4] 蔡宏波.我国自由贸易区的贸易流量效应:基于面板数据的引力模型分析 [J].国际贸易问题,2010,1:25-31.

[5] 曹亮,谷克鉴,符大海.东亚区域经济一体化组织难以形成的原因研究:兼论中国在区域经济合作中的战略选择 [J].财贸经济,2009,1:77-83,137.

[6] 陈漓高,郑昭阳,齐俊妍,等.全球化条件下的区域经济一体化 [M].北京:中国财政经济出版社,2006.

[7] 陈淑梅,倪菊华.中国加入"区域全面经济伙伴关系"的经济效应:基于GTAP模型的模拟分析 [J].亚太经济,2014,2:125-133.

[8] 陈雯.中国-东盟自由贸易区的贸易效应研究:基于引力模型"单国模式"的实证分析 [J].国际贸易问题,2009,

1: 61-66.

[9] 陈岩. 国际一体化经济学 [M]. 北京: 商务印书馆, 2001.

[10] 成新轩, 王英. 自由贸易区与多边贸易体制的冲突和协调: 基于优惠原产地规则的经验分析 [J]. 世界经济与政治, 2009, 7: 73-80, 5.

[11] 戴念龄. 亚太地区经济合作问题研究 [M]. 北京: 人民出版社, 2002.

[12] 戴翔, 张雨. 我国服务出口复杂度的国际比较及变化机制 [J]. 南京社会科学, 2015 (5): 25-32, 47.

[13] 戴翔, 张二震, 王原雪. 特朗普贸易战的基本逻辑、本质及其应对 [J]. 南京社会科学, 2018 (4): 11-17, 29.

[14] 刁莉, 史欣欣, 罗培. 中俄蒙经济的发展与自由贸易区的推进: 基于 SMART 模型的实证分析 [J]. 清华大学学报 (哲学社会科学版), 2016, 6: 166-174, 195.

[15] 丁剑平, 刘敏. 中欧双边贸易的规模效应研究: 一个引力模型的扩展应用 [J]. 世界经济, 2016, 6: 100-123.

[16] 东艳, 苏庆义. 揭开 TPP 的面纱: 基于文本的分析 [J]. 国际经济评论, 2016 (1): 37-57, 5.

[17] 范佳睿, 翟崑. 规范视角下的"中国-东盟命运共同体"构建 [J]. 当代亚太, 2017 (1): 4-25, 156.

[18] 方勇, 戴翔, 张二震. 要素分工论 [J]. 江海学刊, 2012 (4): 88-96, 238.

[19] 贺鉴, 陈楷. 论构建东亚共同体的可行性: 基于建构主义路径的分析 [J]. 中国海洋大学学报 (社会科学版), 2016, 6: 74-80.

[20] 洪静,陈飞翔,吕冰.CAFTA框架下中国参与全球价值链的演变趋势:基于出口国内附加值的分析[J].国际贸易问题,2017(6):118-128.

[21] 黄大慧,孙忆.东亚地区合作主导权与中日制度竞争[J].教学与研究,2017(6):35-42.

[22] 黄建忠,占芬.区域服务贸易协定的收敛研究:对"绊脚石"与"垫脚石"问题的一个观察[J].厦门大学学报(哲学社会科学版),2014(1):127-137.

[23] 黄凌云,刘清华.建立东亚自由贸易区的中国经济效应研究:基于GTAP模型的实证分析[J].国际贸易问题,2008,12:60-68.

[24] 金京,张二震,戴翔.论新形势下我国开放型经济发展战略的调整[J].经济管理,2015,6:12-20.

[25] 郎平.发展中国家区域经济一体化框架下的政治合作[J].世界经济与政治,2012,8:129-148,160.

[26] 李大伟.TPP非传统议题对我国的影响及对策[J].国际贸易,2016(2):42-47.

[27] 李春顶,石晓军.TPP对中国经济影响的政策模拟[J].中国工业经济,2016,10:57-73.

[28] 李荣林,鲁晓东.中日韩自由贸易区的贸易流量和福利效应分析:一个局部均衡的校准方法[J].数量经济技术经济研究,2006,11:69-77.

[29] 李轩.中国-东盟自由贸易区建设对中国FDI的影响效应[J].国际贸易问题,2011,4:41-47.

[30] 李巍.东亚经济地区主义的终结?:制度过剩与经济整合

的困境 [J]. 当代亚太, 2011 (4): 6-32, 5.

[31] 梁琦, 吴新生. "一带一路"沿线国家双边贸易影响因素研究: 基于拓展引力方程的实证检验 [J]. 经济学家, 2016 (12): 69-77.

[32] 刘冰, 陈淑梅. RCEP 框架下降低技术性贸易壁垒的经济效应研究: 基于 GTAP 模型的实证分析 [J]. 国际贸易问题, 2014, 6: 91-98.

[33] 刘朋春, 辛欢, 陈成. TPP 对中日韩自由贸易区的可行性及建设路径的影响研究: 基于 GTAP 模型的分析 [J]. 国际贸易问题, 2015, 11: 96-108.

[34] 刘重力, 王小洁. 东亚区域合作主导权之争的政治经济学分析 [J]. 南开学报 (哲学社会科学版), 2014 (4): 44-53.

[35] 刘重力. 东亚区域经济一体化进程研究 [M]. 天津: 南开大学出版社, 2017.

[36] 罗兰-霍尔斯特, 范德曼斯博格. 政策建模技术: CGE 模型的理论与实现 [M]. 北京: 清华大学出版社, 2009.

[37] 马静, 郑晶. FDI、区域经济一体化与区域经济增长 [M]. 北京: 中国经济出版社, 2009.

[38] 马克思. 资本论 [M]. 北京: 人民出版社, 2004.

[39] 潘沁, 韩剑. 基于引力模型的产业内贸易与区域经济一体化研究 [J]. 国际贸易问题, 2006, 9: 22-26.

[40] 皮埃尔-菲利普·库姆斯, 蒂里·迈耶, 雅克-弗朗索瓦·蒂斯. 经济地理学区域和国家一体化 [M]. 北京: 中国人民大学出版社, 2011.

[41] 全毅, 沈铭辉. 区域全面经济伙伴关系 (RCEP) 的中国

视角 [J]. 国际贸易, 2014, 6: 57-61.

[42] 上海财经大学区域经济研究中心. 中国区域经济发展报告: 国内及国际区域合作 [M]. 上海: 上海财经大学出版社, 2003.

[43] 盛斌, 陈帅. 全球价值链如何改变了贸易政策: 对产业升级的影响和启示 [J]. 国际经济评论, 2015 (1): 85-97, 6.

[44] 盛斌, 高疆. 透视 TPP: 理念、特征、影响与中国应对 [J]. 国际经济评论, 2016 (1): 20-36, 4-5.

[45] 盛斌, 果婷. 亚太区域经济一体化博弈与中国的战略选择 [J]. 世界经济与政治, 2014, 10: 4-21, 154.

[46] 盛斌. 迎接国际贸易与投资新规则的机遇与挑战 [J]. 国际贸易, 2014 (2): 4-9.

[47] 石静霞. 国际贸易投资规则的再构建及中国的因应 [J]. 中国社会科学, 2015 (9): 128-145, 206.

[48] 孙金彦, 刘海云. "一带一路" 战略背景下中国贸易潜力的实证研究 [J]. 当代财经, 2016 (6): 99-106.

[49] 谭秀杰, 周茂荣. 21 世纪 "海上丝绸之路" 贸易潜力及其影响因素: 基于随机前沿引力模型的实证研究 [J]. 国际贸易问题, 2015 (2): 3-12.

[50] 藤田昌久, 保罗·克鲁格曼, 安东尼·J. 维纳布尔斯. 空间经济学: 城市、区域与国际贸易 [M]. 北京: 中国人民大学出版社, 2011.

[51] 王皓, 许佳. 中日韩 FTA 建设与东北亚区域合作: 基于中日韩三国自贸区战略的分析 [J]. 亚太经济, 2016 (4): 3-8.

[52] 王珏. 区域经济一体化: 东亚地区的实践 [M]. 北京: 科学出版社, 2015.

[53] 王亮,吴浜源.丝绸之路经济带的贸易潜力:基于"自然贸易伙伴"假说和随机前沿引力模型的分析[J].经济学家,2016(4):33-41.

[54] 王庭东,钱进.中日韩自由贸易区"轮辐"效应研究:基于要素集聚及产业视角的分析[J].东北亚论坛,2017,26(4):28-41,127.

[55] 王微微.区域经济一体化的经济增长效应及模式研究[M].北京:中国社会科学出版社,2013.

[56] 王玉主.显性的双框架与隐性的双中心:冷和平时期的亚太区域合作[J].世界经济与政治,2014,10:22-39,155.

[57] 王原雪,张二震.全球价值链视角下的区域经济一体化及中国的策略[J].南京社会科学,2016,8:10-17.

[58] 习近平.携手建设中国-东盟命运共同体[N].人民日报,2013-10-04(002).

[59] 细江敦弘,长泽建二,桥本秀夫.可计算一般均衡模型导论:模型构建与政策模拟[M].大连:东北财经大学出版社,2014.

[60] 谢建国.区域与多边贸易一体化研究:一个博弈论分析框架[M].南京:南京大学出版社,2007.

[61] 星野昭吉,刘小林.全球化与区域化视角下构建东亚共同体的思考[J].世界经济与政治,2011,4:90-102,158.

[62] 徐奇渊,杨盼盼.从全球化到碎片化:中国准备好了吗?[J].清华金融评论,2017(9):45-47.

[63] 杨勇,张彬.南南型区域经济一体化的增长效应:来自非洲的证据及对中国的启示[J].国际贸易问题,2011,11:95-105.

[64] 姚永军,张相文,程倩. 区域经济一体化经验研究述评 [J]. 经济评论,2009,4:151-158.

[65] 于津平. 中国与东亚主要国家和地区间的比较优势与贸易互补性 [J]. 世界经济,2003(5):33-40,80.

[66] 伊特韦尔,等. 新帕尔格雷夫经济学大辞典 [M]. 北京:经济科学出版社,1996.

[67] 翟崑. 小马拉大车?:对东盟在东亚合作中地位作用的再认识 [J]. 外交评论(外交学院学报),2009,2:9-15.

[68] 张彬,等. 国际区域经济一体化比较研究 [M]. 北京:人民出版社,2010.

[69] 张二震,戴翔. 关于构建开放型经济新体制的探讨 [J]. 南京社会科学,2014,7:6-12.

[70] 张二震,马野青,方勇,等. 贸易投资一体化与中国的战略 [M]. 北京:人民出版社,2004.

[71] 张二震,马野青. 国际贸易学 [M]. 南京:南京大学出版社,2015.

[72] 张二震. 国际贸易分工理论演变与发展述评 [J]. 南京大学学报(哲学. 人文科学. 社会科学版),2003,1:65-73.

[73] 张二震. 中国如何攀升全球价值链:兼评《中国攀升全球价值链:实现机制与战略调整》[J]. 江海学刊,2017(1):230-233.

[74] 张二震. 全球化、要素分工与中国的战略 [J]. 经济界,2005(5):18-19.

[75] 张会清. 中国与"一带一路"沿线地区的贸易潜力研究 [J]. 国际贸易问题,2017(7):85-95.

[76] 张琳, 东艳. 主要发达经济体推进"竞争中立"原则的实践与比较 [J]. 上海对外经贸大学学报, 2015, 22 (4): 26-36.

[77] 张振江. 亚太自由贸易区: 美国战略与中国应对 [J]. 世界经济与政治, 2009, 4: 50-56, 4.

[78] 赵亮, 陈淑梅, 陈敏. 广域一体化趋势下区域全面经济伙伴关系发展研究 [J]. 国际贸易, 2013, 5: 54-60.

[79] 赵亮, 陈淑梅. 经济增长的"自贸区驱动": 基于中韩自贸区、中日韩自由贸易区与 RCEP 的比较研究 [J]. 经济评论, 2015, 1: 92-102.

[80] 周曙东, 崔奇峰. 中国-东盟自由贸易区的建立对中国进出口贸易的影响: 基于 GTAP 模型的模拟分析 [J]. 国际贸易问题, 2010, 3: 54-59, 124.

[81] 中国社会科学院世界经济与政治研究所国际贸易研究室. 《跨太平洋伙伴关系协定》文本解读 [M]. 北京: 中国社会科学出版社, 2016, 46.

[82] Anderson J E, Vesselovsky M, Yotov Y V. Gravity with scale effects [J]. Journal of International Economics, 2016, 100: 174-193.

[83] Anderson J E, Yotov Y V. Terms of trade and global efficiency effects of free trade agreements, 1990-2002 [J]. Journal of International Economics, 2016, 99: 279-298.

[84] Anderson J E. A theoretical foundation for the gravity equation [J]. The American Economic Review, 1979, 69 (1): 106-116.

[85] Armstrong S P. Measuring Trade and Trade Potential: A survey [J]. Asia Pacific Economic Papers, 2007 (368): 1-17.

[86] Arrow K J, Debreu G. Existence of an equilibrium for a competitive economy [J]. Econometrica: Journal of the Econometric Society, 1954: 265-290.

[87] Bagwell K, Staiger R W. Multilateral tariff cooperation during the formation of free trade areas [J]. International Economic Review, 1997: 291-319.

[88] Baier S L, Bergstrand J H, Feng M. Economic integration agreements and the margins of international trade [J]. Journal of International Economics, 2014, 93 (2): 339-350.

[89] Baier S L, Bergstrand J H, Mariutto R. Economic determinants of free trade agreements revisited: Distinguishing sources of interdependence [J]. Review of International Economics, 2014, 22 (1): 31-58.

[90] Baier S L, Bergstrand J H. Do free trade agreements actually increase members' international trade? [J]. Journal of international Economics, 2007, 71 (1): 72-95.

[91] Baier S L, Bergstrand J H. Economic determinants of free trade agreements [J]. Journal of international Economics, 2004, 64 (1): 29-63.

[92] Baier S L, Bergstrand J H. Estimating the effects of free trade agreements on international trade flows using matching econometrics [J]. Journal of international Economics, 2009, 77 (1): 63-76.

[93] Balassa B. The theory of economic integration [M]. London: Allen & Unwin Press, 1961.

[94] Baldwin R E, Forslid R, Haaland J. Investment creation and

investment diversion: Simulation analysis of the single market programme [R]. National Bureau of Economic Research, 1995.

[95] Baldwin R E. and Venables, A. J. Regional Economics Integration. In: G. Grossman and K. Rogoff, eds. Handbook of International Economics, Vol. 3. [M]. Amsterdam: Elsevier, 1995.

[96] Baldwin R E. Managing the noodle bowl: The fragility of East Asian regionalism [J]. The Singapore Economic Review, 2008, 53 (3): 449-478.

[97] Baldwin R E. Multilateralising regionalism: Spaghetti bowls as building blocs on the path to global free trade [J]. Cepr Discussion Papers, 2006, 29 (11): 1451-1518.

[98] Baldwin R, Jaimovich D. Are free trade agreements contagious? [J]. Journal of international Economics, 2012, 88 (1): 1-16.

[99] Battese G E, Coelli T J. Frontier production functions, technical efficiency and panel data: With application to paddy farmers in India [J]. Journal of Productivity Analysis, 1992, 3 (1-2): 153-169.

[100] Battese G E, Coelli T J. A model for technical inefficiency effects in a stochastic frontier production function for panel data [J]. Empirical Economics, 1995, 20 (2): 325-332.

[101] Belotti F, Ilardi G. Consistent estimation of the 'true' fixed-effects stochastic frontier model [J]. CEIS Research Paper, 2012.

[102] Bergstrand J H, Egger P, Larch M. Economic determinants of the timing of preferential trade agreement formations and enlargements [J]. Economic Inquiry, 2016, 54 (1): 315-341.

[103] Bergstrand J H. The gravity equation in international trade:

Some microeconomic foundations and empirical evidence [J]. The review of economics and statistics, 1985: 474 - 481.

[104] Bhattacharyya R, Mandal A. India - ASEAN Free Trade Agreement: An ex post evaluation [J]. Journal of Policy Modeling, 2016, 38 (2): 340 - 352.

[105] Bond E W, Riezman R G, Syropoulos C. A strategic and welfare theoretic analysis of free trade areas [J]. Journal of International Economics, 2004, 64 (1): 1 - 27.

[106] Breuss F, Egger P. How reliable are estimations of East - West trade potentials based on cross-section gravity analyses? [J]. Empirica, 1999, 26 (2): 81 - 94.

[107] Bustos P. Trade liberalization, exports, and technology upgrading: Evidence on the impact of MERCOSUR on argentinian firms [J]. The American economic review, 2011, 101 (1): 304 - 340.

[108] Caliendo L, Parro F. Estimates of the trade and welfare effects of NAFTA [J]. The Review of Economic Studies, 2015, 82 (1): 1 - 44.

[109] Chen I H, Wall H J. Controlling for heterogeneity in gravity models of trade, federal reserve bank of St. Louis [R]. 1999, Working Paper 99 - 010A.

[110] Commendatore P, Kubin I, Petraglia C, et al. Regional integration, international liberalisation and the dynamics of industrial agglomeration [J]. Journal of Economic Dynamics and Control, 2014, 48: 265 - 287.

[111] Corden W M. Economies of scale and customs union theory [J]. Journal of Political Economy, 1972, 80 (3): 465 - 475.

[112] Dai M, Yotov Y V, Zylkin T. On the trade-diversion effects of free trade agreements [J]. Economics Letters, 2014, 122 (2): 321 – 325.

[113] Ebell M, Hurst I, Warren J. Modelling the long-run economic impact of leaving the European Union [J]. Economic Modelling, 2016, 59: 196 – 209.

[114] Egger P. A note on the proper econometric specification of the gravity equation [J]. Economics Letters, 2000, 66 (1): 25 – 31.

[115] Either W, Horn H. A new look at economic integration. In: H. Kierszkowskieds. Monopolistic Competition and International Trade [M]. Oxford: Oxford University Press, 1984.

[116] Fally T. Structural gravity and fixed effects [J]. Journal of International Economics, 2015, 97 (1): 76 – 85.

[117] Fernandez R, Portes J. Returns to regionalism: An analysis of nontraditional gains from regional trade agreements [J]. The World Bank Economic Review, 1998, 12 (2): 197 – 220.

[118] Frankel J A, Wei S J. Regionalization of world trade and currencies: Economics and politics [M]//The regionalization of the world economy. University of Chicago Press, 1998: 189 – 226.

[119] Frankel J, Stein E, Wei S J. Trading blocs and the Americas: The natural, the unnatural, and the super-natural [J]. Journal of development economics, 1995, 47 (1): 61 – 95.

[120] Freund C. Different paths to free trade: The gains from regionalism [J]. The Quarterly Journal of Economics, 2000, 115 (4): 1317 – 1341.

[121] Goyal S, Joshi S. Bilateralism and free trade [J]. Interna-

tional Economic Review, 2006, 47 (3): 749 -778.

[122] Greene W. Reconsidering heterogeneity in panel data estimators of the stochastic frontier model [J]. Journal of Econometrics, 2005, 126 (2): 269 -303.

[123] Greene W. The Measurement of productive efficiency, chap 2. the econometric approach to efficiency analysis [M]. New York: Oxford University Press, 2008.

[124] Grossman G M, Helpman E. The politics of free trade agreements [R]. National Bureau of Economic Research, 1993.

[125] Hamilton C B, Winters L A. Opening up international trade with Eastern Europe [J]. Economic Policy, 1992, 7 (14): 77 -116.

[126] Head K, Ries J. Rationalization effects of tariff reductions [J]. Journal of International Economics, 1999, 47 (2): 295 -320.

[127] Helpman E, Krugman P R. Market structure and foreign trade: Increasing returns, imperfect competition, and the international economy [M]. MIT press, 1985.

[128] Helpman E. Imperfect competition and international trade: evidence from fourteen industrial countries [J]. Journal of the Japanese and international economies, 1987, 1 (1): 62 -81.

[129] Hertel T W. Global trade analysis: Modeling and application [M]. London: Cambridge University Press, 1997.

[130] Hertel T, Hummels D, Ivanic M, et al. How confident can we be of CGE-based assessments of Free Trade Agreements? [J]. Economic Modelling, 2007, 24 (4): 611 -635.

[131] Jean S, Mulder N, Ramos M P. A general equilibrium, ex-

post evaluation of the EU – Chile Free Trade Agreement [J]. Economic Modelling, 2014, 41: 33 – 45.

[132] Johansen L. A multi-sectoral study of economic growth [M]. Amsterdam: North – Holland, 1960.

[133] Johnson, H. The economic theory of customs union. in: Johnson H. money, trade and economic growth [M]. London: Allen & Unwin Press, 1962.

[134] Joshi S, Chen M X. Third-country effects on the formation of free trade agreements [J]. Journal of International Economics, Forthcoming, 2010.

[135] Kemp M C. A contribution to the general equilibrium theory of preferential trading [M]. Amsterdam: North – Holland, 1969.

[136] Kemp M, Wan H. An elementary proposition concerning the formation of cunstoms unions' [M] //Three Topics in the Theory of International Trade: Distribution, Welfare and Uncertainty. Amsterdam: North – Holland, 1976.

[137] Khorana S, Garcia M. European Union – India trade negotiations: One step forward, one back? [J]. JCMS: Journal of Common Market Studies, 2013, 51 (4): 684 – 700.

[138] Kindleberger C P. European integration and international corporation [J]. Columbia Journal of World Business, 1966, 1 (1): 65 – 73.

[139] Kitwiwattanachai A, Nelson D, Reed G. Quantitative impacts of alternative East Asia free trade areas: a computable general equilibrium (CGE) assessment [J]. Journal of policy modeling, 2010, 32 (2):

286 – 301.

[140] Kpodar K, Imam P. Does a regional trade agreement lessen or worsen growth volatility? An empirical investigation [J]. Review of International Economics, 2016, 24 (5): 949 – 979.

[141] Krueger A O. Free trade agreements versus customs unions [J]. Journal of Development Economics, 1997, 54 (1): 169 – 187.

[142] Krugman P R. Geography and trade [M]. MIT press, 1991.

[143] Levy P I. A Political-economic analysis of free-trade agreements [J]. American Economic Review, 1997, 87 (4): 506 – 19.

[144] Li C, Whalley J. How close is asia already to being a trade bloc? [J]. Journal of Comparative Economics, 2016.

[145] Limão N. Are preferential trade agreements with non-trade objectives a stumbling block for multilateral liberalization? [J]. Social Science Electronic Publishing, 2007, 74 (3): 821 – 855.

[146] Linnemann H. An econometric study of international trade flows [M]. Amsterdam: North – Holland Pub. Co., 1966.

[147] Lipsey R G. The theory of customs unions: A general survey [J]. The economic journal, 1960, 70 (279): 496 – 513.

[148] Liu X, Ornelas E. Free trade agreements and the consolidation of democrac [J]. American Economic Journal: Macroeconomics, 2014, 6 (2): 29 – 70.

[149] Maggi G, Rodriguez – Clare A. The value of trade agreements in the presence of political pressures [J]. Journal of Political Economy, 1998, 106 (3): 574 – 601.

[150] Malki M, Thompson H. Morocco and the US free trade agree-

ment: A specific factors model with unemployment and energy imports [J]. Economic Modelling, 2014, 40: 269 – 274.

[151] McCallum J. National borders matter: Canada – US regional trade patterns [J]. The American Economic Review, 1995, 85 (3): 615 – 623.

[152] Meade J. Problem of economic union [M]. London: Allen & Unwin Press, 1953.

[153] Meade J. The Theory of customs union [M]. Amsterdam: North – Holland, 1955.

[154] Meade J. Trade and welfare [M]. Oxford: Oxford University Press, 1955.

[155] Missios P, Saggi K, Yildiz H M. External trade diversion, exclusion incentives and the nature of preferential trade agreements [J]. Journal of International Economics, 2016, 99: 105 – 119.

[156] Motta M, Norman G. Does economic integration cause foreign direct investment? [J]. International economic review, 1996: 757 – 783.

[157] Nguyen X, Sgro P. Regional trade liberalization and export platform FDI: theory and evidence [R]. Working Paper, Deakin University, 2014.

[158] Ornelas E. Endogenous free trade agreements and the multilateral trading system [J]. Journal of International Economics, 2005, 67 (2): 471 – 497.

[159] Panagariya A, Krishna P. On necessarily welfare-enhancing free trade areas [J]. Journal of International Economics, 2002, 57

(2): 353-367.

[160] Pangestu M, Ing L Y. ASEAN: Regional integration and reforms [J]. Asian Economic Papers, 2016, 15 (2): 44-60.

[161] Park D, Park I, Estrada G E B. Prospects for ASEAN-China free trade area: A qualitative and quantitative analysis [J]. China & World Economy, 2009, 17 (4): 104-120.

[162] Park I. Regional trade agreements in East Asia: Will they be sustainable? [J]. Asian Economic Journal, 2009, 23 (2): 169-194.

[163] Postigo A. Liberalisation and protection under overlapping free trade agreements: Dynamic interplay between free trade agreements and investment [J]. The World Economy, 2014, 37 (11): 1612-1633.

[164] Rickard S J, Kono D Y. Think globally, buy locally: International agreements and government procurement [J]. The Review of International Organizations, 2014, 9 (3): 333-352.

[165] Robertson R. Relative prices and wage inequality: Evidence from Mexico [J]. Journal of International Economics, 2004, 64 (2): 387-409.

[166] Robson P. The Economics of International Integration [M]. London: Routledge Press, 1998.

[167] Scitovsky T. Economic theory and western european integration [M]. London: Allen & Unwin, 1958.

[168] Smith A, Venables A J. Completing the internal market in the European Community: Some industry simulations [J]. European Economic Review, 1988, 32 (7): 1501-1525.

[169] Soloaga I, Wintersb L A. Regionalism in the nineties: What effect on trade? [J]. The North American Journal of Economics and Finance, 2001, 12 (1): 1-29.

[170] Stoyanov A. Endogenous free trade agreements and foreign lobbying [J]. Review of International Economics, 2014, 22 (3): 561-577.

[171] Tinbergen J. International economic integration [M]. Elsvier Publishing Co., 1954.

[172] Tinbergen J. Shaping the world economy [M]. New York: Twentieth Century Fund, 1962.

[173] Trefler D. The long and short of the Canada - US free trade agreement [J]. The American Economic Review, 2004, 94 (4): 870-895.

[174] Vanek, J. General equilibrium of international discrimination: The case of customs unions [M]. Cambridge, MA: Harvard University Press, 1965.

[175] Viner J. The customs union issue [M]. New York: Carnegie Endowment for International Peace, 1950.

[176] Walz U. Growth and deeper regional integration in a three-country model [J]. Review of International Economics, 2010, 5 (4): 492-507.

[177] Wang H J. Heteroscedasticity and non-monotonic efficiency effects of a stochastic frontier model [J]. Journal of Productivity Analysis, 2002, 18 (3): 241-253.

[178] Wei S J. Intra-national versus international trade: How stubborn are nations in global integration? [R]. National Bureau of Economic

Research, 1996.

[179] Wooton I. Towards a common market: Factor mobility in a customs Union [J]. Canadian Journal of Economics/revue Canadienne D'economique, 1988, 21 (3): 525-38.

[180] Yang S, Martinez – Zarzoso I. A panel data analysis of trade creation and trade diversion effects: The case of ASEAN – China Free Trade Area [J]. China Economic Review, 2014, 29: 138-151.

后　　记

此书能够出版，除了我自身的努力和积累，离不开我的导师、同门、家人们的支持。

感谢我的博士生导师张二震老师，我读博之后的每一点学术成果都凝结着张老师的心血。张老师不仅在学术上给予我耐心指导和鼓励，而且在我人生许多重要转折点上，给我指引了前进方向。

感谢我的博士后导师于津平老师，于老师对我学术能力的认可，让我坚定了继续前进的决心。

感谢我在中国海洋大学就读时的导师颜廷武老师，颜老师是最早指引我走上学术道路的老师，即便在我硕士毕业之后，依然一直为我提供建议，给予我鼓励。

感谢同门师兄、师姐们对我的帮助，尤其感谢张晓磊、顾晓燕、戴翔、杨继军、熊俊等诸位师兄师姐为我树立了学术研究的楷模，一直在学术之路上陪伴我同行。

感谢我的父母，他们给了我自由的灵魂和追求梦想的勇气，始终支持我、激励我。感谢我的丈夫邬步云，他是我最坚实的后盾，一直陪伴我、鼓励我。感谢我可爱的儿子，他的到来给了我战胜一切困难的勇气，让我由衷赞叹生命的神奇。

本书还借鉴了国内外专家的研究成果。经济科学出版社承担了本书的后期编辑工作，在此特别感谢对本书付出了大量工作的编辑老师们，特别是从成书之初就给予了我诸多帮助的李雪老师。

还有我的身边许许多多曾帮助我的人，在此一并感谢！

王原雪

2022 年 6 月 16 日